陈晓律／主编

英国研究

第 19 辑

上海人民出版社

目 录

英国思想与史学史研究

托马斯·潘恩与其美利坚[①] 批判者[*]

［英］哈里·T. 狄金森著　杜帅澎译　于文杰校[**]

　　托马斯·潘恩在其一生中招致诸多倾慕与敌视。他深度参与了美利坚革命、法国大革命、18 世纪 90 年代英国的激进运动、19 世纪初美利坚的部分冲突，以及作为他一生最后十几年中一种鲜明特征的、对基督教和基督教神职人员的攻讦。除了积极参与政治纷争之外，他还是一位多产的作家、宣传家和辩论家，他最著名的作品比他在世期间的任何其他英语作品都传播得更广，争论也更激烈。自 19 世纪末以来，对潘恩有利的传记开始在美利坚出现，美利坚学者出版了他著作的学术版本，因此引发大量的正向关注。民主的进步也许使他与现代读者的联系比他在晚年呈现给许多同时代人的印象更为重要。2009 年，在他逝世 200 周年之际，许多会议和出版物强调了他的著作的重要性和意义。这一切都存在一种风险，那就是读者未能认识到潘恩在他的一生中引发了多少敌意，以及有多少他同时代的人攻击他的作品并试图攻击他本人。要全面了解潘恩以及他出版主要作品的背景，需要阅读他同时代的评论家对他的作品以及性格的评价。

　　潘恩激起广泛而强烈的反对声浪，特别是在英国和美利坚，他的作品在

---

① 因本文涉及作品发表于美国独立运动的各个时期，译者将本文出现的"America/American"统一译为"美利坚"，以囊括英国的北美殖民地、美利坚邦联以及美利坚合众国等历史阶段。——译者注，下同

* 本文译自 Harry T. Dickinson, "Thomas Paine and his American Critics", *Enlightenment and Dissent*, No.27, 2011, pp.174—185。

** ［英］哈里·T. 狄金森，爱丁堡大学历史、古典与考古学院教授。杜帅澎，南京大学历史学院博士研究生。于文杰，南京大学历史学院教授。

这两个地区也传播最广、最受欢迎。通过阅读同时代人对潘恩作品诸多充满敌意的批判，我们不仅了解到他的批评者的许多想法，而且确切地说，是了解到潘恩自己的想法、意见，以及他那引发了最严重忌惮的写作风格。潘恩的批评者也非常清楚，潘恩的观点让许多下层民众得以窥探普遍存在的社会、政治和宗教秩序的腐败与滥用职权现象。尽管他们经常发表负面评论，例如，关于潘恩错误的逻辑和糟糕的语法，但他的批评者都非常清楚，这些缺陷并没有削弱潘恩在目标读者中的影响，反而经常扩大他的影响力。潘恩的激进思想和民粹主义风格吸引了许多人，但正是这些品质激怒了他在英国和美利坚的对手。如果我们要更全面地了解潘恩及其对同时代人的积极和消极影响，那么需要做的不仅仅是阅读潘恩的著作。我们还需要涉猎像肯尼斯·W.伯切尔在2009年出版的这种意义重大的出版物。虽然伯切尔是潘恩的仰慕者，但他清楚地意识到不应忽视与潘恩同时代的批评家。因此，他编辑了这6卷内容丰富、制作精良的文本，这些文本由潘恩的温和批评者、激烈反对者和只是偶尔支持他的人所写，将对诠释潘恩生前在美利坚的声誉与加深我们对此的理解作出很大贡献。

尽管潘恩的所有著作都引起读者相当大的兴趣，并引发相当多的争议，但并不是所有的著作都招致大量评价，使批判潘恩论点的小册子或期刊论文问世。例如，潘恩的《消费税官员案》（*The Officers of Excise*, 1772）、《美利坚危机》（*The American Crisis*, 1777—1778）、《致雷纳尔神父的关于北美事务的信》（*Letter Addressed to the Abbe Raynal on the Affairs of North-America*, 1782）、《关于政府、银行事务和纸币的论文》（*Dissertation on Government, the Affairs of the Bank, and Paper Money*, 1786）、《致发言人的关于最新公告的信》（*A Letter Addressed to the Addressers, on the Late Proclamation*, 1792）、《关于政府首要原则的论文》（*Dissertation on First Principles of Government*, 1795）和《土地的正义》（*Agrarian Justice*, 1797），读者在伯切尔的6卷本中找不到关于这些著作的任何内容。潘恩的另外两部作品只涉及英国问题，他的《致国务卿邓达斯先生的关于人的权利与最新宣言的信》（*A Letter to Mr. Secretary Dundas on the Rights of Man and the Late Proclamation*, 1792）仅引发了1篇回应，由一位英国作家在伦敦发表。而《英国金融体系的衰落》

（*The Decline and Fall of the English System of Finance*, 1796）激起了5篇回应作品，但这些都是由英国作家所写，并且只在英国出版。因此，伯切尔有理由将所有这些作品从他的6卷本中排除。

伯切尔收录在这6卷本中的，是美利坚作家撰写或在美利坚出版的，为回应潘恩的其他著作和政治活动的文本。他收录了美利坚人对潘恩的小册子《常识》的7篇回应。其中包括在报纸上发表的两篇文章，这引出一个问题，即为什么伯切尔完全忽视了1776年3月11日至4月29日发表在《宾夕法尼亚邮报》上的"卡托"（Cato）写给"宾夕法尼亚人民"的8封信？"卡托"几乎可以确定为英国圣公会牧师和费城学院的教务长威廉·史密斯（William Smith），他是美利坚效忠派的领军人物，也是后来退居英国的人中的一位杰出人物。伯切尔辑录了2篇关于西拉斯·迪恩（Silas Deane）论战的文章，都是美利坚人撰写的；还有6篇对潘恩给乔治·华盛顿的信的回应文章，其中2篇尽管是在美利坚出版的，但由英国作家撰写。这些对潘恩攻击华盛顿的性格、名誉和能力的反击，有助于解释在美利坚人们对他的支持是怎样在18世纪90年代后期开始减弱的。

伯切尔选择重现对潘恩的《人的权利》（*Rights of Man*, 1791）①的3篇意义重大的回应，以及十几种较短的作品，这些全都在美利坚出版。鉴于在英国发表的对《人的权利》的回应文章的数量要多得多，很明显，与在激进和保守舆论对潘恩的思想反应更剧烈、法国大革命构成的威胁更直接的英国相比，这部作品在美利坚引起的关注和警惕要少得多。此处援引的约翰·昆西·亚当斯（John Quincy Adams）的小册子也许是当时对潘恩的《人的权利》的最明智、最公正的批判。伯切尔还收录了对潘恩《理性时代》（*The Age of Reason*）的两卷的14篇重要回应和8篇简短回应。在他的6卷本中，它们占了一半以上的篇幅。这是有道理的，因为与潘恩的其他主要著作相比，《理性时代》无疑在美利坚引起了更多带有敌意的评论。这些小册子帮助我们了解潘恩非正统的宗教观点，而不是他激进的政治观点，是如何导致美利坚舆论对他进行野蛮的攻击的。也许令人惊讶的是，《理性时代》在英

---

① 该书的中文翻译有《人的权利》《论人权》《人权论》及《人权》等数种版本，此处采用《人的权利》的译法。

国产生的带有敌意的反驳比在美利坚的还要多，甚至可能比潘恩的《人的权利》在英国产生的敌意性反驳还要多。此外，为数不多的英国作家确实撰文支持潘恩的宗教观点，而如果伯切尔的选取摘录是在美利坚发布的这类作品内容的一种精准展示，那么在美利坚似乎从未有过这种支持其宗教观点的现象。

伯切尔作品的最后一卷辑录了1801—1815年间在美利坚报纸和期刊上发表的40多篇短文和简短通告。其中许多是由潘恩的激烈反对者撰写的，他们对本时段中激化美利坚政党政治问题的事件持有截然不同的观点，并翻出了潘恩早先在给华盛顿将军的信和《理性时代》中表达的观点，以从根源上驳倒他在这时转而支持托马斯·杰斐逊及其政策的论点。其中一些文章亦确实为潘恩当前的观点辩护，或者至少对他早期对美利坚革命事业的贡献表达了感激之情。它们都表明，潘恩的思想和声誉在多大程度上被用于支持或攻击美利坚政府的政策。这些报纸文章，以及其他卷中包含的一些较短的文章，是伯切尔提供的最有用的文本，因为它们的来源不易被读者找到，而且它们出现在学者或学生均不易获取的出版物中。

决定这6卷中囊括哪些文本无疑给编辑带来一些困难，但尚不清楚伯切尔在选择文本时采用的是何种标准。他在引言中提到，已决定不收录与出版一些读者容易获得的、现代版本的文本。他以埃德蒙·伯克的《法国革命论》(*Reflections on the Revolution in France*, 1790) 为例。这当然在许多现代版本中很容易找到，但将它排除在外是正确的，因为它从来不是对潘恩的回应，而是对理查德·普赖斯（Richard Price）以及法国发生的令人震惊的事件的回应。伯克对潘恩的唯一直接回应出现在《新辉格党人向老辉格党人的呼吁》(*An Appeal from the New to the Old Whigs*, 1791) 的几页中，可即便在这部作品中，他也从未承认在提及当时危险的激进思想时援引潘恩作为例证。如果伯切尔的入选或排除标准之一是一部作品是否有现代版本，那么令人惊奇的是，他使约翰·亚当斯的《关于政府的思考》(*Thoughts on Government*, 1776) 入选，但排除了詹姆斯·查默斯（James Chalmers)的《平实的真理》(*Plain Truth*, 1776)。考虑到伯切尔收录内容的标题，可以预料的是他的选择可能只会包含美利坚作家撰写的作品，首次发表于美利坚的作品，或针对潘恩对美利坚事务的写作作出的回应。但他并没有严格遵守这些标准。例如，他排除了许多由美利坚作家撰写且仅在美利坚出版的作品，却选取了维克西莫斯·诺克斯（Vicesimus Knox）的《基督教哲学》（*Christian Philosophy*），这位英国作家多年前已在英国出版了这部作品。伯切尔从未探讨过他为什么选取了本作所收录的这些对《理性时代》的回应。他似乎没有意识到迈克尔·莱瑟（Michael Lesser）和盖尔·特鲁斯德尔·潘德鲁顿（Gayle Trusdel Pendleton）的简短但有价值的书目文章（分别见《参考书目简报》1967 年第 25 期，第 41—43 页和《英国研究箴言报》1980 年第 10 期，第 36—45 页），这些文章竭力发掘了对潘恩《理性时代》的所有同时代的回应。尽管伯切尔包含了非美利坚文本，但他选择忽略一篇爱尔兰语的对潘恩《常识》的有趣回应，即匿名发表的《作为对一本名为"常识"的小册子的回答的"理性[1]"》（*Reason. In Answer to a Pamphlet Entituled, Common Sense*, 1776 年刊于都柏林）。

6 卷本中的绝大多数文本都没有经过机器重新排版。出版者选择以照片的形式照原样复制它们，意味着这些页面的字体、页面的大小及行距不统一。但通过卓越的摄影技术，原始文本的质量已得到提高，并且，看到与同时代的第一次阅读这些文本时的读者观感完全一致的文本是有益的。同时，本书还以原始文本与现代页码规则兼备的方式臻于完善。大多数文本的字体比原始编辑材料的字体大，阅读起来既轻松又愉快。但是，部分报刊文章出现在同一专栏中，字体小，行距窄，阅读难度较大。极少数几乎需要读者使用放大镜阅览，也许这些部分应该由机器重新排版。

这些制作精良的书籍的价值在很大程度上取决于选择复制的文本的价值以及编者提供的对应的学术工具。如上所述，尚不清楚未被本作选取的文本材料有哪些及其价值几何。例如，我知道有几篇美利坚人对潘恩的《理性时代》的回应没有被选入这些书中。我无法确定是否有美利坚方面的、对潘恩其他作品的回应未在这部 6 卷本中出现——无论出于何种原因。尽管编者在提供学术工具以便读者能够充分利用这些文本方面做了很多出色的工作，但

---

[1] 原标题为"Reason"，因爱尔兰文本获取及英译的问题，取"道理""理性"或"缘由"的含义均有可能性。为与《理性时代》翻译一致，此处亦作"理性"。

令人遗憾的是，他的努力包含了多至令人失望的不准确内容和一些显著的遗漏。

每篇文章都由编者介绍，并附有提要，提供了有关作者及其出版情况的有用证据。然而，编者几乎没有做出任何对后续文本中表达的观点进行简要介绍的努力。读者必须通读每篇文章，才能了解所提出的特定论点。然而，其中一些提要特别有用。伯切尔在设法识别这些文本的一些匿名或假名作者方面做得很好。令我有点惊讶的是，他没有确定署名为"坦率者"①的文章的作者，因为这位作家经常被确定为前文提及的詹姆斯·查默斯（1727—1806），他出生于苏格兰，是马里兰州的美利坚效忠派领袖，后来离开北美去了英国。在伯切尔的总序中，他给出了《平实的真理：致美利坚诸居民，包含对一本名为"常识"的小册子的评论》（*Plain Truth: Addressed to the Inhabitants of America. Containing Remarks on a Late Pamphlet Intitled Common Sense*, 1776）的作者，是为乔治·查默斯（George Chalmers），但实际上这是由詹姆斯·查默斯撰写的。

编者的总论也许是他对这6卷著作所做的最令人失望的"贡献"。它只有10页的篇幅，却几乎没有用什么文字介绍潘恩的职业生涯或著作，也没有讨论随后在这6卷中重现的文本内容。其中两页专门介绍所选文本和采用的注释，又以超过两页的篇幅为潘恩辩护，反对人们经常表达的对他酗酒的指控。伯切尔可能抗议得太多，并且在任何情况下都将半数的缘由推给作为他为潘恩辩护的一部分而考察到的，潘恩的许多同时代人严重酗酒的状况。如果仔细看过詹姆斯·吉尔雷（James Gillray）著名的讥嘲潘恩的讽刺漫画《安逸前先来点时尚》（*Fashion before Ease*，1792），伯切尔会注意到，早在相信潘恩酗酒之前，吉尔雷就觉得给潘恩一副醉醺醺的酒鬼相用来讽刺很适合。伯切尔用了3页的篇幅来讲述乔治·查默斯和詹姆斯·奇瑟姆（James Cheetham）所著的对潘恩满怀恶意的同代传记，这些观点是值得一提的，但

---

① 原词为"Candidus"，并非英语而是发源于罗马及高卢凯尔特的拉丁词语，最初为大陆凯尔特多神教中的一种"坦率、坦诚"的精神，与治愈泉水之神 Borvo 相关。后者被视为与希腊罗马的阿波罗神相关，所以该意象也与阿波罗的（通过神谕揭示的）真理相勾连。故此该化名可能代指"坦率者""真理揭示者"。

关于对潘恩的合法性和人身的攻击，本应该记述得更多。书中对潘恩去世后不久在美利坚出版的奇瑟姆极具敌意且影响深远的传记的引用，使我一度很希望它是伯切尔选择的文本之一。我很高兴在第 6 卷末尾收到了一份非常有用的综合索引。

在皮克林与查托出版社的版本中阅读此类文本的一个重要优势是，编者提供了非常有用的尾注，旨在识别文本中提到的每个人、地点、事件或引文。在这一版中，肯尼斯·伯切尔非常努力地在这 6 卷之中的 180 多页下提供了数千条小字体尾注。他特别擅长识别人物，翻译许多拉丁语引文，并将文本的许多部分与犹太教、基督教和伊斯兰教联系起来。我还发现，伯切尔清楚地表明，他罗列文本的作者在对潘恩发起攻击时，错误引用潘恩的频率有多少，这也很有帮助。不过这些尾注中有一些语法错误，也有一些其他谬误：都铎王朝从 1485 年而不是 1405 年开始统治英格兰；理查德·胡克是英格兰人而不是不列颠人 [1]；霍加斯不是漫画家；大卫·休谟当然是苏格兰人而不是英格兰人；1690 年，詹姆斯二世没有退位，议会也并未将他赶下王位。此外，亚历山大·韦德伯恩 [2] 并非"一直是保守党"；查尔斯·詹姆斯·福克斯 [3] 不支持激进改革；威廉·佩恩既不是贵族派也不是民主主义者 [4]；约翰·汉考克是第二届大陆会议主席，而不是制宪会议主席；1776 年梅诺卡岛在英国人手中 [5]；现任英国女王名义统治但不行使治权；杰里米·边沁提及

---

[1] 原文旨在区分英格兰王国与联合王国，不应有失谨慎地使用苏格兰英格兰联统后的"不列颠人"的说法。理查德·胡克（Richard Hooker, 1554—1660），伊丽莎白时代的英格兰神学家、社会与政治哲学家。主要著作为《论教会政治体的法则》。

[2] 亚历山大·韦德伯恩（Alexander Wedderburn, 1733—1805），苏格兰政治家、律师，第一代罗斯林伯爵。在美利坚独立战争期间任英国大法官。

[3] 查尔斯·詹姆斯·福克斯（Charles James Fox, 1749—1806），英国辉格党政治家，受埃德蒙·伯克影响，老皮特和小皮特的政敌，是以反奴隶制活动、对法国大革命与宗教宽容的支持而闻名的自由主义者。

[4] 威廉·佩恩（William Penn, 1644—1718），英国政治家、宗教思想家与殖民者，贵格会教徒，在北美领导建立了宾夕法尼亚殖民地与费拉德菲亚城，倡导宗教自由和殖民地团结。

[5] 位于地中海的梅诺卡岛（Minorca）在 18 世纪多次易主：1708 年，西班牙王位继承战争期间，属于西班牙的梅诺卡岛被英国海军占领，并在 1713 年的《乌得勒支条约》中得以确认；1756 年，七年战争期间，法国占领该岛，1763 年签订《巴黎条约》后法国向英国归还该岛；1781 年，英国被法国和西班牙联军击败，1783 年在《凡尔赛条约》中英国将此岛重新割让给西班牙；英国于 1798 年再次占领该岛，1802 年签订《亚眠条约》后该岛重新被西班牙收回；英西结盟在半岛战争中对抗法兰西第一帝国，使该岛未再被法军占领。

的自然权利不是如布莱克斯顿的《英国法律评论》（*Commentaries*）所言，乃是"踩着高跷胡说八道"（而非"踩着高跷而无知"）①；1793年5月的革命乃是指27日巴黎公社反对国民公会的起义②；J.R.奥尔登而不是J.A.奥尔登写了《斯蒂芬·塞尔：美国革命冒险家》；正确的文本应该是亚美尼亚主义而不是亚麦尼亚主义，是埃麦特而不是埃米特，是沙夫茨伯里而不是沙夫斯伯里③。更严重的错误是，第2卷第197页提到的汉普登是约翰·汉普登，船税的重要反对者④，而不是他的孙子小约翰·汉普登，查理二世与詹姆士二世的反对者⑤。在第3卷第45页提到的利奇菲尔德主教是詹姆斯·康沃利斯（James Cornwallis, 1781—1824），而不是布朗诺·诺斯（Brownlow North）。在第3卷第157页中被描述为通奸捍卫者的作者不可能是约翰·詹姆斯·布朗特（John James Blunt, 1794—1855），因为此时他还不到1岁！此人几乎可以确认为查尔斯·布朗特，或更常见的是拼写为查尔斯·布伦特（Charles Blount, 1654—1693），他著有《世界之魂》（*Anima mundi*, 1678）⑥、《不违反自然法的奇迹》（*Miracles, No Violation of the Law of Nature*, 1683）和《俗人的信仰》（*Religio laici*, 1683）⑦等诠释自由思想和自然神论的作品。第4卷第95页和第111页提到的韦斯特几乎可以肯定既不是著名画家本杰明·韦斯特（Benjamin West, 1730—1813），也不是他的兄弟斯蒂芬·韦斯特（Stephen West, 1735—1819），而是吉尔伯特·韦斯特（Gilbert West, 1703—1756），即

---

① "Nonsense on stilts"，指边沁在《无政府主义谬误》中用于驳斥和攻击自然权利理论的著名形容"踩着高跷胡说八道"或"高跷上的废话"。作者这里为勘误伯切尔原书中将"Nonsense"谬记为"Ignorance"的状况。

② 巴黎公社"the Paris commune"，此处指法国大革命期间的巴黎政府，与1871年的巴黎公社无关。彼时，公社被吉伦特派视为山岳派的巢穴，而27日罗伯斯庇尔率领雅各宾俱乐部宣布进入起义状态，成为5月31日至6月2日导致吉伦特派垮台的民众大起义的先声。

③ 作者指出了伯切尔原书中的三处拼写错误，应为Arminianism而非Armenianism; Emmet而非Emmit; Shaftesbury而非Shaftsbury。

④ 查理一世为筹措资金，强征船税，引发强烈反对的系列事件，英国议会的标志性人物约翰·汉普登（John Hampden, 1595—1643）在其中扮演关键角色。最终，汉普登在内战中抗击保王军而死。

⑤ 小约翰·汉普登（John Hampden, 1653—1696），英国议员，政治家。曾因参与刺杀国王查理二世和约克公爵詹姆士的黑麦屋阴谋而入狱。

⑥ "Anima mundi"是发源于古希腊的拉丁词语，为柏拉图主义、斯多葛主义和诺斯替宗教中使用的概念，世界之魂。

⑦ "Religio laici"，拉丁词语，意为一个教会外的俗人的信仰。

《为基督教启示辩护》(*A Defence of Christian Revelation*, 1748)与《关于耶稣基督复活的历史和证据的观察》(*Observations on the History and Evidence of the Resurrection of Jesus Christ*, 1747)的作者。第 4 卷第 212 页脚注中引注的一部作品不是约翰·洛克所写,而是来自《自亨利八世统治时期至今,由最杰出的人撰写的,关于各种娱乐主题和许多重要场合的原始信件精选集》(*A Select Collection of Original Letters; Written by the Most Eminent Persons on Various Entertaining Subjects, and on Many Important Occasions; from the Reign of Henry the Eighth, to the Present Time*, 两卷本,1755 年出版于伦敦)。

尽管伯切尔尽了最大努力,但他还是没能追溯到诸多引述的对应作者。也许是因为我有着更多的机会去访问重要的数据库,虽然并非全部,但我能够提供许多为伯切尔裨补阙漏的内容。他和他的读者可以发现以下有用材料。

Vol.I, p.145, col.2, lines 37—40: 引自弗朗西斯·哈奇森(Francis Hutcheson)的 *A Short Introduction to Moral Philosophy, in Three Books* (Glasgow, [1753]), p.272。

Vol.I, pp.237, ll.31—33&239, II.18—27: 此处引言并非选自拉宾(Rapin)的 *History of England* (1743)[①],而是来自他的 *Dissertation sur les Whigs et les Torys* (London, 1717),pp.2&19。

Vol.II, p.148, col.1, ll.36—37: 这里的诗句出自莎士比亚的《皆大欢喜》(*As You Like It*)第二幕第七场"全世界就是一个舞台",是角色杰奎斯的著名演讲开头。

Vol.III, p.81, l.4: 我认为这里提到的辛格里翁教会(Cinglions),一个归正会组织,可能是指瑞士神学家乌尔里希·慈运理(Ulrich Zwingli, 1484—1531)的新教追随者的教派——慈运理派(Zwinglians)。

Vol.III, p.225, ll.5&8: 波菲利(Porphyry, 234—305 AD?),一位出生于提

---

① 拉宾即保罗·德·拉宾-托瓦拉斯(Paul de Rapin-Thoyras, 1661—1725),法裔英国胡格诺派历史学家,主要著作为影响深远的《英格兰史》(*Histoire d'Angleterre*,与原文的英语标题不同,其实际以法语撰写)与下文提到的《论辉格党与托利党》。

尔的新柏拉图主义哲学家，撰写了 *Against the Christians*。①

Vol.III, p.315, l.4: 教宗亚历山大的 *Christian Odes* 包括 *The Dying Christian to his Soul* (1712) 与 *The Universal Prayer* (1738)。

Vol.IV, p.13, l.20—p.14, l.14: 这句话引自托马斯·夏洛克（Thomas Sherlock）的第九演讲集，*Several Discourses Preached at the Temple Church*, 2 vols., (London, 1754), I, 270—271。

Vol.IV, p.118, ll.33—34: 这里的脚注是源自教宗亚历山大的 *Messiah, A Sacred Eclogue*, 是仿写维吉尔的 *Pollio* (London, 1766), lines 31—32。②

Vol.IV, p.173, ll.43—44: 摩西·德·科兹里（Moses de Kotzri）即库西的摩西（Moses of Coucy）③，13 世纪早期的犹太学者，著有 *On the Precepts of the Law*。参孙·米格西（Samson Micosi）即库西的参孙（Samson of Coucy），摩西的妹夫④，他似乎没有以自己的名义发表任何文章。本·纳赫曼（Ben Nachman）被称为巴纳赫农（Barnachnon）或摩西·本·纳赫蒙（Moses ben Nahmon）或拉比巴尔·纳赫曼（Rabbi Bar Nachman，1194—1270）。朱尼厄斯可能指的是《朱尼厄斯手稿（11）》（Junius 11），这是早期盎格鲁-撒克逊诗歌的一个旧约版本⑤。库奈乌斯指的是荷兰学者彼得·范德昆（Peter van der Kun，1586—1638）的笔名佩特鲁斯·库奈乌斯（Petrus Cunaeus），他最著名的作品是 *The Hebrew Republic*（1617）。在托马斯·哈特维尔·霍恩（Thomas Hartwell Horne）的 *The Critical Study and Knowledge of the Holy Scriptures*（4th edn., 2 vols., Philadelphia, 1825），I, 561 note 中，也可以找到完全相同的权威列表。另见 Phyllis S. Lachs, "'Hugo Grotius' Use

---

① 波菲利在哲学领域的更大贡献是创作了成为中世纪基督世界与伊斯兰世界的逻辑学教科书的《导论》（*Isagoge*）或《范畴导论》（*Isagoge et in Aristotelis Categorias commentarium*）。尽管本人可能曾为基督徒，但他的 15 卷本《反基督徒》得到了基督教学者的激烈回应（虽然狄奥多西二世下令烧毁了原书，但其所有论点都被这些反驳他的著作记录下来）。奥古斯丁曾评价波菲利为"最为渊博的哲学家，亦是基督教最凶恶的敌人"。

② 盖乌斯·阿西尼乌斯·波利奥（Gaius Asinius Pollio, B.C. 75—A.D. 4），罗马军人、演说家、政治家、诗人、历史学家，此处应为其赞助同代诗人维吉尔从而收获的献诗。

③ 全名库西的摩西·本·雅各布拉比（Rabbi Moses ben Jacob of Coucy），拉比为犹太教头衔，库西为法国北部地名。下文的参孙也有拉比头衔。摩西经常在自己的著作中引述参孙的言论。

④ 此处原文为"brother-in-law"，鉴于相关材料有限，译者难以考证此描述代指的具体关系，特此说明。

⑤ 《朱尼厄斯手稿》，古英语文学四大抄本之一，现存于牛津大学博德利图书馆，书架号为 MS Junius 11。

of Jewish Sources in On the Law of War and Peace", *Renaissance Quarterly*, 30 (1977), 181—200。

Vol.IV, p.202, ll.36—37: 我认为这里提到的是 Philip Doddridge, *The Evidences of Christianity Briefly Stated, and the New Testament Proved to be Genuine. In Three Judicious and Excellent Sermons* (London, 1792)。

Vol.IV, p.215, ll.9—17: *The Scots Magazine*, 50 (1788), 83 详细记录了这一场景。

Vol.IV, p.216, ll.18—22: 这段引文出自 *Discourses on Various Subjects, by the Late Reverend John Leland DD* (4 vols., London, 1769) I, preface, xli—xlii。

Vol.V, p.68, ll.16—29: 这段引文出自 James Muir, *An Examination of the Principles Contained in The Age of Reason*, (Baltimore, 1795), 它在伯切尔版第 2 卷第 385 页。

Vol.V, p.136, ll.25—26: 这段引文出自 William Cave, *Apostolici: Or, the History of the Lives, Acts, Deaths, and Martyrdom of Those Who were Contemporary with or Immediately Succeeding the Apostles* (4th edn., London, 1716), preface, ii。 [1]

Vol.V, p.116, l.17: 这部作品是 Pliny the Elder, *Historiae Naturalis* (Vol.5, 137)。尤西比乌斯·潘菲洛斯（Eusebius Pamphilos, 约 263—339 ），巴勒斯坦凯撒利亚主教。他是 *Ecclesiastical History* 的作者。

Vol.V, p.149, l.10—p.151, l.19: 本节逐字抄录自 Robert Jenkin, *The Reasonableness and Certainty of the Christian Religion* (2 vols., London, 1721，I, 361—363)。[2]

Vol.V, p.158, ll.14—21: 这段引文出自 *The Babylonian Talmud, Galatin*, Tract Sanhedrim, Book 9, ch. 2。

Vol.V, p.158, ll.31—32: 这里提到的来源是 Jean-Baptiste Bullet, *The History and Establishment of Christianity Compiled from Jewish and Heathen Authors only; Exhibiting a Substantial Proof of the Truth of this Religion* (London, 1776)。

---

[1] 威廉·凯夫（1637—1713），英国神学家，牛津大学博士，查理二世的牧师。代表作除了此处提及的《使徒行传》外，还有《教会：抑或教会最杰出教父的生平、行为、死亡和著作的历史》(*Ecclesiastici: or, the History of the Lives, Acts, Death and Writings of the Most Eminent Fathers of the Church*, 1683) 与《教会历史著作汇览》(*Scriptorum Ecclesiasticorum Historia Literaria*)，为教会史作出了卓越的贡献。

[2] 罗伯特·詹金（1656—1727），英国牧师，剑桥大学圣约翰学院院长。

Vol.V, p.180, ll.31—33: 这里出自 Kircher, *Oedipus Aegyptiacus* (Vol.4, 1651)，是他关于埃及学的最高著作。①

Vol.V, p.184, footnote: 2nd Apol.73 指的是 *The Apologies of Justin Martyr ... in Defence of the Christian Religion* (2vols., London, 1709), II, 73②。

Vol.V, p.201, l.32: 这是对摩西·迈蒙尼德（Moses Maimonides，1135—1204）的引用，他是 *Proponitur, Maimonidis More Novochim typeis mandandum lingua Arabica* (Oxford, 1690) 的作者。

Vol.V, p.231, l.2—p.232, l.3: 这段长引文出自 William Jones, *A Course of Lectures on the Figurative Language of the Holy Scripture, and the Interpretation of it from the Scripture itself* (London, 1789), 443—445。

Vol V, p.233, l.11: 此处指的是 George Forster, *Sketches of the Mythology and Customs of the Hindoos* (London, 1785)③，这是对第 12 页内容的松散概括。

Vol.V, p.246, l.19—p.247, l.18: 这段长引文出自托马斯·哈迪④一篇名为《基督的复活》的布道，选自 *The Scottish Preacher: Or, a Collection of Sermons, by Some of the Most Eminent Clergymen of the Church of Scotland* (4 vols., Edinburgh, 1789), IV, 10—11。

Vol.V, p.261, l.28—p.262, l.25: 这段长引文出自托马斯·斯塔克豪斯⑤的 *A New History of the Holy Bible, from the Beginning of the World, to the*

---

① 基歇尔即阿塔纳修斯·基歇尔（Athanasius Kircher, 1602—1680），德意志耶稣会士，博物学家。《埃及的俄狄浦斯》是其埃及学比较研究的重要成果。

② 原文此处省略了一部分标题。标题全文为：*The Apologies of Justin Martyr, Tertullian, and Minutius Felix In Defence of The Christian Religion: With The Commonitory of Vincentius Lirinensis Concerning The Primitive Rule of Faith*。涉及的历史事件为公元 155—157 年间，殉道者贾斯汀对罗马皇帝安东尼努斯·皮乌斯的致辞，本质是对基督教的捍卫与回应对基督教的批评，为早期基督教实践研究提供了重要的历史叙述材料。

③ 标题全文为：*Sketches of the Mythology and Customs of the Hindoos: Most Respectfully Inscribed to the Honorable the Court of Directors of the East-India Compan*。乔治·福斯特即约翰·乔治·亚当·福斯特（Johann George Adam Forster, 1754—1794），德意志地理学家、博物学家、民族学家。参与了库克船长的第二次远航，是现代旅行文学的奠基人。

④ 托马斯·哈迪（Thomas Hardy, 1748—1798），苏格兰牧师，爱丁堡大学教会历史教授，皇家礼拜堂院长。在《就英国和法国的现状向人民发表讲话。对共和政府的观察，以及对托马斯·潘恩的写作中提出的原则的讨论》(*Addressed to the People, on the Present State of Affairs in Britain and in France. With Observations on Republican Government, and Disscussions of the Principles Advanced in the Writings of Thomas Paine*, 1793) 中对托马斯·潘恩有过批判。

⑤ 托马斯·斯塔克豪斯（Thomas Stackhouse，1677—1752），英国神学家、辩论家。

Establishment of Christianity (6 vols., Glasgow, 1796), VI, 552。

Vol.V. p.278, ll.27—34: 这 句 话 出 自 William Newcome, *Observations on our Lord's Conduct as a Divine Instructor, and on the Excellence of His Moral Character* (London, 1795), p.32。纽科姆（1729—1800）曾任阿尔马大主教。

Vol.V, p.288, ll.9—22: 这 段 引 文 出 自 托 马 斯 · 斯 塔 克 豪 斯 的 *A New History of the Holy Bible*，283。

Vol.V, p.309, ll.10—12 and ll.21—31: 这 些 引 文 出 自 William Paley，*A View of the Evidences of Christianity* (7th edn., 2 vols., London, 1800), I, 243 and 209—210.

Vol.V, p.330, l.23—p.331, l.14: 这是对 William Worthington, *The Evidences of Christianity Deduced from Facts, and the Testimony of Sense, through all the Ages of the Church to the Present Time* (2 vols., London, 1769), I, 136—140 的一句松散转述。

Vol.V, p.366, l.32: "Philos. Princip."，指 骑 士 拉 姆 齐 即 安 德 鲁 · 米 歇 尔 · 拉 姆 齐 （Andrew Michael Ramsay）[1] 的 著作 *The Philosophical Principles of Natural and Revealed Religion* (2 vols., Glasgow, 1748—1749)。

Vol.V, p.367, ll.3—24: 这段长引文来自 Alexander Geddes, *The Holy Bible, or the Books Accounted Sacred by Jews and Christians* (2 vols, London, 1792—1797), I, xvi。[2]

Vol.V, p.380, ll.31—33: 这 段 引 文 来 自 Diodorus Siculus, *The Historical Library of Diodorus the Sicilian* (London, 1721), 49。[3]

Vol.V, p.382, l.12: 这里是指 *The History of Dion Cassius Abridg'd by Xiphilin* (2 vols., London, 1704)。

Vol.V, p.393, ll.12—26: 出自拉姆齐的 *The Philosophical Principles of Natural*

---

[1] 拉姆齐（1686—1743）曾获耶路撒冷圣拉撒路勋章，因此也被称为骑士拉姆齐。其人是苏格兰作家，长期生活于法国。

[2] 亚历山大·格德斯（1737—1802），苏格兰神学家、学者。主要贡献即为此处提到的，将天主教《圣经·旧约》主体部分翻译成英语。

[3] 狄奥多罗斯·西库勒斯即西西里岛的狄奥多罗斯，生活于公元前 1 世纪的历史学家，主要著作即为此处提到的《历史图书馆》，共 40 册，现有 15 册内容遗存。

and Revealed Religion, II, 203—204。

Vol.VI, p.40, l.2: 这句诗出自约瑟夫·艾迪生（Joseph Addison）的戏剧 *Cato* 第五幕第一场的独白，是"大喊"而不是"说话"[①]。

Vol.VI, p.61, ll.9—10: 这段拉丁语引文出自 Suetonius, *The Lives of the Twelve Caesars*, Vol.2, 奥古斯都。

Vol.VI, p.156, l.4: *Baltimore American* 可能指的是一家经常更名的报纸，但在 1799—1802 年间，此报应被称为 *American and Baltimore Daily Advertiser*。[②]

Vol.VI, p.341, ll.5—7: 这句话来自《创世纪》49—10，记录在塔古姆或阿拉姆语版本的《托拉》中。

[①] 结合语境，此处 cry 应译为"大喊"而非"哭泣"。原戏剧仍需考证，故存疑。

[②] 事实上，在这一时期该报的正式名称存在 3 个记录：*American and Daily Advertiser, The American and Baltimore Daily Advertiser, The American and Mercantile Daily Advertiser*。

统一与富强：弗朗西斯·培根的不列颠设想及其影响 *

陈小虎 **

作为 16、17 世纪之交的主要政治人物之一，弗朗西斯·培根的毕生追求之一就是希望国家富强。他在苏格兰国王詹姆斯六世继位伊始，就敏锐地意识到，为了国家的强大，不列颠岛应该统一，英格兰应该联合苏格兰，由此写出的与之相关的作品就多达十几部。对培根而言，不列颠岛的统一是实现国家富强的第一步，也是其富强观的体现。

关于培根的富强观在其思想体系中的位置，国外学者存有争议，一般而言分为以下两种观点。第一种观点认为，培根的国家强大观是培根整个思想体系中的一部分，包括他的统一的不列颠帝国构想——海上贸易，发展商业——都是培根科学体系中的一部分，且都是朝现代性迈进的。[1] 第二种观点认为，培根的国家强大观并非系统性的，虽然培根明确指出英格兰苏格兰两个王国的统一合并是增强实力应对国际竞争的必然之举，但是培根的观点并没有很强的现代性，反而体现的是古典共和主义思想下治国理政的思维。[2]

---

* 本文受衡阳师范学院科研启动项目资助。

** 陈小虎，衡阳师范学院讲师。

[1] Howard B. White, "Bacon's Imperialism", *American Political Science Review*, Vol.52, No.2 (1958), pp.470—489. Wheeler Harvey, "The Constitutional Ideas of Francis Bacon", *The Western Political Quarterly*, Vol.9, No.4 (1956), pp.927—936; Julian Martin, *Francis Bacon, the State and the Reform of Natural Philosophy*, Cambridge: Cambridge University Press, 2007.

[2] 参见 Markku Peltonen, "Politics and Science Francis Bacon and the True Greatness of State", *Historical Journal*, Vol.35, No.2 (1992), pp.279—305. 国内的相关研究，参见刘德林：《弗兰西斯·培根的帝国思想析论》，《理论界》2016 年第 5 期；刘德林：《经验到理想：培根政治思想研究》，东北师范大学 2018 年博士学位论文；戴鹏飞：《论议会主权与英格兰—苏格兰的议会联合》，上海交通大学 2015 年博士学位论文；冀明武：《培根法哲学和宪政思想研究》，华东政法大学 2015 年博士学位论文。

这两种观点确实都注意到了培根统一富强观在培根思想体系中的重要性以及提出的背景：为新王詹姆斯整合统一不列颠王国而效力。可是他们的研究都没有把培根的统一富强观放在当时联合讨论的政治形势下加以考察，也没有考察培根不列颠设想的后续影响。

当前，苏格兰寻求独立的呼声日益高涨，对英国这个多民族统一国家来说不啻一个重大打击。在已经脱欧的背景下，英格兰的主流意见是现代主权国家不可分裂。但是在培根所处的那个时代，英格兰的主流意见却以狭隘的民族立场排斥培根的想法，以至于苏格兰和英格兰的合并统一在17世纪初没有成行。但真知灼见是经得起考验的，在1641年、1707年英格兰和苏格兰面临合并的机遇时，培根之真知灼见再次散发光芒。

本文拟考察弗朗西斯·培根对不列颠国家的设想及其所产生的影响。在当下不列颠联合王国可能面临的分崩离析之际，关注这位英格兰伟大的思想家在联合王国初兴之时对国家未来的认识是有意义的，而其关于统一才能富强的思想于大国逐渐成长的关键时期提出，对我国当前的求富求强亦具有参考意义。[①]

一、培根的作品及活动

弗朗西斯·培根是科学史和哲学史上的伟大人物，其《新工具》往往被视为近代科学实验的鼻祖，《论说文集》更是闻名遐迩。然而，培根不仅是知识界的大人物，在政治上也是有作为的。他出身官宦家庭，自幼便接触英国宫廷生活，伊丽莎白女王曾多次巡幸他家，使得他从小便有颇为强烈的政治野心，穷其一生都在追求权术。但是他的仕途却并非一帆风顺，而是长时间处于低位。尽管权势上的钻营无果，但他一直关注国家的前途与命运。纵观其一生之经历，在政治领域，他对于国家的未来思考得最多，而且是先于他在科学和哲学上的领悟的。换言之，其学术洞见是服从于政治理想的，学术应为他所设想的政治服务。这在他1603年的《关于自然的解释》之序言

---

① 由于威尔士已经在16世纪上半叶被英格兰兼并，而爱尔兰主要是作为英格兰的殖民地出现，故在17世纪讨论联合王国，主要是集中于英格兰与苏格兰的关系。

中得到了完美的体现。

该序言以自传形式明确表达了他的政治理想。虽然对追求真理有着非常大的兴趣，但他认为自己更适合"沉浸于国家事务，为国家服务胜过为全世界的知识服务"。最重要的是，一旦能身居高位，便有资源和能力以更好地从事学问研究。他写道：

> 我不应该从事哲学工作，而应该从事政治工作：从儿童时代起，我就确确实实地被政治浸透了……最后我怀着这样一种希望，假如我能在政治上获得显赫的职位，这对我的科学事业将有很大的帮助……鉴于这样的想法，我就投身政治，极谦恭地请求有权势的朋友们的眷顾。[1]

可见，培根有借官位行学问之道的想法。一般认为，1603 年詹姆斯继位为英格兰国王给培根的官宦生涯带来了转机。正是因为詹姆斯一世的提携，培根才为其摇旗呐喊，写出了一系列作品，极力鼓吹英苏联合及不列颠设想。但从以上自白来看，上述观点似乎并不完全可靠。

需要记住的是，自 1603 年的联合讨论开始，培根还写过一系列关于不列颠统一与国家前途的作品。这些作品可以罗列如下：

（1）1603 年《简论英格兰王国与苏格兰王国的美满联合》(*A Brief Discourse Touching the Happy Union of the Kingdoms of England and Scotland*)

（2）1604 年《关于联合的几个要点》(*Certain Article or Considerations Touching the Union of the Kingdoms of England and Scotland*)

（3）1607 年《关于入籍问题的演讲》(*A Speech ... Concerning the Article of Naturalization*)（1641 年印刷）

（4）1607 年《关于法律联合的演讲》(*A Speech Concerning the Union of Laws of the Kingdoms of England and Scotland*)（1641 年印刷）

（5）1608 年《不列颠王国的真正伟大之处》(*Of the True Greatness of the Kingdom of Britain*)

---

[1] James Spedding ed., *Letters and Life of Lord Bacon, Vol.3*, London: Longman and Green, 1861—1874, p.85.

（6）1608 年《苏格兰新生人口案》（*The Argument ... in the Case of the Post-Nati of Scotland*）

（7）1610 年《大不列颠史的开端》（*The Beginning of the History of Great Britain*）

（8）1619 年《简评大不列颠与西班牙》（*A Short Review to be Taken of Great Britain and Spain*）

（9）1621 年《英王亨利七世本纪》（*The History of the Rein of Henry the Seventh*）

（10）1622 年《号召圣战》（*Advertisement Touching a Holy War*）

（11）1623 年《新大西岛》（*The New Atlantis*）

（12）1623 年《与西班牙开战札记》（*Notes of a Speech Concerning a War with Spain*）

（13）1624 年《与西班牙开战的几点考虑》（*Considerations Touching a War with Spain*）

（14）1625 年《论邦国底真正伟大之处》（*Of the True Greatness of Kingdoms and Estates*）（1625 年《论说文集》版）①

通过这些作品题名，可以得出两点：其一，对照培根生平的著述目录可以发现，1603 年关于联合问题的小册子《简论英格兰王国与苏格兰王国的美满联合》反而是培根最早的体系性作品（培根最早的哲学著作是 1605 年面世的《学问的进展》；《论说文集》虽然出版最早，但不算体系性的作品）。该文的写作确实可以看到他想借机讨好詹姆斯一世的目的。按照詹姆斯·斯伯丁的说法，培根在詹姆斯一世继位之前就已经获得最重要的信息：国王急于将两个王国合并。正是获悉了国王的这个想法，他才刻意呈上哲学作品《简论英格兰王国与苏格兰王国的美满联合》，指出联合的可行性。② 到此文发表时，培根已经获得高级幕僚（Learned Council）的身份。这是詹姆斯一

---

① 《论邦国底真正伟大之处》起源于 1607 年 2 月在下院的演讲，在 1608 年形成了一篇论文《不列颠王国的真正伟大之处》，后于 1734 年才印刷出版。《论邦国底真正伟大之处》也出现在 1612 年的印刷本《论说文集》中，但面貌与 1625 年的改定本颇有差异。

② 参见 James Spedding ed., *Letters and Life of Lord Bacon, Vol.3*, p.56, p.62, pp.76—77。与此同时，培根还表示，这个想法"会超出人们的可承受度"，可见他对联合的难度也是心知肚明的。

世赏识他的第一步。值得一提的是，该作品故意以哲学口吻写出，就是迎合詹姆斯好学之脾性，指向也非常明确，就是希望英格兰在联合之后成为一个伟大的王国，为詹姆斯指出联合的必要性以及提供联合的依据。

其二，培根死于 1626 年，关于统一不列颠实现国家富强的观念，伴随了培根的后半生。这也就意味着，培根对统一不列颠的设想是和他的政治理念缠绕在一起的，他对统一不列颠岛的鼓吹是真心实意的，不仅仅是为了得到国王的赏识与擢升。换言之，他对联合问题的重视有功利性动机，但更应该注意的是，他的帝国想法与富强观是深深结合在一起的。他存有关于国家前途的一整套设想。而统一不列颠岛是他高屋建瓴谋求国家壮大的第一步：国家要谋求扩张，扩张则要谋求国力的增强，国力的增强需要疆域，而联合苏格兰则是疆域扩张的必要步骤，一旦联合，苏格兰便会自动受到英格兰的影响，成为英格兰的一部分。诚如其封笔之作《新大西岛》之题名所示，学术界往往认为这在隐喻不列颠岛，而这个不列颠岛必然是包括苏格兰在内的大不列颠岛。

二、富强观指引下的不列颠设想

讨论培根的不列颠设想应从两篇著名的文章谈起。1608 年培根完成《不列颠王国的真正伟大之处》，该文连同收录在 1625 年版《论说文集》中的《论邦国底真正伟大之处》堪称培根富强观的集中表达：英格兰若想成为世界强国，统一的不列颠岛必不可少。他认为衡量国家强大有四个根本要素，而首要条件就是疆域的广袤。而疆域的广袤也要满足四个条件——疆域必须紧凑，核心区域能够支撑边缘区域，武力强大，每一个区域都有用处——才会成为强大国家，而詹姆斯的不列颠王国刚好满足这四个条件。[1]

这也就意味着培根之富强观，首先是与国家疆域的扩大紧密联系在一起的。培根认为，英格兰应该成为一个帝国，而且应该超出传统的帝国认识范畴，成为一个海上帝国。海上帝国要求进行海外扩张，而迈出海外扩张的第

---

[1] Francis Bacon, "Of the True Greatness of the Kingdom of Britain", in James Spedding etc. eds., *The Works of Francis Bacon, Vol.13*, pp.231—255.

一步前，应先把英格兰与苏格兰合并，组成统一的大不列颠。这样才能壮大英格兰整体实力，形成一个紧凑的区域，与欧陆豪强竞争。这种思想也与重商主义者的看法不谋而合，反映了当时如火如荼的求富求强之大势。

因此，培根首先强烈要求英格兰苏格兰应该合并统一，这是扩展疆域、增强实力的必要之举。早在1603年的《简论英格兰王国与苏格兰王国的美满联合》中，他提出，就联合的动力而言，联合能增强实力，就好比涓涓细流只有汇聚成河才能发挥优势。虽然联合也会引起内部不稳定，但是只要处理得当，就能避免。[1] 而且培根在《关于联合的几个要点》中还强调，他是以出生于不列颠岛之人而不是以英格兰人的名义写就此篇作品的。

> 如果这个岛屿被称作不列颠的话，那么苏格兰也就不应该再被称作苏格兰，而是不列颠的一部分，英格兰也不再是英格兰，而是不列颠的另一部分……因此，可以想象不列颠不再分裂，永远成为一个王国。[2]

不仅如此，1605年在给大法官埃杰顿的一封信中，培根曾提及他有写作大不列颠史的计划，并将提纲拟好。[3] 不过，该部史著仅仅写了一个开头，即《大不列颠史的开端》。在该文中，培根认为，詹姆斯继位是当时欧洲最值得铭记的事件之一，吸引了当时所有人的注意。[4]

这也就意味着，培根统一不列颠岛的设想，并非仅仅出于对詹姆斯一世的谄媚，而是他求富求强思想体系中的一部分。于培根而言，不列颠岛的统一，两个王国合为一体，不仅可以增强国力，而且还是保卫国土安全、展开国际竞争、实现国家富强的基础。

直到1619年出版《简评大不列颠与西班牙》之时，他还提及"苏格兰的加入，使得我们整个岛完整了，很自然地，这是最好的堡垒，也能够最大

---

① Francis Bacon, "A Brief Discourse Touching the Happy Union of the Kingdoms of England and Scotland", in James Spedding ed., *Letters and Life of Lord Bacon, Vol.3*, pp.96—99.

② Ibid., pp.217—218.

③ ［英］弗朗西斯·培根：《英王亨利七世本纪》，王宪生译，北京时代华文书局2016年版，第334页。

④ Francis Bacon, "The Beginning of the History of Great Britain", in Brian Vickers ed., *History of the Reign of King Henry VII and Selected Works*, Cambridge: Cambridge University Press, 1988, p.216.

限度地利用我们本来就有的优势。借此，我们可以在海外直接采取行动，国内也无后顾之忧"。在战争爆发的时候，联合是非常有好处的，英格兰的实力在西班牙面前并非那么不堪一击。[1] 西班牙是当时的海上强国，其强盛的根基就在于合并了好几块欧陆疆域。法国也同样如此，通过合并或者吞并使得实力大大增强，而且法国和西班牙都是天主教国家，正有将新教不列颠合围之势，在如此激烈的竞争形势之下，大不列颠岛内的联合统一，正是面对激烈的国际竞争的必然之举。[2]

在《英王亨利七世本纪》的献词中，培根认为，詹姆斯一世及其祖先"泽及两大王国……实无愧于其时代"。他充分褒奖了亨利七世的远见。当亨利七世被问到与苏格兰的联姻有可能使王位落入苏格兰人手中之时，"国王说，万一出现这种情况，苏格兰就会并入英格兰，而不是英格兰并入苏格兰，因为大的会吸纳小的。对英格兰人来说，与苏格兰的联合比与法兰西的联合更安全"。对此，培根的评价是"国王一语中的"，他的后见之明促使他写道，亨利七世的表态"也让提出这一问题的人无言以对"[3]。

因此，按照培根的富强观，英格兰若想成为强大的国家，统一的不列颠王国是其中的关键。但联合的实际操作有难度，横亘在其中的一个难题就是两国法律的差异。而法律的差异又是身份认同的核心问题。为此，培根极力促成英格兰和苏格兰法律的联合，并推动解决苏格兰人的入籍问题。

一位苏格兰国王在英格兰继位，带来了棘手的苏格兰人的身份问题：1603 年之后出生的苏格兰人，若按照对詹姆斯一世的忠诚，从法律上来说，究竟算不算英格兰人？该不该享受同英格兰人一样的权利？这在当时是一个引起巨大争议的法律问题，反映法律与王权的关系以及国家形态。培根是律师、法学家，由他来处理法学方面的事宜最为合适。

在培根看来，苏格兰人是应该入籍的，因为这能带来英格兰人口的增殖，而人口的增殖恰恰是他整体富强观的重要部分。因此，培根积极为归化

---

[1] Francis Bacon, "A Short Review to be Taken of Great Britain and Spain", in James Spedding ed., *Letters and Life of Lord Bacon, Vol.7*, p.23.

[2] ［英］弗兰西斯·培根：《英王亨利七世本纪》，王宪生译，北京时代华文书局 2016 年版，第 340 页。

[3] 同上书，第 83 页，第 253 页。

法案辩护，这不仅是政治主张所促使，还有希望国家安宁与富强之意，这是他积极推动苏格兰人入籍的核心要义。

培根认为，国家强大的本质体现在人和人口的增殖。而归化苏格兰人，可以带来人口的增殖（这也是世界性的帝国应该有的开放包容心态）。他在《简论英格兰王国与苏格兰王国的美满联合》中写道："马基雅维利也很权威；他在探寻罗马帝国扩张的原因时，就给出了判断，在吸纳异族（Strangers）方面，罗马帝国无出其右。"应该采取罗马和斯巴达的方式进行人口增殖，而增加人口有几种方式：其一，开拓殖民地；其二，与其他国家结盟；其三，降低归化入籍壁垒。既然英格兰与苏格兰两国意欲实现联合，那么就要有人员的汇流，故而必然要消除入籍的壁垒。[①] 正是在入籍这一点上，罗马做到了真正容纳异族，从而成为最伟大的帝国；而把国籍权（市民权）给予自愿入籍的人，在培根看来也确实是大国之道与大国之风度。[②]

在《关于入籍问题的演讲》中，他首先驳斥了入籍问题会给英格兰带来不便这一观点是站不住脚的，有些人担心苏格兰人的入籍会带来人口的激增，抢占英格兰的资源，而他认为绝不会出现此种情况，因为英格兰的疆域并没有人满为患，让苏格兰人入籍反而会带来人口的红利，加速英格兰自身的发展，使得英格兰足以匹敌欧陆的国度。[③]

培根认为，英格兰要想成长为帝国，在入籍问题上应该很自由。既然英格兰是个显赫的民族，就应有该有的风度。英格兰的法律应该"敞开怀抱，接纳人们入籍"[④]。他甚至流露出写就一部不列颠整体史的想法，"对不列颠这个岛屿来说，既然接下来的很多年之内还会在同一个君主国之下，而且在历史上也曾经结合在一起"，编纂一部共同的、完整的历史就很有必要。[⑤] 他

---

① Francis Bacon, "A Brief Discourse Touching the Happy Union of the Kingdoms of England and Scotland", in James Spedding ed., *Letters and Life of Lord Bacon, Vol.3*, pp.96—99.

② ［英］弗朗西斯·培根：《培根论说文集》，水天同译，商务印书馆1984年版，第110—111页。

③ Francis Bacon, "A Speech Concerning the Article of Naturalization", in James Spedding ed., *Letters and Life of Lord Bacon, Vol.3*, p.309, p.312, p.322.

④ Francis Bacon, "The Argument ... in the Case of the Post-Nati of Scotland", in James Spedding etc. eds., *The Works of Francis Bacon, Vol.7*, London: Longman and Co., 1859, pp.664—665.

⑤ James Spedding etc. eds., *The Works of Francis Bacon, Vol.3*, pp.250—251.

建议可以从玫瑰王朝的联合写到当下两王国的联合，这正是一部不列颠形成史，两个民族作为孪生兄弟找到自己共同的母亲：

> 最后便是这最美满与最光荣的事件，与世隔绝的不列颠岛应当统一在一起，埃涅阿斯发出的休息神谕"寻找你的母亲"，如今在英格兰民族与苏格兰民族的联合的进程中得以体现和实现，重新联合在古老的不列颠母亲的名下，给长期的不安与漂泊画上一个句号。①

培根确实是主张完美联合的，但这并不意味着苏格兰和英格兰必然取得同样的地位。在他看来，实力强的自然会吞并实力弱的，主张实现联合是希望国家富强，不列颠岛的联合统一意味着更强大更安全的英格兰：

> 我们都知道当下处于和平状态，但历史上我们自古的敌人就是法兰西以及最近的西班牙。这两国……都有通道骚扰我们，法国可以从苏格兰，西班牙可以从爱尔兰。②

为了保证英格兰的安全与强大，培根进一步写道：

> 英格兰这个王国，统一苏格兰，吞并爱尔兰，削减低地国家诸海洋外省，维持航海业，就会是世界上最伟大的王国之一，实力将真的令人歆羡。③

可见，在培根看来，不列颠岛的统一，是确保英格兰安全与强大的必备因素之一。为此他不遗余力地为詹姆斯一世推进英格兰和苏格兰的合并工作。

---

① Francis Bacon, "Advance of Learning, Book II", in James Spedding etc. eds., *The Works of Francis Bacon, Vol.3*, p.337.
② Francis Bacon, "Certain Article or Considerations Touching the Union of the Kingdoms of England and Scotland", in James Spedding ed., *Letters and Life of Lord Bacon, Vol.3*, pp.322—323.
③ Ibid., p.323；培根与詹姆斯一世的联合思想并不尽然相同，詹姆斯一世追求的完美联合是英格兰与苏格兰同等地融为一体。

三、明珠蒙尘：培根不列颠设想之式微

培根的不列颠设想——统一不列颠岛，实现英格兰的富强——从理论上来讲，完全可以站得住脚，也很有远见。新兴民族国家要强大，需要整合资源，形成一股合力来应对国际竞争。但是在当时的情况下，他的设想遭到抵制，以至于光芒被掩盖。在当时英格兰和苏格兰的合并的讨论中，占据上风的反而是以民族主义拒绝与苏格兰联合的观点。

这些人非常担心与宿敌的联合会有损英格兰的荣耀，也担忧詹姆斯的整合计划会威胁英格兰的立国根基——普通法的原则，唯恐王权会凌驾于法律之上，更担心大量贫穷苏格兰人的涌进会损害英格兰人的利益。① 比如当时就有人担心苏格兰人会大量抢占土地和宫廷内的官职；还有人担心苏格兰人太贫穷，会拖英格兰人的后腿，因而不愿与之联合。诚如沃马尔德所言，在开展关于联合的讨论之前，英格兰人对苏格兰人是贬低和漠不关心的，但讨论之时，这些声音都公开了：无论哪一个社会阶层，商人、律师、学者都对苏格兰人有憎恨之情。②

纵观时人对不列颠设想的反对，其实更多地是出于原则问题，而不是实际操作问题。对当时处理英格兰政务的人来说，不能与贫穷的宿敌结为一体似乎是一条底线。在更改国号变成同一国家的这一问题上显得尤为突出。

当时的一位议员在下院辩论时如是说道："尘世诸事中，没有什么比我们的名号（英格兰）更为亲切的了……就国家来说，名号体现声名与荣耀。"而其他人则附和道，"英格兰是个更光荣、更荣耀的名字"，改名会减损英格兰人的名誉，"是对祖先的大不敬……"下院议员理查德·波西瓦更是认为，

---

① Conrad Russell, *King James VI and I and his English Parliaments*, ed. by Richard Cust and Andrew Thrush, Oxford: Oxford University Press, 2011, pp.30—36, pp.62—73 and pp.123—140. Conrad Russell, "Topsy and the King: The English Common Law, King James VI and I and the Union of the Crowns", in Buchanan Sharpe and Mark C. Fissel eds., *Law and Authority in Early Modern England*, Newark, Delaware: University of Delaware Press, 1996, pp.64—76. Conrad Russell, "1603: The End of English National Sovereignty", in Glenn Burgess, Rowland Wymer and Jason Lawrence eds., *The Accession of James I: Historical and Cultural Consequences*, Basingstoke: Palgrave MacMillan, 2006, pp.1—14.

② Jenny Wormald, "Gunpowder, Treason and Scots", *Journal of British Studies*, Vol.24, No.2 (1985), p.160.

保存"我们的母亲英格兰之名自然而然也是脸上有光的，因为英格兰哺育、抚养我们成人，对内保持正义，对外取得胜利"。莫里斯·巴克利也立即把改名问题关联到与苏格兰人的恩怨上。鉴于新任国王是苏格兰人，他如是说道："苏格兰乃一介无名小国，应该让他们先改名。"[1]这些观点其实典型地反映了英格兰人对苏格兰人的民族优越感，也迅速得到了艾德温·桑迪思的回应。桑迪思坚信英格兰的优先地位，认为苏格兰应该臣服并接受英格兰的英名。

桑迪思立即把改名不列颠与英格兰的法律制度联系起来。他说，议会根本不会考虑大不列颠的，这种国号上的改变将会使得在英格兰这个名称之下的法律、誓言、法律工具、制度通通无效。在奠定以后多数议员态度的一次演讲中，他指出，只有通过征服的方式，才会使法律、国号、官职得以联合，如果只是改名大不列颠，"不仅将吞噬现存法律，而且会使现存的两国议会无法发挥作用，因为两者都无法为一个完整的不列颠立法"。在他看来，"只有通过征服才能改变国名，改名就意味着根绝一个王国而消除另一个王国"，"如果我们拿掉国名，也就拿掉了法律的准则"。尼古拉斯·富勒更是发出警告："大不列颠已然威胁到了普通法……我们不希望改变英格兰的法律与名称……此涉及大宪章。"[2]

而在其他的档案材料里，一位不知名的议员写道，更名为不列颠"是对这个国家的祖先大不敬，采用它就是抹除祖先的记忆……英格兰是我们血液里不可分割的一部分……改变名字就相当于对我们的国名进行征服，消灭我们身份赖以存在的基础。"[3]

对不列颠设想的反对不止存在于当时的议会中，在当时的思想界，很多饱学之士也从狭隘的民族主义角度认为联合计划不妥，会引起诸多问题。当时的古物协会会员亚瑟·阿嘉德就认为："现在把英格兰的国号从王室称号中移除将会剪除英格兰人的特殊性以及所获得的国际威望，这是征服者威廉

[1] House of Common, *Journal of the House of Commons, Vol.1*, p.188, p.177, p.184, p.949.

[2] Ibid., p.950, p.186, p.178, p.951, p.185.

[3] 转引自 Brett F. Parker, "Recasting England: The Varieties of Antiquarian Responses to the Proposed Union of Crowns, 1603—1607", *Journal of Medieval and Early Modern Studies*, Vol.43, No.2 (2013), p.401。

都没有的举动。"① 法学家亨利·斯佩尔曼爵士更是认为，如果荣耀的英格兰之名被不列颠取代，那就意味着"变晴天朗日为乌云阵阵，将会把一个在世界上已建立光辉荣耀的民族，重新打回到对一个不起眼的野蛮的民族的记忆中"②。诚如当时人所言："如果我们的国王号称不列颠之王，那么王国也就变成了不列颠，而且我们也成了不列颠人。"③ "作为英格兰人，我们无法成为不列颠人。"④

这些说法显然与培根针锋相对。对当时的大多数英格兰人来说，改变国号也就相当于从法律上缔造一个新的王国，也就意味着"旧王国的解体和灭绝"⑤。这些夸大其词的言论，显示了英格兰人对改变现状的担忧，仿佛一旦采用新的国名与苏格兰联合，就意味着英格兰王国的解体以及普通法的存在受到威胁。在这种情况下，有关法律联合以及人口归化等诸多细节的讨论必然会失败。培根在联合讨论中所做的诸多努力也变成了徒劳，国家层面的两国合并之势受到阻碍，英格兰与苏格兰按照各自的路线独立发展，只是仍然共尊一君。

1604—1607 年联合讨论的结果是，培根的不列颠设想最终未能在国家层面得以施行，英格兰和苏格兰本质上还是两个互相独立的王国，但真知灼见始终会散发光芒，在 17 世纪之后的历次联合讨论中，培根的不列颠设想总会被记起。

四、培根观点的长远影响

1603—1607 年的联合讨论虽然因英格兰议会的极力反对没有将不列颠岛统一整合起来，但是也留下宝贵的经验。尽管现在有观点认为，1603 年的联

---

① Arthur Agard, "Of the Diversity of Names of This Island", in Thomas Hearne ed., *Curious Discourses, Vol.1*, pp.97—99.

② Sir Henry Spelman, "Of the Union", in B. Galloway and B. Levack eds., *The Jacobean Union: Six Tracts*, Edinburg, 1985, p.170.

③ 转引自 Brett F. Parker, "Recasting England", p.397。

④ 转引自 Conrad Russell, "Topsy and the King: The English Common Law, King James VI and I and the Union of the Crowns", in Buchanan Sharpe and Mark C. Fissel eds., *Law and Authority in Early Modern England*, Newark, Delaware: University of Delaware Press, 1996, p.69。

⑤ House of Common, *Journal of the House of Commons, Vol.1*, p.184.

合和 1707 年的联合没有必然的联系，1707 年不列颠国家的形成是特定环境和时代的产物[1]，但詹姆斯一世的联合计划确实起到一定的效果，也在事实上促成一个不被承认的不列颠。[2] 从这一点上来说，1603 年的联合确实是以后不列颠国家得以形成的基础。

但需要记住的是，从 1603 年到 1707 年不列颠国家的形成绝不是一蹴而就的，在这一个世纪的时间内也绝不是仅在两个端点的相应节点之处才有关于联合的讨论。比如内战爆发前夕，苏格兰人于 1641 年还促成了一次联合讨论；1653 年之后，苏格兰被克伦威尔直接征服。培根的思想在促成统一的过程中发挥了多大的作用？本节旨在探讨培根思想之长期影响。

1637 年苏格兰爆发起义，随后向查理一世的王权发起挑战，查理一世在两次主教战争中战败，在苏格兰盟约派的要求下召开长期议会，这是传统学术史意义上英国革命的起点。长期议会召开之后，苏格兰盟约派与议会仍然"勾结"在一起，对查理一世构成很大的压力，英格兰与苏格兰的关系再次有了共同主题。正是在这些联络中，设想中的不列颠开启。

苏格兰盟约派有很强的宗教理想，以至于在 1643 年与议会签订《庄严同盟与圣约》时仍然强调，英格兰人是为了政治，而他们是为了宗教理想。对英格兰议员来说，拉拢苏格兰盟约派是共同对付国王之举，必然会涉及两国以后共同的前途。英格兰和苏格兰联合是 1641—1642 年英格兰国内政坛的热点问题。

正是在这个高潮中，培根的小册子《简论英格兰王国与苏格兰王国的美满联合》得到重印，培根在议会的两段《关于入籍问题的演讲》《关于法律联合的演讲》以及 1608 年的《苏格兰新生人口案》也被官方整理出版，供参与讨论之人重新参考。[3] 考虑到当时的政治背景，英格兰政客授意这些小册

---

[1]　Mark Goldie, "Divergence and Union: Scotland and England, 1660—1707", in Brendan Bradshaw and John Morrill eds., *The British Problem, c.1534—1707: State Formation in the Atlantic Archipelago,* New York: MacMillan Education, 1996, pp.220—245.

[2]　Sarah Waurechen, "Imagined Polities, Failed Dreams, and the Beginnings of an Unacknowledged Britain: English Responses to James VI and I's Vision of Perfect Union", *Journal of British Studies,* Vol.52, No.2 (Jul. 2013), pp.575—596.

[3]　参见 Anon., *Three Speeches of the Right Honourable, Sir Francis Bacon,* London, 1641. Francis Bacon, *A Brief Discourse Touching the Happy Union of the Kingdoms of England and Scotland,* London, 1641。

子的再版是一个信号，时人重拾培根的观点，希望培根的设想发挥影响，以便在议会讨论时能够尽快通过这些议案。虽然不太确定这些小册子的读者群体到底有多少、影响有多大，但在主持政局的高层人物眼中，培根的理念是他们的蓝本之一。

如果说，培根的言论得到重印，还不足以说明其思想产生的影响，那么只要检讨当时一位参与联合讨论的关键人物、议会党重要政治写手亨利·帕克的小册子就可知培根之关键。帕克认为，英格兰与苏格兰两个王国既然处于狭小又互相竞争的岛屿，就像两位商人，合则两利，不仅可以互相保全，还能共同致富，小的领地在管理上确实更为方便，但是很容易遭受外来强权的侵犯。[①] 两国已然有很多共同的特性，此时此刻有更多便利条件促使不列颠联合的形成。他细数了 6 个有利于推进联合的条件——共同的首脑、新教纽带、共同的国名、共同的地理位置、相似的法律与习俗、共同的友爱与感情——这与培根的观念几无差别。[②] 更为关键的是，亨利·帕克在讨论联合问题之时，处处拿不列颠岛与法国和西班牙做比较，他也敏锐地看到，法国与苏格兰的关系、西班牙与爱尔兰的关系，将会对英格兰的安全构成巨大的威胁。在文章最后，他明确提到，只要联合得以成行，就能与欧陆的任何国家一较高下。[③]

亨利·帕克是在为议会党摇旗呐喊，希望联合不列颠岛及爱尔兰岛上的反对势力共同针对查理一世。为了笼络人心，他甚至建议设立两个机构——共同的法院与国务委员会；而这两个机构的人员应从 3 个国家中平等地推选。[④] 这是与培根不一样的地方，当然也仅仅是为了争取反对国王势力支持的必要说辞。等到共和国时期，亨利·帕克又换了一种说辞。

1649 年，议会处死查理一世、宣告成立共和国之后，英格兰迅速面临新一轮的不列颠联合问题。不过此时由于英格兰的绝对主导地位，联合统一过程得以迅速推进。对苏格兰人来讲，这是赤裸裸的入侵。苏格兰完全被纳入

---

① Henry Parker, *The Generall Junto, or the Council of Union, Chosen Equally out of England, Scotland and Ireland, for the better Compacting of Three Nations into one Monarchy*, London, 1642, pp.4—5.

② Ibid., pp.10—11.

③ Ibid., pp.31—32.

④ Ibid., p.25.

以英格兰为主导的联合版图之中，残缺议会完成所谓吸纳式联合。

此时的联合，不仅有政治现实的迫不得已——绞杀斯图亚特王朝合法继承人查理二世[①]，也有思想上的考量，而这和培根的思路是一致的。对克伦威尔这位积极主张推进征服苏格兰的领袖人物来说，他的不列颠政策中显然带有帝国主义的倾向。面临法国与西班牙联合入侵的背景，克伦威尔不得不考虑合并带来的安全优势，不仅可以防止苏格兰被利用，而且苏格兰带来的资源可以增强自身实力，尤其是人口资源。

在共和主义思想家詹姆士·哈林顿看来，苏格兰就应该成为资源取之不尽、用之不竭的军火库。在《大洋国》中，代表苏格兰的马辟西亚，拥有大量英勇作战的士兵，可以源源不断地为代表大洋国的英格兰提供兵力。苏格兰的雇佣兵在全欧洲赫赫有名，这笔财富甚至比占有印度还要大。[②]这些共和主义思想家虽然主张的是将苏格兰放在英格兰的统治之下，非以平等地位对待之，但是也很明显地反映了此时英格兰高层的不列颠情怀，不列颠岛应该在以英格兰为中心的地位之下完成统一。如果说弗朗西斯·培根是上承王命，兼顾有苏格兰起源的斯图亚特王朝的利益，从而做出必要的折中，那么此时的共和国则完全以英格兰的本位立场强调不列颠的统一，丝毫不考虑苏格兰人的看法。

1660年，斯图亚特王朝复辟，王朝的纽带继续将英格兰、苏格兰绑在一起。英格兰人在追求不列颠统一的过程中，虽然继续排斥苏格兰人，但仍需考虑他们的看法，口吻也更为中立。培根的观点在1702—1707年决定国家命运节点的讨论中发挥了重要影响，多方人士继续引述培根的立场。

首先重印的是培根1603年的作品《简论英格兰王国与苏格兰王国的美满联合》，重印时间为1702年，正是开启新一轮联合讨论之时期，此时重印培根之作品，目的是不言而喻的——英格兰官方为了推动不列颠联合，打消英格兰国内民众对苏格兰的顾虑。当时国际政治风云变幻，西班牙因王位继承问题几乎被法国肢解，而英格兰同样存在王位继承问题，因此，面临有可

---

① 处死查理一世之后，苏格兰盟约派推举查理的儿子为查理二世，头衔上加了不列颠，仍然宣传有权统治英格兰，共和国为此不得不攻入苏格兰境内。
② ［英］詹姆士·哈林顿：《大洋国》，何新译，商务印书馆2016年版，第4页。

能的入侵，为了增强实力，英格兰官方主动重提不列颠统一问题，以便解决后顾之忧，以免苏格兰被法国、西班牙等国利用。

1702年重印的还有培根的《随笔》，在这部文集中，读者同样可以读到培根强调不列颠统一的文章《论邦国底真正伟大之处》。

到1706年之时，培根关于联合问题的3篇文章也被重印，小册子也有了一个新名字——《英格兰与苏格兰联合的理由》，出版的目的也尤其明显，即在议会召开期间，尽早解决不列颠的统一问题。出版这份小册子的作者对培根推崇备至，服膺于培根一个世纪之前的论述。他指出，"培根的权威和理性，是每一个理性的人总是信服的"，甚至培根在联合问题上的超前与"预见"，他都不需要改任何一个字眼，也不用增加任何评论。"（培根大人）说道，以上这些闪烁着智慧火花的观点，我确实坚信，我也不惮于预言，如果我们（在陛下统治时期）不采取让苏格兰人自由入籍的道路，在其后代统治时期，王国将持续面临着解体和分裂的风险。"[1] 这个风险，授予小册子出版的英格兰官方已然深刻认识到了。

因此，在1702—1707年的英格兰官方看来，培根早就观察到了不列颠统一的迫切性，只是当时的政治环境没有此刻凶险，故而不列颠的统一未能达成。现在既然国际局势险象环生，更应该继承培根的思路，实现不列颠的联合，保障国土安全。虽然联合会有各种各样的困难，比如法律上的、教会体制上的，但统一是迫切且必要的，他们是同一个岛上的共同体。[2]

除了重印培根的作品之外，在其他鼓吹不列颠联合的小册子里面，也可以明确看到时人引述培根观念的痕迹。在针对苏格兰读者的小册子《两王国联合的思考》中，代表英格兰官方立场的作者乔治·利得帕斯（George Ridpath）一开篇就引述培根关于归化苏格兰人的看法，认为培根早就看到英苏两国如果只局限于王位上的联合，必然会产生诸多问题，也会持续分裂下去。自1603年到1706年的这段历史，已经鲜明地证实了此点。因此，培根之观点是非常正确的，其所举之例源于历史，也源于自身深厚的学识与深刻的洞察力。故而，无论如何应该沿着培根给出的规划前进，条件已经成熟，

---

[1] Anon., *Reasons for an Union Between the Kingdoms of England and Scotland*, London, 1706, p.38.

[2] Ibid., introduction.

英格兰与苏格兰应该开展进一步的联合。①

而在《致 J. P. 爵士的一封信》中，作者亦是匿名向英格兰某位议员表达了对英苏联合的看法，希望意见得以采纳。他认为，虽然此时商讨具体联合事宜尤其在教会的问题上困难重重，但此时亦是最佳时机。在小册子中，作者也引述了培根的观点，认为培根对英格兰和苏格兰联合的思考，就像医生的"解剖"一样，条理清晰，仍然非常有用。②

《联合的劝说》是一部篇幅较长的小册子，作者对联合问题的必要性与潜在困难以及牵涉的法律问题、教会问题做了非常细致的探讨。在涉及入籍及法律问题时，作者明确表示，培根在苏格兰人入籍问题上的思考，是他讨论的起点。而在联合带来的法律问题上，该作者也同样承认，培根本身已经提供了"非常坚实的方案"③。很明显，培根关于联合问题的思考，仍然刺激着以后参与联合问题讨论的相关认识。

除此之外，在丹尼尔·笛福的论述里也可以看到培根观念的影响。笛福是英格兰推动联合的运动中最著名的宣传写手，作为掮客，他与高层关系密切，又潜入苏格兰作为英格兰的间谍，为不列颠统一的最终实现作出了巨大的宣传贡献。他认为，对英格兰人来说，若组成不列颠帝国，苏格兰取之不尽的人力资源是非常重要的财富，而且一旦联合，苏格兰的商业、海外殖民地与舰队，英格兰都可以插手，从而将之变为英格兰的财富。同时，版图的扩大又能增进国力，抵御外部侵略。因此，不必区分英格兰的利益与不列颠的利益，这两者本质上都是一样的。英格兰人应该在此时接受与苏格兰的联合，实现不列颠岛的统一，这是实现国富民强之举。④ 在某种程度上，笛福沿用了培根的重商帝国理念。可见，1707 年的联合讨论中培根的思想显然已受到足够多的重视，并且在促成统一的过程中发挥重要作用。

综上所述，弗朗西斯·培根超越狭隘民族主义、提倡不列颠岛统一的思

---

① Anon., *Considerations upon the Union of the Two Kingdoms*, London, 1706, p.1.

② Anon., *A Letter to Sir. J. P. Baronet, A Member of Parliament, Relating to the Union of England and Scotland*, London, 1706, p.2.

③ Anon., *A Perswasive to the Union, Now On foot, by Arguments from Nature, Reason, and Mutual Advantage*, London, 1706, p.91, p.100.

④ Daniel Defoe, *An Essay at Removing National Prejudice Against a Union with Scotland, Part II*, London, 1706, pp.4—7.

想，究其本质是符合当时国际竞争主流的观点。但是培根的意见在17世纪初却被狭隘的英格兰民族主义者埋没了。不过真知灼见总能有发光的时候。等到18世纪初当时的大势促成合并不可避免之时，培根的思路又立即发挥影响。与400年前相较，培根在17世纪初的摇旗呐喊几乎不被重视，而在不列颠王国可能面临分崩离析的今日，却反而成为主流之音。真乃此一时，彼一时也！

现代性第二次浪潮的又一兴风作浪者：施特劳斯笔下的伯克

尚继凯 *

　　列奥·施特劳斯的《自然正当与历史》[①]英文本最初出版于 1953 年。在该书中，施特劳斯试图表明，从古典思想到现代思想的发展过程中，发生了由自然正当到自然权利这一思想脉络的转变，而这一转变产生的现代自然权利论危机则具体表现在历史主义思想中。该书的最后一节，是施特劳斯对于埃德蒙·伯克思想的"另类"解读。这种解读没有拘泥于伯克的"保守主义"思想，而是在对于"保守主义"批判的基础之上，发掘了从自然正当到自然权利的发展过程中伯克思想所具有的历史地位。由于施特劳斯所采用的是一种显白隐微的写作手法，其对伯克的解读充满了模糊性与晦涩性，致使不同学者就其笔下的伯克形象作出了不同的解读。

　　有的学者认为，施特劳斯对于伯克的解读是多方面的，而不能单一看作是对伯克思想的质疑与批判。史蒂文·伦兹纳在《施特劳斯的三种伯克形象：〈自然正当与历史〉中的埃德蒙·伯克问题》一文中指出：施特劳斯论述了三个伯克，而不是一个。[②]在第一部分（第 1—13 段），伦兹纳认为施特

＊　　尚继凯，中国计量大学马克思主义学院讲师。

①　　参见 Leo Strauss, *Natural Right and History*, Chicago: University of Chicago Press, 1999。关于此书的中译名，笔者认为《自然正当与历史》为妥。如无特别说明，正文中皆采用《自然正当与历史》的译法。关于该书名译法的详细论述，参见［美］施特劳斯：《自然权利与历史》，彭刚译，生活·读书·新知三联书店 2016 年版，导言第 10—11 页。

②　　Steven J. Lenzner, "Strauss's Three Burkes: The Problem of Edmund Burke in Natural Right and History", *Political Theory*, Vol.19, No.3 (1991), p.364.

劳斯论述了一个近乎古典的伯克，并且可以说伯克是回归到了亚里士多德。在第二部分（第14—23段），伦兹纳认为施特劳斯开始起诉伯克，历史决定论的问题第一次被提了出来，伯克思想中的古典元素开始仅具有有限的正确性。但是，对于施特劳斯来说，至少在这一部分，伯克思想中的古典元素对于理解伯克仍然比他对这些元素的背离更重要，此部分施特劳斯论述了一个介于古典与现代之间的伯克。① 在第三部分（第24—34段），伦兹纳指出，施特劳斯开始强调伯克对于古典思想的背离，即伯克对于古典派所持的明确信念——理论或哲学沉思生活终究是更加优越的——是持否定态度的。这部分的伯克是一个激进的现代的伯克，其思想为"历史学派"铺平了道路，也为黑格尔的思想作了准备。② 除了伦兹纳外，中国学者林国荣也同样认为就施特劳斯论述伯克的部分而言，他所呈现的伯克形象是多重交错的，至少有三种，其中包括纯然现代的伯克、古典的伯克以及居于古典与现代之间的伯克。③

此外，有学者认为，在施特劳斯对于伯克的阐释中，伯克的思想实质上包含了古典思想的元素。彼得·斯坦利斯在《埃德蒙·伯克与自然法》一书中指出，在伯克的思想中，自然法的概念有着至高无上的重要性，如果无法真正理解古典和经院自然法法则，就无法真正理解伯克的思想。④ 斯坦利斯在该书中提到施特劳斯的《自然正当与历史》一书，并认为是施特劳斯对于伯克的研究证实并深化了他最初的信念，即伯克属于古典和经院自然法传统。⑤ 斯坦利斯之所以认为施特劳斯证实并深化了他的信念，是因为施特劳斯在文中同样论述了伯克对于自然法的依赖。弗朗西斯·卡纳万在《埃德蒙·伯克的政治理性》一书中，同样试图说明伯克思想中的自然法学说及以该学说为基础的形而上学观点，并声称这种观点得到施特劳斯的支持，即施特劳斯认为伯克从古典和中世纪哲学传统中衍生出他的存在论假

① Steven J. Lenzner, "Strauss's Three Burkes: The Problem of Edmund Burke in Natural Right and History", *Political Theory*, Vol.19, No.3 (1991), p.368.

② Ibid., p.364.

③ 林国荣：《解读伯克——以〈自然正当与历史〉第六章为例》，《战略与管理》2001年第4期。

④ Peter J. Stanlis, *Edmund Burke and the Natural Law*, New Jersey, Transaction Publishers, 2003, p.4.

⑤ Ibid., p.xxxv.

设（ontological postulates）。① 除了斯坦利斯和卡纳万之外，当代学者格雷戈里·柯林斯在《埃德蒙·伯克、施特劳斯与施特劳斯学派》一文中同样认为，伯克对于立法活动的看法与施特劳斯概念中对于古典立法者的看法有更加紧密的相似之处，并通过阐述其理由，呼吁施特劳斯学派的学者应作出更大的努力，以将伯克的思想整合到西方的经典政治哲学中。②

如伦兹纳所言，"不能轻易地相信施特劳斯文本中的字面理解"③，施特劳斯关于伯克的解读，除了理解其文本的字面意思，还要体会其字面之外的深刻内涵。以伦兹纳、卡纳万等为代表的学者对于施特劳斯笔下伯克的深刻内涵进行了部分解读，而没有充分揭示其全部内涵。本文试图在前人的基础之上，就施特劳斯论述伯克的深刻内涵作进一步解读。

一、伯克与古典自然正当原则

《自然正当与历史》的最后一节，是施特劳斯对于伯克的具体阐释。施特劳斯在文章的开篇即指出，埃德蒙·伯克的思想似乎是回归前现代自然正当概念的尝试。用他的话来说，伯克是站在西塞罗和苏亚雷斯的立场上来反对霍布斯和卢梭，并且是以类似西塞罗之看待罗马政体的精神来看待英国宪制的。④ 表面来看，施特劳斯将伯克与西塞罗相提并论，伯克达到了与西塞罗一致的精神高度，从而表明伯克思想中包含了对于古典自然正当原则的探讨。然而，单从开篇的用词，施特劳斯就开始隐秘地区别对待伯克与西塞罗。在施特劳斯的笔下，伯克之于英国宪制对应的是西塞罗之于罗马政体，直到行文结束，也未有过关于伯克对英国政体的相关论述。在该书前文中，施特劳斯曾指出，古典派把最好的社会称作最好的"politeia"，该词通常被译为"constitution"，但是当现代人在政治语境中使用"constitution"

---

① Francis P. Canavan, *The Political Reason of Edmund Burke*, Durham: Duke University Press, 1960, p.28.

② Gregory M. Collins, "Edmund Burke, Strauss, and the Straussians", *Perspectives on Political Science*, Vol.48, No.3 (2019), pp.192—193.

③ Steven J. Lenzner, "Strauss's Three Burkes: The Problem of Edmund Burke in Natural Right and History", *Political Theory*, Vol.19, No.3 (1991), p.364.

④ ［美］列奥·施特劳斯：《自然权利与历史》，彭刚译，生活·读书·新知三联书店 2016 年版，第301 页。

一词时，他们几乎不可避免地指的是一种法律现象，某种类似于一个国家的基本法的东西。但是，"politeia"本质上指的不是一个社会的宪法而是其生活方式，因此在较广泛的意义上翻译为"regime"或"polity"更为合适。① "regime"对应的是法国版本的"politeia"，而"polity"则是盎格鲁-撒克逊版本的"politeia"。② "regime"与"polity"本质上是指由政府形式决定的一个共同体的生活方式。施特劳斯深知"constitution"在不同语境中（古典与现代）的不同用法，却仍然使用该词，唯一合理的解释是他在与"polity"相对立的意义上来使用"constitution"，也就是说，伯克在现代人的意义上来理解"constitution"，而西塞罗在古人的意义上来使用"polity"。从施特劳斯的用词可以看出，他在论述伯克的开篇就有意暗示伯克与古人之间的不同，这也为文中后半部分对于伯克的质疑与批判埋下了伏笔。

施特劳斯在开篇对于伯克与古人之间区别的论述几乎是隐而不显的，其主要的论述依然是试图建立伯克与古典自然正当原则的联系，从而完成伯克对于前现代自然正当概念的"回归"。施特劳斯认为，伯克一生都执着于同样的原则，这些原则在法国革命爆发后遭到最坚决、最切身的攻击之时，他才清晰地将这些原则陈述了出来，法国革命并没有扰乱而不过是加强了他关于在道德和政治上何者为对、何者为错的见解。③ 关于施特劳斯在这里的见解，可以作两种理解。其一是伯克关于在道德和政治上何者为对、何者为错的见解是基于自然正当原则，伯克相信有某种自然的标准能够对道德和政治加以审视批判，进而获得关于内在的就是善的或对的真正的知识，以解决社会上的各种冲突问题。其二可以理解为伯克关于在道德和政治上何者为对、何者为错有着自己独特的见解，而这种见解不见得是基于古典自然正当原则，也并不见得就是善的或对的真正的知识，而可能只是一种意见。结合施特劳斯接下来要论述的内容，可以权且认为他这里表达的是第一种观点，即伯克是在自然正当原则之上来分析对错的，因为施特劳斯在接下来

① ［美］列奥·施特劳斯：《自然权利与历史》，彭刚译，生活·读书·新知三联书店2016年版，第137—138页。

② 刘小枫：《政制与王者——关注柏拉图Politeia的汉译书名》，《求是学刊》2013年第2期。

③ ［美］列奥·施特劳斯：《自然权利与历史》，彭刚译，生活·读书·新知三联书店2016年版，第301—302页。

提到伯克将现代自然权利论的概念都整合到一个古典的或托马斯主义的框架之中。①

　　施特劳斯指出，伯克乐于承认自然状态下每一个人都具有自我防护的权利，也拥有支配自己的权利，但是自然状态和人们的充分权利并不能给文明生活提供标准，人们天性中全部较高的向往都脱离自然状态指向公民社会，而公民社会是习俗的产物，或者是一项契约，它是所有德性和一切完美性的伙伴关系。只有经由德性、经由德性对激情所施加的限制，才能够得到人的权利，尤其是追求幸福的权利。由于人们的意志一直置于德性的主宰之下，因此，伯克是在对人们义务的服从中，而不是在虚幻的人权中来寻找政府的基础的。②换言之，施特劳斯认为，在伯克看来，德性强加个人以义务，个人在服从义务的基础上获得了各种权利。此外，施特劳斯还提到，在对于虚幻人权的探讨中，伯克承认每个人有着自我保全或追求幸福的权利，但是并没有参与政治权力的权利，故而真正的人权就是一种真正的天然贵族的统治，从而是财产尤其是地产的统治。③从表面来看，施特劳斯的确将伯克的现代自然权利论概念整合到了一个古典的或托马斯主义的框架之中，伯克所强调的德性对于公民社会的主宰以及支持一种贵族对于政府的统治的观点似乎也与古典派所持的观点一致。按照施特劳斯的观点，古典派认为人类生活乃至社会生活的最高目的就是德性④，在朝向德性前进的过程中，人类能够实现其自身的优异性，进而追求幸福；而对于最佳制度问题的回答，古典派则认为最佳制度是由最好的人来统治的，或者说贵族制，而最好的人总是依赖于智慧，最佳制度就是明智者的统治，那些庸庸碌碌的芸芸众生必须认识到明智者就是明智者，并因为他们的智慧而自愿服从他们。⑤

　　但是，如果熟悉古典自然正当原则，那么对于伯克与古典派之间的一致性是存有疑问的。况且，从施特劳斯在其他地方的诸多表述中，可以看出他

① ［美］列奥·施特劳斯：《自然权利与历史》，彭刚译，生活·读书·新知三联书店2016年版，第302页。
② 同上书，第303页。
③ 同上书，第304页。
④ ［美］列奥·施特劳斯：《什么是政治哲学》，李世祥等译，华夏出版社2014年版，第27页。
⑤ ［美］列奥·施特劳斯：《自然权利与历史》，彭刚译，生活·读书·新知三联书店2016年版，第142—143页。

并非不知道伯克与古典派之间的差异。首先是关于德性的内涵。对于古典派而言，自然和法律（习俗）的分别，一直保持着充分的重要性，他们提出了自然的德性和人为的德性之间的分别。具体来说，他们在真正的品德和政治的或流俗的品德之间作出区分。① 在另一处文本中，施特劳斯就自然德性有过这样的表达，传统的途径（即古典哲人）基于这样一个假设，自然德性是某种本质性的东西，它是人的灵魂中的一种力量，无论它在国家和王国事务中可能多么不起作用。② 在古典哲学时期，由于古典派承认自然与习俗的区分，并承认自然有更高的尊严，自然就是具有更高价值的普遍物，故而自然德性就是高于人为德性的某一普遍的原则，这一原则强加个人以义务，来接受或屈服于塑造了他的传统所蕴含的标准，这样人为德性或者政治的品德才能具有权威性。总之，在古典派看来，人天生就被引向德性，而不是从公民社会的角度来定义德性。在施特劳斯对于伯克的表达中，伯克认为自然状态是我们的天性未受到我们的德性的任何影响的状态，或者说是原初的野蛮状态，因此自然状态根本不能给文明生活提供标准，只有在契约形成的公民社会之中才有德性。③ 可见，伯克的德性只是人为德性或政治德性，而并没有考虑真正的自然德性。伯克对于德性的看法不同于古典派以自然为准绳的德性，反而与马基雅维利的观点更加相似，这种观点认为："德性只有在社会中才得以践行，人必须通过法律、习俗等使德性成为习惯。"④ 伯克的德性原则也类似于霍布斯的德性原则，即将德性化约为为获取和平而必需的社会德性，这种德性居于社会法则之下，并排斥了其他关于人类优异性的德性。⑤ 伯克对于德性的理解，刚好与现代人对于德性的重新解释相符，即德性的存

---

① ［美］列奥·施特劳斯：《自然权利与历史》，彭刚译，生活·读书·新知三联书店2016年版，第122页。
②④ ［美］列奥·施特劳斯：《什么是政治哲学》，李世祥等译，华夏出版社2014年版，第32页。
③ ［美］列奥·施特劳斯：《自然权利与历史》，彭刚译，生活·读书·新知三联书店2016年版，第303页。
⑤ 参见《自然正当与历史》中施特劳斯关于霍布斯的论述。施特劳斯写道："霍布斯将德性化约为为获取和平而必需的社会德性，而那些与获得和平没有直接的、毫不含糊的关系的人类优异性的形式——勇气、节制、恢宏大度、慷慨，更不用说智慧了——都不再是严格意义上的德性。""换言之，如果德性被化约为社会德性或仁慈、善良或'宽宏之德'，那么自我节制的'严肃德性'就没有了立锥之地。"参见［美］列奥·施特劳斯：《自然权利与历史》，彭刚译，生活·读书·新知三联书店2016年版，第191—192页。

在仅仅为了共和国，而不是共和国因为它而存在。① 综上，伯克的德性并不来自自然，德性不可能在政治社会外，而必须以政治社会为前提，并只能由经验来加以判断。

其次是关于政府的目的。尽管伯克与古典派都支持贵族对于政府的统治，但是对于政府统治目的的理解并不相同。在古典派看来，政治乃是人类优异性得到充分发展的领域，并且在政治家的精心培育下，所有形式的优异性都会以某种方式相依赖，比起将幸福等同于肉体的福祉或虚荣心的满足，幸福或者幸福的核心部分在于人类的优异性。② 因此，古典派将实现人类的优异性视为政府的目的，进而讨论什么才是最好的生活方式或正当的政治秩序，并与古典形式的自然正当论联系在一起，古典派总是着眼于人的完善来看待道德事务，从而充分理解政府的目的。施特劳斯在论述伯克的文本中指出，伯克是在对我们义务的服从中而不是虚幻的人权中来寻找政府的基础的③。施特劳斯笔下的伯克尽管不像现代自然权利论的导师那样着眼于"虚幻的人权"，却也无意于实现人的优异性，伯克关于政府的目的不同于古典派的观点。要想明白施特劳斯笔下的伯克对于政府的目的作何理解，就得知晓施特劳斯所说的"虚幻的人权"的真实含义。通过仔细阅读施特劳斯的相关文本可知，施特劳斯认为"虚幻的人权"在伯克这里指的是个人参与政治权力的权利，而并不包括每个人所具有的自我保全和追求幸福的权利。具体来说，施特劳斯表明伯克并没有否定个人自我保全和追求幸福的权利，而认为这仍是政府的基础。施特劳斯在接下来的文本中改变了先前的表述方式：伯克不是从虚幻的人权，而是在满足我们的需求、服从我们的义务之中来寻找政府的基础。④ 与先前的论述相比，施特劳斯在这里增加的是"满足我们的需求"，只有知晓"虚幻的人权"的实质基础内容，才能理解这里论述的变化。由此推断出，施特劳斯意在表明的是，伯克诉诸德性对于激情的限制

① Leo Strauss, *An Introduction to Political Philosophy: Ten Essays*, ed. by Hilall Gildin, Detroit: Wayne State University Press, 1989, p.86.
② [美] 列奥·施特劳斯：《自然权利与历史》，彭刚译，生活·读书·新知三联书店 2016 年版，第135 页。
③ 同上书，第 303 页。
④ 同上书，第 304 页。

或是给予每个人相应的义务，其实质是对于每个人参与政治权力的权利的否定，而没有否定个人自我保全的权利，保障每个人自我保全的权利仍是伯克认为的政府的目的所在。这种权利的实质内容（自我保全、满足欲望）以及政府的目的与以霍布斯、洛克为代表的现代哲人的观点更加相似，而不是古典派的观点。施特劳斯写道："伯克否认自然权利本身可以说明某一既定宪制的合法性：某一特定社会中最适合于满足人类欲望、提升那一社会中的德性的宪制就是合法的；它那合适的性质不能由自然权利，而只能由经验来加以判断。"① 在这里，施特劳斯笔下的伯克对于政府的基础诉诸历史中的经验而不是自然，伯克对于政府的目的也没有涉及实现人类优异性的问题，而是着眼于人的自我保全。

综上，施特劳斯将伯克的观点整合到古典的或托马斯主义的框架之中的尝试并不成功。施特劳斯表明，关于伯克在道德和政治上何者为对、何者为错的见解，并没有基于古典自然正当原则，而是有他自己独特的看法。施特劳斯指出：伯克否认终极真理或半吊子真理在政治上的作用，而认为约定、原初的契约，亦即既定的宪制乃是最高的权威。由于公民社会的职责在于满足欲望，使得既定的宪制的权威就更多地来自它在许多世代中的造福人民的工作或者说是它所取得的成果，而较少地来自原初的约定或者说是它的起源。合法性的根据不在于同意或契约，而在于业经证明的造福于人的业绩，亦即其长久因袭性（prescription）。② 施特劳斯的言下之意为：由于长久因袭性，原初契约在伯克心中的地位低于后来在原初契约基础上形成的习惯，当前世代的主权者基于当下的便利而拥有的宪制就具有无上的权威。换句话说，伯克否认了自然的概念或者自然概念的作用，而认为长久因袭性是公民社会的最高权威，当下特定时刻的公民社会就是最好的。可见，施特劳斯笔下的伯克既不同于古典哲学时期的观点（承认自然与习俗之间的区分），也不同于前哲学时期的观点（古老的和祖传的就是好的），伯克的长久因袭性关注的是特殊时空的事务，其时间本身证明了制度的价值，并且当下的特殊

---

①② ［美］列奥·施特劳斯：《自然权利与历史》，彭刚译，生活·读书·新知三联书店 2016 年版，第 305 页。

时空的制度就是合法的、好的制度。

在伯克长久因袭性原则与古典自然正当原则的两相对比之下，施特劳斯笔下的伯克根本不同于古典派。施特劳斯在十分了解这种不同的基础上，仍然试图建立伯克与古典派之间的联系，有他自己的原因。首先，这符合施特劳斯一贯的思考习惯与写作方式。有学者指出，施特劳斯对伯克的解释根植于带有明显古典主义倾向的政治哲学，展示了施特劳斯如何与历史上的思想家互动，在这种政治哲学之下，他选择优先考虑他们的思想，而历史则是次要的。[1]也就是说，施特劳斯在研读伯克的时候，不仅把伯克作为一个思想家来对待，而且还将伯克放入思想家的整体文本语境中进行考察，施特劳斯试图在伯克与其他思想家进行互动的基础上来讨论伯克，而不只是单独地讨论伯克。因此，施特劳斯从寻找伯克与古典思想之间的共性开始写作，既是"对话过程"，也是将伯克放入古典文本语境的尝试，这种尝试更加容易看清伯克观点的内在本质。当然，这种尝试是失败的，伯克的思想从本质上不同于古典思想，也根本没有构成对于古典思想的回归。其次，现代学者总是试图将现代思想视作是对于古典思想的继承与发展，并将现代思想视为更加进步的思想。正如施特劳斯自己所说，现在这代学者接受了当代最负盛名的历史学家之一的教导："至少从 2 世纪律法家到法国大革命时期的理论家，政治思想史是连续不断的。"[2]施特劳斯按照现代历史学家的方法，将伯克表面"继承"古典派的观点都罗列出来，读者可以对他们的观点进行直观的对比，进而判断伯克的观点是否继承了古典思想。施特劳斯的言外之意仿佛是：我把观点都列出来了，伯克是否回归了古典自然正当原则，能够独立思考、有理性的人都能分辨得出来。

二、伯克与两种生活方式优劣之争

施特劳斯对于伯克的解读，还从两种生活方式（政治行动生活和哲学沉思生活）的角度进行了探讨。施特劳斯指出，伯克在反对将思辨的或理论的

---

[1] Nayeli Riano, Leo Strauss vs Edmund Burke, https://theimaginativeconservative.org/author/nayeli-riano.

[2] ［美］列奥·施特劳斯：《迫害与写作艺术》，刘锋译，华夏出版社 2012 年版，第 21 页。

精神注入实际或政治领域时，恢复了古老的观念，按照此种观念，理论不能够成其为实践的唯一的或充分的指南，可以说他尤其是回归到了亚里士多德。[①] 表面看来，施特劳斯是将伯克放入了古典的框架之中，但如果仔细推敲这句话，就会发现其本身的前后矛盾之处。按照施特劳斯的说法，伯克是在反对理论之于政治生活的作用，即理论在政治生活中根本没有位置；然而古老的观念仅仅表明理论不能成为政治生活中唯一的指南，但并没有彻底否定理论在政治生活中的作用。此外，施特劳斯在后面一处对于传统观念的表达是：不同于实践或审慎，理论本质上是有局限的。[②] 这句话同样仅仅表明理论只是具有局限性，而并没有否定理论的作用。因此，施特劳斯的这种含混论述，其实暗示了伯克对于亚里士多德的偏离，而其根本原因则是伯克和亚里士多德在关于两种生活方式孰优孰劣的问题上有着不同的看法。

在接下来很长的文本中（第 15—23 段），看似施特劳斯是论述了伯克对于古老观念的"回归"，实则论述的是伯克对于政治生活中理论作用的否定。施特劳斯首先指出，伯克强调理论是不足以指引实践的，而且还往往会使得实践误入歧途。[③] 在此，施特劳斯的表述仅仅表明伯克认为理论具有局限性。在施特劳斯看来，伯克将理论的特征视作具有简洁、一贯或精确性。有关人类事务的理论的特征在于，它关注的要么是最佳的（或仅仅是正义的）秩序，要么是自然状态，这两种简单的情况从来不会在实际中出现。而实践的智慧总是与例外、修正、平衡、折衷或混合打交道，实践的智慧只有在漫长而多变的实际中才能养成。[④] 此外，施特劳斯认为伯克又把理论的特征视为技巧或精微，而认为健全的政治的特质是简洁明快。具体而言，由于政治理论提出的如何才能最好地解决政治问题的疑问，超出了日常经验的局限，所以理论是精微的。人们对于最佳解决方法只有模糊不清的意识，而对于当下处境中对最佳解决方法的何种修正最为适宜却非常清楚。要创造出基于最佳解决方法而与政府目标和谐一致的政策就需要精微的技巧，但是人们会因

---

① ［美］列奥·施特劳斯：《自然权利与历史》，彭刚译，生活·读书·新知三联书店 2016 年版，第 309 页。
②③ 同上书，第 311 页。
④ 同上书，第 314 页。

为无法看清这种精微政策的健全性而导致政策失败。故而政策就应该是简明的，与当下人们那普通寻常的智能相匹配。① 到目前为止，施特劳斯笔下的伯克指出理论的局限性，而青睐实践的智慧。就理论的局限性来看，古典派同样深知所有政治行动都有别于政治哲学（最佳秩序问题），政治行动关注个别的处境，因此必须以明确把握相关处境为基础，从而常常以理解那一处境的各种前事为基础，一切政治行动都关注并由此预设了有关个别处境、个别共同体、个别制度等的恰切知识。② 然而，古典派在认同上述观点的同时，仍然认为理论在政治实践中具有不可或缺的作用，并认为哲学沉思生活是优于政治行动生活的方式。

施特劳斯在表明伯克为实践的智慧作辩护而强调理论的局限性之后，开始论证伯克并不仅仅满足于理论具有局限性的观点，而否定政治实践中理论所起的作用，并与亚里士多德的传统分离，否定理论以及形而上学。在施特劳斯看来，首先，伯克认为实践的视野必定比理论的视野要狭窄得多，理论因其开辟了更加广大的领域，揭示了任何实践事务的局限性，从而很容易威胁到人们对于实践的全力以赴③。其次，伯克认为实践关注最紧迫的事情，而理论关注最合宜的事情，并且总是回避意见或搁置自己的判断。因此，理论总是使得事情流于空泛，而无法解决实际问题。最后，伯克认为在形而上学上正确的东西，在政治上却是错误的，理论拒斥错误、成见或迷信，而政治家却要运用他们，如果理论入侵政治，就会扰乱人心，会让人们发现既定秩序的不完满性，从而使得合理的变革成为不可能。④ 上述这些观点，施特劳斯试图表明，在伯克思想中，由于理论在政治生活中只能产生负面的作用，并影响实践的有序进行，故伯克反对理论在政治实践中的作用，而认为政治行动生活是优于哲学沉思生活的方式。

不同于伯克，亚里士多德强调理论在政治生活中的至高无上性，认为哲

---

① ［美］列奥·施特劳斯：《自然权利与历史》，彭刚译，生活·读书·新知三联书店 2016 年版，第 315 页。
② ［美］列奥·施特劳斯：《什么是政治哲学》，李世祥等译，华夏出版社 2014 年版，第 51 页。
③ ［美］列奥·施特劳斯：《自然权利与历史》，彭刚译，生活·读书·新知三联书店 2016 年版，第 316 页。
④ 同上书，第 318 页。

学沉思生活优于政治行动生活。正如施特劳斯所说，伯克对于理论与实践的区分，与亚里士多德的区分有着根本的不同，伯克的区分并非基于哲学沉思生活终究是更加优越的信念。①施特劳斯在这里暗含的观点是：在关于两种生活方式的问题中，亚里士多德早已从哲学沉思生活的至高无上中脱颖而出，伯克作为一个政治家而非哲学家，是站在政治行动生活一边的。尽管伯克和亚里士多德都承认理论本质上的局限性，但是，亚里士多德出于对哲学沉思生活的热爱，认为哲学沉思生活终究是优越于政治行动生活的。伯克则彻底轻视哲学沉思生活，甚至认为理论是不利于政治家的实践的，从而要彻底否定理论在政治生活中的作用。更具体地说，在亚里士多德看来，政治哲学的本质就是在最佳政体的指引下，通过论证现存政体的缺陷，从而有利于现存政体的实践，所以形而上学上的善是有助于实践的；而在伯克看来，理论会误导实践，会威胁实践，进而发生"哲学革命"，尽管形而上学上的善代表着绝对的优越性，但在政治家的实践中并不是非得追求优越性，他只要求站在合乎情理的某一方。

可见，关于哲学沉思生活与政治行动生活的优劣问题，施特劳斯认为伯克和亚里士多德是持完全不同的看法的。这种不同的根本原因在于他们两者看待自然的方式不同。结合《自然正当与历史》全书的内容来看，关于法国大革命的理论，主要表现为大革命中的人们将自然作为一种权威来使用。然而，在古人看来，自然并不是一种权威，更不是代表人的理性或理智要屈从的权威，否则的话，自然就会变为一种意识形态，会变为神学或者法学。准确地说，自然只是一种标准，古人对于自然的处理是充分合宜而极其保守的。②因此，古人不仅认为哲学沉思生活是必需的生活，还认为它是高于政治行动的生活。正如西塞罗借斯基皮奥所表达的观点，"要调和理论生活和政治生活"，办法就是成为受理论智慧引导的政治家，这是最高含义上的解决办法。③伯克对于理论的批判，是基于错误理由的正确。伯克关于法国大

① ［美］列奥·施特劳斯：《自然权利与历史》，彭刚译，生活·读书·新知三联书店 2016 年版，第 319 页。
② 同上书，第 93—94 页。
③ ［美］尼科尔斯编订：《施特劳斯讲疏：西塞罗的政治哲学》，于璐译，华东师范大学出版社 2018 年版，第 143 页。

革命中人们对于理论的误用的批判是正确的，但是，他否定了理论对于政治实践的作用却是错误的。从伯克轻蔑理论而重视实践的观点可知，要么他看待自然的观点是现代性的，即自然是一种权威，这样他就要对其进行否定，因为不利于政治实践；要么他的思想中根本没有自然的地位，从而实践就是政治生活唯一的指导。无论哪种观点，都将证明伯克对于政治行动生活的偏爱。

此外，施特劳斯将西塞罗相对于罗马政体与伯克相对于英国政制进行比较，最后的结论仍然是：西塞罗不同于伯克，认为哲学沉思生活远远高于政治行动生活。西塞罗站在了古典派的一边，而伯克则与之分离。施特劳斯1959 年在芝加哥大学所讲授的题为"西塞罗的政治哲学"的课程中，大量谈及伯克思想与西塞罗思想之间的比较。施特劳斯在这门课程一开始就指出："我上这门研讨课的一个动机是用来做我'自然正确'课程的指南。"[1] 由于这门课程授于学园之中，并与政治社会隔绝，讲授的对象也都是芝加哥大学的年轻学生，因此施特劳斯的讲授没那么拘谨，讲了更多真实的看法，其对伯克的态度也十分明了。那些认为施特劳斯对于伯克有很高赞誉的学者，在听完这个课程之后，肯定会收回自己的观点。施特劳斯在课程中这样讲道："无论我们对于伯克的评价多高，他都不是一个投身于理论生活的人……当伯克谈到理论和沉思时，几乎带着一种轻蔑的腔调……和伯克相比，西塞罗显然更关心理论，西塞罗的功绩无论如何都没有因为他的政治活动和政治推理而耗尽，西塞罗使罗马成为热爱智慧的归宿……我认为，伯克值得享有很高的赞誉，但是，我们也不应当以偶像崇拜的方式来夸大对他的赞誉。"[2] 在这里，施特劳斯意在表明：作为政治家，伯克和西塞罗的思想观念完全不同，西塞罗仍然追随古典派，伯克则反之。施特劳斯在 1962 年所授的"自然正确讲座"中，论述了伯克在现代人以自然为权威的指导之下获得自由的最后阶段所起的作用，并且仍然强调伯克对于理论的轻蔑，他这样讲道："在英国感觉主义的语境中，伯克对形而上学或形而上学者这一术语的使用，

---

[1] ［美］尼科尔斯编订：《施特劳斯讲疏：西塞罗的政治哲学》，于璐译，华东师范大学出版社 2018 年版，第 3 页。
[2] 同上书，第 72—73 页。

几乎总是带有贬义。"① 总之，施特劳斯的观点是，伯克认为政治行动生活优于哲学沉思生活，而古典派则反之，这一不同是伯克无法回归古典的根本原因。伯克既没有回归到亚里士多德，也无法与其相提并论，同西塞罗也是如此。施特劳斯笔下的伯克，是不会得到他本人过多赞誉的。

三、伯克与现代历史主义原则

有一种关于伯克的解释是，伯克以历史的名义来攻击盛行于他那个时代的种种理论。在施特劳斯看来，尽管这种解释并非完全没有道理，但它只具备有限的正确性，伯克观点中被看作是历史的发现的，原本更是对于理论与实践之间的再发现。② 换言之，施特劳斯笔下的伯克，相比于诉诸历史，更多强调的是理论对于政治实践的消极作用，从而贬抑理论，重视实践。施特劳斯表明，这种对于理论与实践之间区分的再发现，以一种复杂的方式将伯克与后来的历史学派联系了起来。

首先，施特劳斯认为，伯克的思想与现代经济学派有某种相关性。该学派认为，公共利益是某些活动的产物，这些活动并不是为了公共利益。在经济市场中，每个人只要关心自己的利益，就会处在一种和谐的状态，而如果有人想要设计那种和谐的状态，那种状态则永远不会实现。③ 施特劳斯这样写道，对于伯克来说，健全的政治秩序归根结底乃是偶然的因果关系的意外产物，他将现代政治经济学关于公共繁荣的产生所教导的，用于健全的政治秩序的产生……良好秩序或合理之物，乃是那些其本身并不以良好秩序或合理之物为目标的力量所产生的结果。④ 施特劳斯表明，伯克认为良好政治秩序的建立就是没有秩序的活动的产物，每代人只需要思考眼前的问题，解决当前面临的事务，在一定程度上修正秩序，就这样经过多代人的助力，最终会发展出和谐的好的政治秩序。故此，一般的抽象的原则就会是不好的，最

---

①③ Leo Strauss, *Lectures on Natural Right*, ed. by Svetozar Minkov, 1962, https://leostrausscenter.uchicago.edu/natural-right-autumn-1962/, p.340.
② ［美］列奥·施特劳斯：《自然权利与历史》，彭刚译，生活·读书·新知三联书店 2016 年版，第311 页，第 326 页。
④ 同上书，第 322 页。

好的秩序就不是在一个有规律的计划或任何统一的设计上形成的，而是指向各种各样的目的。伯克的观点与柏拉图和亚里士多德等古典派的观点正好相反，与前人强调事务的等级制度以及最好的目标不同，伯克强调的是目的的多样性、最大的自由以及每个人可以追求每个目的。伯克反对法国革命的主要原因之一，是由于法国人试图基于一种抽象的原则而建立一个新的国家，这种方式在伯克看来就是很糟糕的。施特劳斯从中看到，尽管伯克拒斥法国革命中法国人的行为，但是他们却共同强调多样化的个人自由的目标高于一个最高的目标。对于古典派而言，最佳宪法是理性的发明，也是由某个个人或者少数个人有意识的活动或计划而发明出来的，最佳宪法会指向一个最高的目标，而排斥其他各种多样性的目标。然而，伯克却认为最佳宪法的产生既不需要计划，也不需要人们的反思，而是在漫长的时间中，经过形形色色的众多事件持续缓慢产生的，故而最佳宪法仍然指向最丰富复杂的目标。①法国革命以卢梭的自由为基础，否定了个人的自我克制或节制或严苛而戒律森严的德性的崇高性质，而追求个人的解放、自由以及幸福的目标，并将其当作一种比生命更好的善，这样的观点同样是对于传统中最高目标的忽略而只关注个性的东西。因此，伯克反对法国革命，反对的只是其通过思辨的精神与理论教条达到目标的方式，而对于其所要达到的目标却是赞同甚至是更加激进的。施特劳斯写道，伯克对于法国革命毫不妥协的反对，也断不能让我们对这样的事实视而不见：在反对法国革命时，他所诉诸的乃是与作为革命公理之基础的同样一些根本的原则，那与一切更早的思想都是格格不入的。②伯克的上述观点，为后来历史学派观点的产生发挥了关键的作用。

其次，施特劳斯认为伯克的思想比之前那些现代自然权利论的导师更加激进，其最根本的原因在于伯克强调特定时空的东西比普遍物具有更高的价值，而对于特定时刻东西的强调，使得伯克的关注对象转向了已然完成的人类的活动，即历史，这一转变为19世纪的历史学派作了铺垫。施特劳斯认为，由于伯克贬抑理论而青睐实践，最高形式的实践——政治社会的奠定

① ［美］列奥·施特劳斯：《自然权利与历史》，彭刚译，生活·读书·新知三联书店2016年版，第321页。
② 同上书，第323页。

或形成——就被看作是不由反思控制的一个准自然的过程，这样它就成为一个纯粹理论的主题，政治理论就成为对于实践的产物或现实之物的理解，而不再是对于应然之物的追求。这样一种新型的形而上学，其最高主题不是大全，而是人类活动及其产物。① 因此，施特劳斯笔下的伯克彻底放弃了政治哲学或政治理论一开始对于应然的公民社会的寻求，而是寻找一种弥漫于现实之物的潜存的智慧。对于伯克来说，现实的与当前的就是人类活动的目标，即是合理的。施特劳斯指出，现代自然权利论的导师的观点尽管具有革命性，但其锋芒所指的乃是一切的彼岸性，包含了政治哲学作为对于自然的或是最好的政治秩序的寻求这一原初的含意，即使其观念在古典的基础上作了深刻的修正，然而历史学派却否定了普遍规范的意义，即摧毁了所有超越现实的努力的唯一稳固的根基，历史主义的所作所为像是要使得人们在此世就要有完全的家园感，不至于为了一些追求不到的普遍原则而无家可归。② 施特劳斯笔下的伯克对于公民社会的追求由应然转向实然，由普遍物转向特定时空的东西，正是对于普遍意义的否认而转向历史的开始，故而施特劳斯想要说明的是，伯克将现代自然权利论的导师的革命性努力持续下去甚至是更为加剧了，并为之后历史学派作了铺垫，最起码伯克是在现代社会诉诸历史进程中的关键人物。

最后，施特劳斯指出，伯克强调特定时空的东西比普遍物具有更高的价值，并由应然转向实然的社会追求，因此认为长久因袭性本身就成为善的保障，之所以是善的，是因为它是悠久历史中集体智慧的体现。正如施特劳斯所引：伯克说我们的宪法是一部长久因袭性的宪法，这部宪法的唯一权威就在于从我们记不起的时间起就存在着了，或者说，英国宪法提出和强调了，英国人的诸种自由乃是特别地属于这一王国的这一民族的财产，它们不需要参照任何别的更为一般的或先天的权利。③ 在长久因袭性的基础之上，经很长时间而形成的历史实践，就会是一个国家可能拥有的最明智的指导，这种

---

① ［美］列奥·施特劳斯：《自然权利与历史》，彭刚译，生活·读书·新知三联书店 2016 年版，第 327 页。
② 同上书，第 16—17 页。
③ 同上书，第 326 页。

实践比任何抽象的权利、任何抽象的法律甚至任何自然法都更加美好。伯克的这些观点，在施特劳斯看来形成了后来历史学派的观点：一切美好的事物，都是通过继承而得到的。这种观点本质上相异于古典派，在古典派看来，任何事物之所以美好，只是因为它是合于自然的，与是否通过继承而得到完全无关。正如施特劳斯所说：历史学派关于继承的观点是与自然法传统观点相悖的，严格来说，自然法并不是通过继承得到的，它与人的理性同在并存在于每个人生活的任何时期。只有第二性的东西——非常重要的东西，但是第二性的东西——可以继承，而关于它的原则即第一性的东西是不能继承的。[①] 因此，施特劳斯表明，伯克的观点代表着历史对于自然的替代，即使历史并不是伯克发现的，但正是在伯克的基础之上，自然与历史之间的区别开始变得流行起来。从伯克开始，建立（made）与发展（grown）这两个词的区别开始频频被人关注，伯克拒绝了宪法可以建立的观点，而青睐那种认为宪法只能够发展的见解[②]，然而柏拉图和亚里士多德比 19 世纪保守的人还要保守，他们十分支持建立（made）[③]。对于 19 世纪历史学派来说，他们采用了发展的观点，而否认建立的观点。施特劳斯曾经列举德国历史学派的创始人萨维尼（Friedrich Carl von Savigny）来说明此种观点，萨维尼否认了他那一代人需要建立或制定法律的使命，而认为旧的普通法的发展和延续是更好的原则。[④]

四、结语

在对于伯克的解读中，施特劳斯以伯克的"古典性"为开端，随着写作的深入，其笔下的伯克背离古典自然正当原则的特征从隐到显，直到最后以伯克的"现代性"结束写作。在施特劳斯看来，伯克所认为的政治行动生活

---

① ④　Leo Strauss, *Lectures on Natural Right*, ed. by Svetozar Minkov, 1962, https://leostrausscenter.uchicago.edu/natural-right-autumn-1962/, p.341.

②　[美]列奥·施特劳斯：《自然权利与历史》，彭刚译，生活·读书·新知三联书店 2016 年版，第320 页。

③　[美]尼科尔斯编订：《施特劳斯讲疏：西塞罗的政治哲学》，于璐译，华东师范大学出版社 2018年版，第 58 页。

是优于哲学沉思生活的观点，既是伯克背离古典正当原则的关键所在，又是现代历史主义原则形成的理论基础。施特劳斯在《现代性的三次浪潮》①一文中，使用了"浪潮"这一哲学象征符号，其寓意在于：海水通过涨落而形成的巨大波涛总是先有一个向前返回的姿态，然后其波涛才会向后而去。施特劳斯使用这一象征符号来预示，西方现代性的每一次浪潮，最初的目标都是对于古典思想的回归，而其实质却是推进了现代性的发展。施特劳斯用了很大的篇幅来阐述伯克对于古典的"回归"，最后又将其否定，意在表明伯克是在接受现代性思想基础之上的"回归"，这种方式不仅无法实现对于古典的回归，还导致了现代性思想的进一步发展。正如浪潮一般，所谓的"回归"，其最后结果仍是向后推进。总之，施特劳斯笔下的伯克终究是一个现代性的伯克，也正是伯克对于古典思想的背叛，使其成为继卢梭之后的现代性第二次浪潮的又一代表人物。

---

① 施特劳斯在《现代性的三次浪潮》一文中指出，西方现代性的第一次浪潮是指以马基雅维利、霍布斯和洛克所掀起的拒斥古典思想的浪潮；第二次浪潮是指卢梭掀起的对现代性进行全面批判的浪潮，其实质则是进一步推进了现代性的发展；第三次浪潮则是由尼采、海德格尔掀起的更大的全面批判现代性的浪潮，其结果最终导致了虚无主义。参见 Leo Strauss, *An Introduction to Political Philosophy: Ten Essays*, ed. by Hilall Gildin, Detroit: Wayne State University Press, 1989, pp.81—98。

群体研究与英国马克思主义史学研究的新进展

——读初庆东著《英国马克思主义历史学的起源》

冯立杰 *

英国马克思主义史学流派因其强烈的现实关怀、坚实的理论基础和丰硕的研究成果在世界史坛独树一帜，成为堪与法国年鉴学派相提并论的西方史学流派。尽管国内学界早在 20 世纪 80 年代就开始引介英国马克思主义史学，但大多数研究将其作为西方史学的一个主题而予以简略介绍，少有的专题研究也多聚焦埃里克·霍布斯鲍姆、爱德华·汤普森、克里斯托弗·希尔、罗德尼·希尔顿等知名历史学家。英国马克思主义史学家作为一个整体，尚缺乏系统而深入的研究，这一缺憾在初庆东的新作《英国马克思主义历史学的起源》[1]中得到一定程度的修正。

《起源》一书共有四章，聚焦三个问题：一是马克思主义在英国的早期传播与接受；二是历史学家学习与运用马克思主义理论书写历史；三是英国马克思主义历史学派与研究范式的形成问题。第一章介绍马克思主义在英国的早期传播，尤其是英国共产党的成立与重组，及其政治路线从"阶级对抗"到"人民阵线"的转换，概述英国马克思主义政治组织和政党对马克思主义在英国传播的影响。第二章概述 20 世纪 30 年代英国马克思主义史学的初步发展，以阿瑟·莱斯利·莫尔顿、莫里斯·多布和道娜·托尔为代表。这一时期英国马克思主义史学家的著作，奠定了英国马克思主义历史学的基

＊　冯立杰，华中师范大学历史文化学院硕士研究生。
① 初庆东：《英国马克思主义历史学的起源》，中国社会科学出版社 2022 年版。

础。英国马克思主义历史学家群体也在此时初步形成。第三章围绕英国共产党历史学家小组的建立、危机与发展进行论述，作者认为历史学家小组的成立标志着有组织的马克思主义历史学家群体的形成，并介绍其重要期刊《过去与现在》的创刊与发展。第四章讨论历史学家小组的史学实践及其影响。无论是关于 17 世纪英国内战的性质之争，还是英国从封建主义向资本主义的过渡之争，都是由英国马克思主义史学家掀起并在世界范围传播和讨论。正是因为其影响广泛的史学实践，历史学家小组成为二战后英国马克思主义历史学家的"大本营"，并对地方史研究的兴起与"人民史学"范式的形成有助推之功。

首先，《起源》一书关注英国马克思主义历史学的早期历史。梁民愫认为，英国马克思主义史学自形成以来经历了阶段性演变，20 世纪 30—50 年代是其形成阶段，这一时期英国马克思主义历史学在曲折中前进，该阶段"既是党派政治取向与政治祛魅的理论悖论期，也是群体史学观念与学术规范的生成发轫期，更是史学范式由经验主义向理念主义转变、英国马克思主义理论传统的萌芽勃发期"①。这也是目前学术界研究最为薄弱的领域，《起源》一书则代表着近年来这一领域的重要研究成果。该书以 1956 年为研究下限，当时正值苏共二十大的召开和"秘密报告"的出台，再加上匈牙利事件，引发英国共产党历史学家小组的危机，一大批历史学家相继脱党，即使保留党籍的历史学家也对政治不再抱有热情。因此，无论是从史学发展的角度，还是从历史现实来讲，以 1956 年为《起源》的下限时间是恰当的。

此外，从马克思主义在英国传播至 1956 年历史学家小组经历危机与嬗变，这一阶段往往放入英国马克思主义史学发展史中提及，几乎没有单独对其进行整体研究的学术成果。与 20 世纪六七十年代霍布斯鲍姆、汤普森提倡的跨学科理论视野下辉煌的社会经济史研究成果相较，形成阶段的英国马克思主义历史学似乎黯淡无光，但实则不然。莫尔顿的《人民的英国史》作为英国第一部马克思主义史学著作，将历史研究的视野从精英贵族转向人民大众，为托尔的"自下而上的历史学"提供范例。时至今日，自下而上的历

---

① 梁民愫：《20 世纪马克思主义史学的英国范式及学术路向》，《史学月刊》2022 年第 7 期。

史书写，关注底层民众，已成为历史学写作的主要范式。追溯本源，英国马克思主义史学家的早期提倡和实践无疑厥功至伟。

其次，作者采用集体传记法，对早期英国马克思主义历史学家进行谱系重建。尽管集体传记法遭到质疑，"在历史上留存下来的资料中，主要是关于有身份、有地位的人们（即精英）的记录，在社会系统中，身份和地位越低的人，文献记录就越不完整。在这种情况下，基于统计平均的概括就会不可靠"①。但就《起源》而言，上述问题不足以成立。究其缘由，一是研究主题距今时间短，虽已过去近一个世纪，但得益于现代科技进步，传记、档案等资料保存较为完整；二是与同时代人相比，历史学家小组成员本就是精英人士或知识分子。作者在描述以霍布斯鲍姆、希尔、希尔顿为代表的英国马克思主义历史学家的群体特征时，发现他们"大都在 20 世纪 30 年代进入剑桥大学或牛津大学，并在就读期间加入英国共产党；他们的宗教背景大都是不信奉国教的新教；经历过第二次世界大战，且有战争期间服役的经历；毕业后大都任教于高校"②。因此，利用集体传记方法对早期英国马克思主义历史学家进行群体研究是可行的、有效的。

学术界对英国马克思主义史学的研究大致分为两类：一是对英国马克思主义史学的整体概述研究，介绍其史学思想、主要成果等，或者将其包含在西方史学流派的宏观背景下对其发展历程、研究领域等方面作简要介绍；一是对代表性史学家进行个体研究，如梁民愫对霍布斯鲍姆的研究。③但无论前者还是后者，都无法勾勒出英国马克思主义史学家群体的谱系与特征。《起源》一书注意到这一问题，对早期英国马克思主义历史学家进行群体研究，力图重建其成员谱系。不仅系统分析 20 世纪 30 年代的史学家群体，如莫尔顿、多布、托尔、本杰明·法林顿、乔治·汤姆森、戈登·柴尔德、罗伊·帕斯卡尔、海米·法根、艾伦·赫特等，而且立足历史学家小组的档案，发掘历史学家小组的成员，包括希尔、希尔顿、霍布斯鲍姆、

① 刘兵：《关于科学史研究中的集体传记方法》，《自然辩证法通讯》1996 年第 3 期。
② 初庆东：《英国马克思主义历史学的起源》，中国社会科学出版社 2022 年版，第 136 页。
③ 梁民愫：《英国学派与历史学家：霍布斯鲍姆的马克思主义史学》，社会科学文献出版社 2020 年版。

维克托·基尔南、道格拉斯·加曼、约翰·莫里斯、贝蒂·格兰特、达芙妮·梅、罗伯特·布朗宁、肯尼斯·安德鲁斯、乔治·鲁德、布瑞安·皮尔斯、多萝西·汤普森、爱德华·汤普森、约翰·萨维尔等。难能可贵的是，《起源》并非仅仅罗列史学家的名字，而是详细介绍了他们的教育情况与研究内容，并通过"革命之争"和"过渡之争"等学术论争，凸显他们的史学观念与实践。

第三，作者运用知识社会史的研究方法，将作为知识的史学与社会变局建立互动联系，尤其关注冷战这一特殊背景下政治事件对英国早期马克思主义历史学家史学实践的影响。"揭示史学发展的规律，是史学史学科的一大研究任务，这使史学史研究提高到理论层次；史学理论的研究任务之一，也要求探索史学发展的规律。因此，探索史学发展规律，应当是史学理论与史学史结合在一起的研究过程，由此更加显示出两者密不可分的关系。"[1]《起源》并未完全依赖档案、著作或自传等资料展开静态论述，而是结合时代背景与具体事件，切实做到论从史出。在第二次世界大战及冷战的背景下，英国早期马克思主义历史学家的书写模式和史学发展都不可避免地受到世界局势尤其是苏联的影响。作者注意到，希尔在《1640 年英国革命》中"咄咄逼人的语气与论点，或许与该文写作和出版的特殊时期有关"。当时苏联和纳粹德国已经签署秘密协定，而共产国际认为此次战争"并非正义的反法西斯战争，而是非正义的帝国主义战争"，在此情况下，希尔的小册子"不可避免地具有煽动性"[2]。而希尔也承认，他本以为自己会死于世界大战，因此《1640 年英国革命》是在仓促和愤慨中完成的。此外，1956 年的国际共产主义运动危机，给英国共产党及历史学家小组带来重创。

最后，在史料方面，《起源》择取丰富、多元的史料，使得相关论断建立在扎实的史料基础之上。一是系统运用历史学家小组的档案史料，如历史学家委员会会议记录、历史学家小组成员名单和历史学家小组及其 16—17世纪分组的文件等；二是通过分析英国马克思主义史学家在《过去与现在》《地方史学报》《工人日报》《理性者》等众多报刊上发表的文章，梳理英国马

---

[1] 乔治忠：《论史学理论与史学史之间的关系》，《史学理论研究》2020 年第 1 期。
[2] 初庆东：《英国马克思主义历史学的起源》，中国社会科学出版社 2022 年版，第 125—126 页。

克思主义史学家的学术争论；三是借助霍布斯鲍姆、爱德华·汤普森等人的回忆资料和访谈录，生动地再现历史学家对一些问题的看法；四是利用莫尔顿和托尔的纪念文集，分析他们对年轻一代史学家的学术影响。《起源》借助这些史料，解答了许多在英国马克思主义史学研究中原本被忽视的问题，尤其是对历史学家小组的研究，可谓弥补前人研究的空白。

毋庸讳言，《起源》虽论述的是 20 世纪初年至中叶英国马克思主义史学的发展概况及其影响，但对英国马克思主义史学的整体状况和发展脉络却未曾介绍，无法凸显英国马克思主义史学早期发展史的重要地位。但瑕不掩瑜，《起源》无疑代表了学术界对英国马克思主义史学研究的最新探索，对于加深学术界对英国马克思主义史学的认识具有重要意义。

英国政治史研究

20 世纪中叶以来英国反种族主义运动研究流变[*]

罗　睿　张瀚巍[**]

正如英国前首相特蕾莎·梅所言："如果你是黑人，那么你在刑事司法体系中受到的待遇会比白人更严厉。"[①] 在英国社会，种族歧视仍是不容忽视的问题。2021 年 3 月，英国种族和民族差异委员会发布《种族和民族差异委员会报告》，进一步揭示了其国内存在的种族问题，其中较为突出的是刑事犯罪和司法体系中的差异，如 16—24 岁的青年中黑人被杀的可能性是白人的 24 倍，被逮捕率是白人的 3 倍多，亚裔被拘留的可能性最高，监狱中有色族裔占比是其人口占比的 2 倍。[②] 更令人震惊的是，据英国政府统计，2020 年 3 月 2 日—5 月 15 日，英国黑人男性新冠肺炎患者的死亡率为 0.2557%，这一数据远高于白人男性患者（0.0870%）。[③] 黑人在经济、教育和情感上受到的影响也比白人大得多。可以说，英国许多有色族裔仍在与贫困、疾病和暴力抗争，社会上各种形式的歧视已经成为他们难以摆脱的枷锁。与此同时，种族主义的压迫也愈加隐蔽，成为英国社会稳定和国家发展的制约因素，所反映出的不仅是当代英国社会结构中的深层次矛盾，而且包

---

[*]　本文系 2023 年度江苏省教育厅高校哲学社会科学一般项目"民族复兴视域下的一战旅法华工研究"（2023SJYB1816）的阶段性成果。
[**]　罗睿，江苏海洋大学马克思主义学院讲师。张瀚巍，南京市中山陵园管理局办公室秘书。
①　引自英国前首相特蕾莎·梅的就职演说，全文可参见 https://www.gov.uk/government/speeches/statement-from-the-new-prime-minister-theresa-may。
②　Commission on Race and Ethnic Disparities, *Commission on Race and Ethnic Disparities: The Report*, London, 2021, p.12, p.309.
③　Chris White, Vahé Nafilyan, "Coronavirus (COVID-19) Related Deaths by Ethnic Group, England and Wales: 2 March 2020 to 15 May 2020", 2020, Office for National Statistics, p.2.

括长久以来的文化冲突和身份认同危机。

第二次世界大战结束后，英国国内劳动力严重短缺。为解决这一问题，英国政府颁布了《1948年英国国籍法》(*British Nationality Act 1948*)，使外来移民有了定居英国的权利。1948年6月22日，"帝国疾风"号客轮载着近500名移民抵达伦敦，一般认为，这标志着有色族裔向英国移民浪潮的开启。到20世纪80年代，英国国内来自印度次大陆、加勒比、非洲等的移民人口占全英总人口的比率上升到近6%。有色人种移民的飞速增长引起英国社会的激烈争论，欢迎他们的人誉其为"帝国之子"，反对移民者则在散布"黑人入侵论"。尤其是从20世纪50年代中期开始，英国度过劳动力危机后，政府开始紧缩移民政策，本土白人与有色族裔之间的矛盾不断加深，种族冲突时有发生。在此背景下，英国有色族裔长期处于底层和边缘地带，在社会中遭受的歧视不仅表现为直接的暴力，更充斥在就业、住房、司法、教育、医疗等各个领域。而主流白人社会对有色人种移民"落后、无知"的刻板印象，使他们挣扎于"他者"的生存牢笼中。正因如此，20世纪50年代起，受到美国黑人民权运动的影响，英国有色族裔开始在"黑人"的统一身份下走上反种族主义之路。以20世纪60年代末为分水岭，经历了两个阶段，前一个阶段为"美国式"民权运动的尝试，后一个阶段为激进的"黑人权力"运动。到20世纪80年代末，由于"黑人"身份政治的破裂和外部因素的侵蚀，英国反种族主义运动走向衰落。总体上看，英国反种族主义运动在提高有色族裔社会地位和生存境遇方面作出了杰出贡献，极大地推动了英国种族平等进程，其诉求在《1968年种族关系法》《1976年种族关系法》《斯卡曼报告》等一系列法案和报告中得到体现。然而就实际来看，该运动并没有完成其反系统性种族主义的奋斗目标。近年来，英国有色族裔地位持续恶化，折射出种族歧视仍是影响其国内社会公正和安定的重要因素。同时，这种状况也显示出英国在促进文化多样性和包容性上面临的问题较多。因此，种族问题已成为理解当代英国乃至许多西方国家身份认同和社会公正发展的一个重要切入口。

总体来看，关于英国反种族主义运动的研究起步于20世纪中叶，在七八十年代到达高峰。进入90年代，随着该运动的衰落，此领域研究也一度陷于沉寂。然而，由于近年来新一轮反种族主义思潮的兴起，相关研究再次成为学术界热点。具体而言，该研究主要包含对三个方向的述评：一是关于各个时期英国有色人种遭受种族压迫和抗争的论著，主要集中在对 20 世纪六七十年代英国有色人种移民生存境遇和黑人权力运动的研究上；二是从宏观上考量有色人种在英国生活、奋斗和贡献的著作，其涉及时段较广；三是对移民问题和种族关系的研究，着重探讨英国移民政策的变迁和种族关系的动态变化。当然，这三者之间又有诸多交叉之处，并且随着时代发展呈现出阶段性特征，这种研究取向的转变成为理解英国反种族主义运动发展轨迹的重要维度。

一、对种族压迫和反抗斗争的研究

一类是对各时期有色人种遭受的种族歧视之探究。移民浪潮开启后，早在 20 世纪 50 年代就有学者关注到有色人种移民的生存状况，诞生了几部具有开创意义的论著。例如，1954 年出版的《英国的肤色偏见：利物浦西印度工人研究（1941—1951）》，作者安东尼·里士满广泛利用报纸、英国劳工部档案的资料，并且亲自走访英国西印度工人，发现该群体在英国遭受严重的种族偏见，提出"种族歧视受经济因素支配""在英国存在普遍的种族歧视"[①] 两个颇有预见性的观点。社会学家迈克尔·班顿 1955 年出版《有色人种区：英国城市中的黑人移民》[②] 一书，介绍伦敦东区斯特普尼地区有色人种的生活状况，强调他们是文化上的异类，难以融入英国社会，生活困苦。当然，这一时期论著的研究样本和方法单一，形成的结论较难有说服力。

反种族主义运动兴起后，此研究领域也有所繁荣。1967 年，英国种族关系委员会在大量调查和分析的基础上发布《英国的种族歧视》报告，认为英国就业、住房、教育等领域都存在严重的种族歧视，这是英国官方首次承认国内存在种族主义。此后又出现一批揭露英国种族主义问题的论著。具有代

---

①   Anthony Richmond, *Colour Prejudice in Britain: A Study of West Indian Workers in Liverpool, 1941—1951*, London: Routledge and Kegan Paul Limited, 1954.

②   Michael Banton, *The Coloured Quarter: Negro Immigrants in an English City*, London: Cape, 1955.

表性的是 1987 年黑人马克思主义者罗恩·拉姆丁的《英国黑人工人阶级的形成》①。该书探讨了英国有色人种遭受压迫的根源，追溯了 16 世纪以来英国黑人工人阶级在奴隶制、契约关系和工会主义等殖民地劳动制度中被塑造的过程。尤为重要的是，作者揭示了工会种族主义这一长期被忽视的领域。基思·蒂尔的《围攻之下：当下英国的种族主义和暴力》则从种族暴力和结构性种族主义两个方面揭示了英国种族主义正在加剧的现实。书中提出："在一个种族骚扰日益严重的时期……我认为我们需要的是一场新的大规模反种族主义运动，独立于政府，并毫不妥协地保护黑人。"②同时，作者还表现出将所有"非白人"统一在"黑人"身份下的强烈愿望。20 世纪 90 年代后，该方向的研究日趋减少，不过伴随着国际反种族主义呼声的高涨，近来又出现了一些对英国种族主义问题进行反思和探究的成果。除《为什么我不再和白人谈论种族》外，萨丽塔·马利克的《电视上的英国黑人和亚裔形象》也是颇为重要的一部著作。该书以独特的视角考察二战后英国黑人在电视节目中的形象变迁，其探讨范围包括电视纪录片、新闻、喜剧、娱乐、戏剧、电影和体育在内的各种电视节目中的种族化标签。马利克指出了在英国喜剧节目中长期存在种族刻板印象，在书中批判道："从英国喜剧节目的发展历史而言，为什么在新世纪的种族敏感时期，电视喜剧的中心原则之一仍然在痴迷并依赖种族主义幽默？"③该书突破英国种族问题研究的传统范式，突出英国社会中种族主义的多种表现形式，为探究英国种族歧视根源性问题提供了一个新视角。2021 年出版的《英国黑人的命也是命：呼吁平等的号角》一书也提供了多样化的视角。该书汇聚了来自政治、法律、体育、科学、商业等领域的 17 位撰稿人，他们通过自己的日常经历和感受剖析了有色族裔在英国面临的系统性种族主义，试图"重新构架关于'黑人的命也是命'的结论，充分承认种族主义及其有害影响"④。总体而言，该方面研究全面展现了

---

① Ron Ramdin, *The Making of the Black Working Class in Britain*, Aldershot: Gower Publishing, 1987.

② Keith Teare, *Under Siege: Racism and Violence in Britain Today*, London: Penguin Group, 1988.

③ Sarita Malik, *Representing Black Britain: Black and Asian Images on Television*, London: SAGE Publications Ltd., 2002, p.106.

④ Lenny Henry, Marcus Ryder, *Black British Lives Matter: A Clarion Call for Equality*, London: Faber & Faber, 2021, p.II.

不同时期英国有色族裔遭受的种族歧视，以及其对自身困境的认识，能够清晰折射出他们开展反种族主义运动的动机和诉求。

一类是对各时期反种族主义思想和斗争的研究。该研究方向出现于 20 世纪 80 年代，表现出对以往运动的总结和反思。1981 年，英国政府委托上院议员莱斯利·斯卡曼（Leslie Scarman）对布里克斯顿种族骚乱进行全面调查，并撰写了《斯卡曼报告》。此报告承认有色族裔在经济、政治、文化中的"种族劣势"是导致骚乱的重要原因，但否认英国存在"制度化的种族主义"[1]。《斯卡曼报告》开了英国对种族骚乱进行官方调查的先河。1983 年，哈里斯·约书亚等所撰《控驭风暴：1980 年布里斯托尔"骚乱"和政府应对》[2]对骚乱爆发的原因提出了另一种观点，认为早在移民浪潮之前，种族骚乱就已是英国社会周期性的现象，这种现象是黑人对种族从属地位的反抗。同样研究种族骚乱问题的还有《20 世纪英国骚乱的种族化》[3]，作者通过对 1919 年到 1985 年英国爆发的 4 次大规模城市骚乱的研究，讨论了英国城市骚乱"种族化"的过程。基于社会学研究方法，作者提出，"种族"的概念被用来解释和简化复杂和多因果性的事件，而事实上，像城市骚乱这样的复杂事件，不能仅仅归因于"种族化"，而应该将社会秩序、法律和个人因素等时代背景纳入分析范畴。该书提供了一个认识英国"周期性"骚乱的新视角。《公共骚乱中的当代问题：基于比较与历史的方法》一书提出，在政治和意识形态层面，骚乱爆发的原因是特定群体感觉自己"与主要国家机构（特别是政治与法律系统）的疏远"[4]。持相似观点的还有西蒙·佩普洛，他认为种族骚乱是政治边缘群体希望获得政府回应和更多参与公共话语的一种表现，应该将其视为广泛黑人民权运动的一部分。[5] 可以看到，在关于种族骚乱问题的探讨中，学者基本强调政府对有色族裔诉求的忽视和边缘化是其爆发的主要原因，认为提高边缘群体

---

[1] *The Brixton Disorders 10—12 April 1981*, London: HMSO, 1981, Cmnd.8427, p.135.

[2] Harris Joshua, Tina Wallace, Heather Booth, *To Ride the Storm: The 1980 Bristol 'Riot' and the State*, London: Heinemann, 1983.

[3] Michael Rowe, *The Racialisation of Disorder in Twentieth Century Britain*, London: Routledge, 2017, p.164.

[4] David Waddington, *Contemporary Issues in Public Disorder: A Comparative and Historical Approach*, London: Routledge, 1992, p.205.

[5] Simon Peplow, "'A Tactical Manoeuvre to Apply Pressure': Race and the Role of Public Inquiries in the 1980 Bristol 'Riot'", *Twentieth Century British History*, Vol.29, No.1 (Mar. 2018), pp.129—155.

的社会地位和话语权才是解决骚乱问题的根本途径。①

　　还有对各个时期反种族主义运动的研究。早在 1974 年，英国种族关系研究所的季刊《种族与阶级》(*Race & Class*)就开始关注国内的反种族主义斗争。1981 年，安巴拉瓦纳·西瓦纳德在该刊物上发表了极具代表性的《从抵抗到反抗：亚裔和加勒比裔在英国的斗争》一文，一方面总结了有色人种开展反种族主义运动的两点原因，即英国政府对有色人种移民的偏见和愈演愈烈的种族暴力，另一方面梳理了 20 世纪六七十年代英国反种族歧视的主要运动、组织和代表人物。西瓦纳德认为，1967—1968 年的"黑人权力"思想宣传和多次黑人罢工运动塑造了英国有色人种的"黑人意识"，并进一步指出，"'黑人'在 1968 年开始作为一个阶级和一个整体进行斗争，无论其各自社区的抵抗有多么具体，无论他们的战略和斗争路线有多么不同，共有的种族主义遭遇和共同的反抗斗争经历将他们团结在一起"②。同时，基于马克思主义视角，西瓦纳德还看到了种族主义问题的经济根源，为理解英国反种族主义运动提供了一个阶级分析的视角。作为第一部详尽探讨英国反种族主义运动的论著，该文具有开创性和启发性。同样，约翰·纳拉杨的著作《英国黑人权力：反帝国主义的黑人政治与本土社会主义问题》也讨论了英国反种族主义运动的特征。该文从一个更广阔的国际视野出发，认为 20 世纪 60 年代到 70 年代初的激进黑人权力运动兼具反种族主义和反帝国主义的双重性质，并强调在这一斗争中"种族就是阶级"③，进一步阐明了英国反种族主义运动的内涵。《奥比·B. 埃格布纳、C. L. R. 詹姆斯和英国黑人权力的诞生：黑人激进主义在英国（1967—1972）》④一文着重关注英国反种族

---

① 相关研究还有：Michael Ross, *Race Riots: Comedy and Ethnicity in Modern British Fiction*, Quebec: McGill-Queen's Press, 2006; Diane Frost, Richard Phillips, *Liverpool '81: Remembering the Toxteth Riots*, Liverpool: Liverpool University Press, 2011; Roger Ball, *Subcultures, Schools and Rituals: A Case Study of the 'Bristol Riots'(1980)*, London: Palgrave MacMillan, 2017; Victor Curiel, "The Sun Only Sets on Black Britons: Sexuality and the Notting Hill Riots", Phi Alpha Theta Pacific Northwest Regional Conference, 2021。

② Ambalavaner Sivanandan, "From Resistance to Rebellion: Asian and Afro-Caribbean Struggles in Britain", *Race & Class*, Vol.23, No.2—3 (1981).

③ John Narayan, "British Black Power: The Anti-Imperialism of Political Blackness and the Problem of Nativist Socialism", *The Sociological Review*, Vol.67, No.5 (Apr., 2019), p.946.

④ R. E. R. Bunce, Paul Field, "Obi B. Egbuna, C. L. R. James and the Birth of Black Power in Britain: Black Radicalism in Britain 1967—1972", *Twentieth Century British History*, Vol.22, No.3 (Nov., 2011).

主义运动的两个代表人物。该文通过考察埃格布纳和詹姆斯的激进思想，以及他们所领导的"英国黑豹党"和"黑人解放战线"两个组织的斗争，指出埃格布纳和詹姆斯让卡迈克尔的激进主义思想在英国生根发芽，并促成一场"黑人权力"意识形态的传播。该文对英国黑人激进主义的剖析有助于加深对英国反种族主义运动思想源流的理解。关注反种族主义运动领袖的研究还有《达库斯·哈维：政治传记》[1]一书，该书以达库斯·哈维如何将詹姆斯的"黑人权力"思想践行到自己的行动中为主线，详细讨论了他在"红树林九人审判"（Mangrove Nine Trial）[2]前后的思想变化。作者认为，哈维试图将黑人"激进主义"和"理性主义"结合起来，希望在黑人"自我组织""自我行动"的基础上与白人展开合作。作为一部传记类作品，该书揭示了一个英国反种族主义领袖的心路历程，不论在史料上还是视角上都有一定创新。

此外，也有对特定运动的研究，英国学者马奇·德雷瑟在其《公共汽车上的黑人和白人：1963年布里斯托尔的种族歧视之争》[3]一书中，以"布里斯托尔巴士抵制"运动为案例，详尽探讨了反种族主义运动在促进种族平等方面的作用。作者认为，"布里斯托尔巴士抵制"在推动政府出台《1965年种族关系法》上并未发挥直接的效果。虽然该书多为史料的罗列和堆积，但其能够关注早期的反种族主义运动，不失为一部有创新性的作品。同样，马克·奥尔登的《诺丁山谋杀案》一书也关注了早期的反种族主义运动，详细记述了发生于1959年的"凯尔索·科克伦谋杀案"及有色人种移民的反抗活动。通过对案件的分析，作者指出："从奴隶贸易到大英帝国，种族主义已经深深融入英国社会。"[4]该书同样以资料性见长。特殊群体的反种族主义斗争也是学者关注的对象，1984年，英国著名女性研究刊物《女权主义评论》出版具有里程碑意义的特刊《众声一调：黑人女权主义视角》[5]，其

① Robin Bunce, Paul Field, *Darcus Howe: A Political Biography*, London: Bloombury Publishing, 2014.

② 1970年8月，为反对警察多次搜查诺丁山地区黑人权力运动的主要活动场所"红树林"餐厅，近150名运动人士来到当地警局前举行暴力抗议活动，导致多人被捕，由此引发"红树林九人审判"。

③ Madge Dresser, *Black and White on the Buses: The 1963 Colour Bar Dispute in Bristol*, Bristol: Bristol Broadsides, 1986.

④ Mark Olden, *Murder in Notting Hill*, Winchester: Zero Books, 2011, p.123.

⑤ Valerie Amos, et al., "Many Voices, One Chant: Black Feminist Perspectives", *Feminist Review*, 17 (Special Issue).

主题是对后殖民时代英国黑人女性在政治和女权主义中边缘地位的学术批判,引发对英国黑人女权运动的讨论。[1]一年后,贝弗利·布莱恩等人所著的《种族的核心:黑人妇女在英国的生活》[2]系统阐释英国黑人女权运动的特殊性,描绘了在"非裔和亚裔妇女组织""联合黑人妇女行动小组"等组织中英国有色族裔妇女围绕就业、教育、健康等方面展开的斗争。该书利用大量口述史料和回忆录,塑造英国反种族主义运动的女性视角。而阿纳迪·拉玛莫西的《"亚裔青年运动组织"的政治活动》[3]一文则关注亚裔在英国反种族主义运动中的独特取向,探讨20世纪70年代英国亚裔青年为反对种族暴力、司法歧视和移民控制所开展的活动。通过对1976年示威游行的研究,作者提出,亚裔青年对"黑人"身份的认同是"非裔和亚裔间政治忠诚的表现"[4]。这是少有的能关注到英国反种族主义运动中亚裔族群贡献的文章。

可以看到,这些研究虽然体量不大,但不论在史料、视角还是理论建构上都十分多样化,尤其是一些早期的研究论著,其本身就是当时反种族主义运动的一部分,成为重要的思想样本。

二、对英国有色人种史的研究

在20世纪七八十年代英国反种族主义运动的活跃期内,学者对英国有色人种史进行深入考察。马克思主义学者彼得·弗赖尔的经典著作《依然坚强:英国黑人史》[5]于1984年出版,这是首部英国黑人的全景式历史,作者考察了自罗马帝国统治时期到20世纪70年代英国黑人的生存图景,强调他们对英国历史、政治传统、社会制度和文化生活的影响,并且认为非洲人、亚洲人及其后裔被英国历史"遗忘"。在英国反种族主义思潮高涨的时

① Heidi Safia Mirza, "'Harvesting our Collective Intelligence': Black British Feminism in Post-Race Times", *Womens Studies International Forum*, Vol.51 (Aug., 2015), p.6.

② Beverley Bryan, Stella Dadzie, Suzanne Scafe, *The Heart of the Race: Black Women's Lives in Britain*, London: Virago Press, 1985.

③④ Anandi Ramamurthy, "The Politics of Britain's Asian Youth Movements", *Race & Class*, Vol.48, No.2 (Jun., 2006).

⑤ Peter Fryer, *Staying Power: The History of Black People in Britain*, London: Pluto Press, 1984.

代背景下,《依然坚强:英国黑人史》被赋予了深刻的政治意义,安巴拉瓦纳·西瓦纳德称其为"一个对抗白人历史的真正武器库"①。该时期关于英国黑人史还有几部同类型的作品②,但此后英国反种族主义运动进入低潮,有关英国有色人种历史的研究长期陷入停滞,直到新世纪来临。

2017 年,英国广播公司电影制作人戴维·奥卢索加所撰的《黑人和英国:一段被遗忘的历史》③出版,引起强烈反响。作者利用许多新史料,梳理了自罗马帝国统治时期以来黑人与英国的关系,强调英国黑人的历史应该编织到英国的文化和经济史中,而不应被遗忘和抛弃。该书对英国黑人史的肯定和重新书写,不仅是英国黑人史研究的一次进步,也使更多人了解到这一被"湮没"的历史。有学者称赞其"做了一项必要的工作,让黑人史在英国的历史上重新占据一席之地"。同样,由哈基姆·阿迪编撰的《英国黑人历史的新视角》④也批判了英国主流史学界对黑人研究的忽视。该书汇集 11 篇有关英国黑人史的最新研究,内容涉及近 500 年黑人在英国的发展历程。值得注意的是,这些英国黑人史的研究范围除包括非裔和加勒比裔黑人外,也包含其他有色族裔,反映出英国有色族裔所推崇的"黑人"身份政治。此外,随着"差异性"理论和多元文化主义思潮的兴起,"黑人"身份政治的逐渐衰落,英国各个少数族裔也在构建自己的历史。如迈克尔·费希尔等人撰写的《英国南亚人史:来自印度次大陆的民族的四个世纪》⑤,勾勒从 17 世纪初以来南亚人在英国的奋斗历程。在第 7 章"移民到母国:南亚移民和战后繁荣,1947—1980 年"和第 8 章"在撒切尔主义的风暴中重新创造生活和愿望"中,作者详细论述了移民浪潮后南亚移民所经历的经济困难和种族主义,认为英国南亚人是撒切尔时代去工业化的最大受害者。文中还强调,

---

① Ambalavaner Sivanandan, "*From Resistance to Rebellion: Asian and Afro-Caribbean Struggles in Britain*", *Race & Class*, Vol.23, No.2—3 (1981).
② Edward Scobie, *Black Britannia: A History of Blacks in Britain*, Chicago: Johnson Publishing Company, 1972; Folarin Olawale Shyllon, *Black Slaves in Britain*, Oxford: Oxford University Press, 1974; Folarin Olawale Shyllon, *Black People in Britain: 1555—1833*, London: Oxford University Press, for the Institute of Race Relations, 1977.
③ David Olusoga, *Black and British: A Forgotten History*, London: MacMillan, 2016.
④ Hakim Adi ed., *Black British History: New Perspectives*, London: Zed Books Ltd., 2019, p.28.
⑤ Michael H. Fisher, Shompa Lahiri, Shinder Thandi, *A South-Asian History of Britain: Four Centuries of People from the Indian Sub-Continent*, London: Bloomsbury Publishing, 2007.

在"黑人"身份政治破碎后，英国南亚裔正面临当代身份构建的难题。同样，罗津娜·维斯兰也在《亚洲人在英国400年的历史》一书中指出："印度人与英国主流社会的接触和文化交流无疑受到殖民主义和种族权力关系的支配，但阶级、性别和宗教也是重要的决定因素。他们的生活图景是复杂的。"[①] 可以说，这些长时段的研究作品是理解英国种族关系和反种族主义运动的重要背景资料。

三、移民问题研究和种族关系研究

该方向研究大致包含两个方面。一是关于移民问题的研究。早在20世纪60年代，就已有几部相关论著出版，如《西印度移民来到英国》[②]《英国西印度移民：社会地理学研究》[③]《新来者：伦敦的西印度人》[④] 等。这些早期作品观察样本小，且作者都是本土白人。虽然都提到了有色人种移民的困境，但皆将原因归结为外来移民难以融入英国文化，认为有色人种应该遵循和学习白人的生活方式，否则将成为英国社会的"癌症"[⑤]。在20世纪80年代的相关研究中还充斥着意识形态的讨论，如科林·霍姆斯的论著《英国人的岛屿：移民和英国社会（1871—1971）》[⑥]。该书全面考察了自19世纪以来的英国移民史，其中第3章着重讨论了1945—1971年英国的战后移民问题。作者认为，随着有色人种移民的增长，英国变得更为多样化，但这种多样化未必是好的趋向，并强调"种族主义"和"纳粹主义"标签已经成为一种"政治武器"。而理查德·瑟罗的《法西斯主义在英国：1918—1945年》则持相反的观点，认为英国对有色族裔的排斥和歧视是"新法西斯主义"和"民

① Rozina Visram, *Asians in Britain: 400 Years of History*, London: Pluto Press, 2002, p.354.

② Pollins Harold, *The West Indian Comes to England*, London: Routledge & Kegan Paul, 1960.

③ Peach Ceri, *West Indian Migration to Britain: A Social Geography*, London: Oxford University Press, for the Institute of Race Relations, 1968.

④ Ruth Glass, *Newcomers: The West Indians in London*, London: Centre for Urban Studies and George Allen & Unwi, 1960.

⑤ Peach Ceri, *West Indian Migration to Britain: A Social Geography*, London: Oxford University Press, for the Institute of Race Relations, 1968, p.100.

⑥ Colin Holmes, *John Bull's Island: Immigration and British Society, 1871—1971*, New York: Routledge, 2016.

粹主义"的表现，必须加以警惕。① 可以说，这些成果反映出当时英国国内对移民问题的争论。

近年来，该领域涌现了一些具有代表性的作品②，其中，兰德尔·汉森的《战后英国的公民身份与移民：多元文化国家的制度起源》③一书跳出传统框架，利用大量档案文献考察了战后英国移民政策的根源。汉森认为，英国在 20 世纪 60 年代后收紧移民政策的根本原因有两方面：一是政治精英的种族偏见；二是本土白人对移民的排斥。特蕾莎·海特的《开放边界：反移民控制的案例研究》则以英国移民政策变迁为例，批判了发达国家的移民限制阻碍了社会发展。但她同时又反对难民的跨国流动，强调："富裕国家的政府和人民认为，有必要对贫困移民进行控制，以保持他们的特权，这并非不道德。"④ 另有一些学者关注到英国与他国移民政策的对比，如《移民比较研究：英国和法国的加勒比社区》《法国、英国和美国的移民政治：比较研究》等，为理解英国移民政策的特征提供了跨国视角。

二是对种族关系的研究。在 20 世纪 80 年代产生了一批呼吁政府推动种族和谐与资源平等分配的著作，如《帝国反击战：20 世纪 70 年代英国的种族与种族主义》⑤《促进种族和谐》⑥《英国的"种族"：延续与变化》⑦ 等。这些著作皆强调要看到 20 世纪 70 年代英国种族主义形式的变化是在黑人斗争的熔炉中形成的。该领域的权威著作是哈里·古尔布尔内的《1945 年以来的英国种族关系》⑧。该书全面总结和分析 1945 年后英国种族关系的动态变化，将研究建立在让人们承认"英国存在种族主义"的立意下，从英国的种族主义理论、种族关系历史背景、种族歧视表现和立法情况四个方面展开论述。他强

---

① Richard Thurlow, *Fascism in Britain: A History, 1918—1945*, London and New York: I. B. Tauris, 1987.

② 相关研究还有：Zig Layton-Henry, *The Politics of Immigration: Immigration, 'Race' and 'Race' Relations in Post-War Britain*, Oxford: Blackwell Publishers, 1992; Jonathon Green, *Them: Voices from the Immigrant Community in Contemporary Britain*, London: Seeker & Warburg, 1990。

③ Randall Hansen, *Citizenship and Immigration in Post-War Britain: The Institutional Origins of a Multicultural Nation*, Oxford: Oxford University Press, 2000.

④ Teresa Hayter, *Open Borders:The Case Against Immigration Controls*, London: Pluto Press, 2000.

⑤ Centre for Contemporary Cultural Studies, *Empire Strikes Back: Race and Racism in 70s Britain*, London: Hutchinson, 1982.

⑥ Michael Banton, *Promoting Racial Harmony*, New York: Cambridge University Press, 1985.

⑦ Charles Husband,*"Race" in Britain: Continuity and Change,* Dover: Hutchinson, 1987.

⑧ Harry Goulbourne, *Race Relations in Britain Since 1945*, New York: MacMillan Publishers Ltd., 1998.

调，要想理解英国多元文化的由来，必须将二战前的历史背景纳入考量范围。同时提出，在就业、住房、教育和司法系统中的种族主义是困扰少数族裔的主要原因，并且已有的种族关系法案并未充分解决这些问题。古尔布尔内进而指出："虽然英国种族关系的总体框架正在改变……但以肤色为界限的种族关系在英国仍然存在。"① 该书史料翔实，论述深入，尤其是对英国种族关系整体进程和多元文化主义走向的思考，时至今日仍具有启发意义。

总之，关于移民问题和种族关系的研究，是理解英国移民政策内在逻辑和种族关系变化动因的重要线索。

国内学术界的相关研究也大多集中在英国移民问题和种族关系上。关于移民问题的研究主要有：续建宜的《二十世纪英国移民政策的演变》梳理英国移民政策的变迁历程，认为二战后英国移民政策演变可分为两个时期：战后到 1961 年的"放宽时期"及 1961 年以后的"严格控制和选择移民时期"②。周小粒的《试析〈1948 年英国国籍法〉》论述《1948 年英国国籍法》的历史背景、主要内容和影响，提出："国际移民在促进英国从传统社会向现代社会转型中曾发挥了不可替代的作用，多元文化的英国正是在此过程中形成的。"③ 同样持此观点的还有于梦歌的《试析 20 世纪英国移民身份和移民政策演变》④，此文强调《1948 年英国国籍法》开启英国的移民浪潮，也推动英国现代意义的公民身份和国籍建设的进程。王云会、倪健钢的《浅析战后英国政治中的鲍威尔主义》⑤ 指出鲍威尔的"血河"演讲对保守党赢得 1970 年大选起了不容忽视的作用。于明波的《为"融合"而"限制"——英国〈1968 年英联邦移民法〉探析》⑥ 通过对《1968 年英联邦移民法》的考察，论述威尔逊政府的移民限制政策。这些成果从不同角度揭示各时期英国移民政策的特征和发展动因。

---

① Harry Goulbourne, *Race Relations in Britain Since 1945*, New York: MacMillan Publishers Ltd., 1998, p.153.
② 续建宜：《二十世纪英国移民政策的演变》，《西欧研究》1992 年第 6 期。
③ 周小粒：《试析〈1948 年英国国籍法〉》，《世界历史》2012 年第 3 期。
④ 于梦歌：《试析 20 世纪英国移民身份和移民政策演变》，河南大学 2011 年硕士学位论文。
⑤ 王云会、倪健钢：《浅析战后英国政治中的鲍威尔主义》，《盐城师范学院学报（人文社会科学版）》2008 年第 5 期。
⑥ 于明波：《为"融合"而"限制"——英国〈1968 年英联邦移民法〉探析》，《苏州大学学报（哲学社会科学版）》2020 年第 4 期。

对英国种族关系问题的探讨主要有：姚克所撰《英国〈种族关系法〉及其立法实践研究》[①]指出，《1965 年种族关系法》为英国协调日趋矛盾的种族关系提供了一定程度的法律和制度保障。杨贵珍的《二十世纪六七十年代英国种族关系问题研究》[②]考察 20 世纪六七十年代英国种族关系发展脉络，在此基础上提出《1976 年种族关系法》并未从根本上解决英国的种族歧视问题。任灵兰的《英国诺丁山种族骚乱与〈1976 年种族关系法案〉》[③]以诺丁山种族冲突为线索，探究当年度英国种族关系法颁布的背景和意义。作者认为，法案在很大程度上提升了少数族裔的发展权，但没有消除英国的种族歧视问题。李宜芯、周小粒的《二战后英国有色族裔社会融入困境研究》考察二战后英国有色族裔移民在就业、住房、教育和日常生活中遭遇的困境，强调英国有色族裔社会融入的关键是"文化融入、经济融入和政治融入"[④]。高麦爱、陈晓律的《伦敦骚乱的历史渊源》则将 2011 年伦敦骚乱爆发的原因归结为英国长期存在的种族矛盾，强调从历史根源来看，导致英国骚乱问题频发的原因有三：一是英国政府对国内种族歧视的视而不见；二是英国政府在移民政策上对有色人种的歧视；三是英国国内经济的不景气。[⑤]作者从种族骚乱的视角揭示英国当代种族问题的症结所在。同样关注英国当代种族问题的还有李靖堃的《新冠肺炎疫情凸显英国种族不平等》，该文剖析了新冠肺炎疫情背景下英国少数族裔在教育、就业、医疗等方面遭遇的不平等待遇，强调疫情暴露了英国长期存在的结构性种族主义。[⑥]此外，其他一些涉及该问题的著作也提供了很多启发，如钱乘旦主编的《英国通史》第六卷第六章"社会冲突、治安与犯罪"就论及二战后英国种族问题的由来，指出"英国存在着种族矛盾与种族冲突，这是不可讳言的社会现实"[⑦]。

综上所述，有关英国反种族主义运动的研究已有不少建树，主要特征

① 姚克：《英国〈种族关系法〉及其立法实践研究》，《西北民族大学学报（哲学社会科学版）》2009 年第 5 期。
② 杨贵珍：《二十世纪六七十年代英国种族关系问题研究》，四川师范大学 2016 年硕士学位论文。
③ 任灵兰：《英国诺丁山种族骚乱与〈1976 年种族关系法案〉》，《历史教学》2014 年第 12 期。
④ 李宜芯、周小粒：《二战后英国有色族裔社会融入困境研究》，《史学月刊》2019 年第 10 期。
⑤ 高麦爱、陈晓律：《伦敦骚乱的历史渊源》，《探索与争鸣》2011 年第 10 期。
⑥ 李靖堃：《新冠肺炎疫情凸显英国种族不平等》，《世界社会主义研究》2021 年第 8 期。
⑦ 钱乘旦主编：《英国通史》，钱乘旦、陈晓律、潘兴明、陈祖洲：《第六卷 日落斜阳——20 世纪英国》，江苏人民出版社 2016 年版，第 285 页。

为：其一，跨度广。自英国移民浪潮开始之初，相关研究就已经诞生，并且在各个时期都有相应的成果出现。这些成果不仅在学术上有参考价值，它们本身也是研究当时种族问题的重要史料。其二，视角多。从整体上看，相关研究既有宏观上对英国有色人种史和种族关系的探究，亦有对具体反种族主义斗争和有色人种移民生存状态的微观考量，并且在研究方法上具有多样化的特点。

当然，就英国反种族主义运动的研究而言，仍存在薄弱地带，具体包括以下三点：其一，对英国反种族主义运动的阶段性特征论述不足。一方面是运动本身的阶段性，20世纪50年代英国反种族主义运动开启以后，早期温和的抗议活动转向激进的"黑人权力"运动和广泛的"社区运动"，在运动形式和内容上有着不同表现。另一方面是思想的流变，从早期的"民权运动"思想到"黑人权力"思想的转向，再到20世纪80年代的新面貌，英国反种族主义思想前后相续，表现出独有的成长路径。其二，对英国"黑人"身份政治讨论不充分。20世纪下半叶，英国有色人种移民"黑人"身份政治的构建在反种族主义运动中尤为突出，但这种跨族裔的认同不是一蹴而就，也并非一以贯之，而是经历了塑造—形成—崩塌的发展过程。这是理解英国反种族主义运动发展轨迹的一个核心问题。其三，对该运动的理论建构还有开拓空间。通过英国反种族主义运动的发展进程，能够看到一个明显的特征，即对种族平等的诉求有一个渐进的过程。可以说，对这些问题的研究，仍是理解当代英国种族矛盾和身份认同问题的核心线索。

格莱斯顿与 1876 年保加利亚风潮及其社会影响

卢宇嘉 *

　　威廉·尤尔特·格莱斯顿（William Ewart Gladstone）是 19 世纪英国著名政治家。他早年曾是铁杆托利党人，后更加倾向于党内主张自由贸易的皮尔派，并跟随皮尔派一道脱党加入辉格—自由党。帕默斯顿去世后，格莱斯顿成为辉格—自由党实际上的领袖，不仅在第二次议会改革中发挥关键作用，而且促使现代意义上的自由党最终形成。1868 年，格莱斯顿领导下的自由党在大选中获胜，随后开启了多方面的改革。由于自由党内派系众多，格莱斯顿政府的举措分别惹怒了辉格派贵族、非国教徒和工人阶级，因此在 1874 年大选中大败。心灰意冷的格莱斯顿引咎辞职，宣布退出政坛[1]。

　　然而，遥远的巴尔干半岛发生的一场东方危机为格莱斯顿重返政治舞台创造了条件。1876 年 4 月，奥斯曼帝国镇压了保加利亚地区的民族起义。这一消息很快传到英国，并被追求轰动效应的媒体呈现为"保加利亚惨案"。随后，一场抗议暴行的政治运动——保加利亚风潮——兴起，得到积极响应并很快席卷英国。在这一背景下，格莱斯顿最终选择加入保加利亚风潮，并推动这场政治运动走向高潮。

＊　卢宇嘉，北京大学历史学系博士研究生。

① Chris Cook, *A Short History of the Liberal Party, 1990—2001*, Basingstoke: Palgrave, 2002, p.11.

过往学术界有关这一问题的研究，主要分为两派。[①] 一派着重强调格莱斯顿在保加利亚风潮中主动发挥作用，将他神话为充满道德情操和人道关怀的英雄。另一派对此持有不同意见，不仅认为格莱斯顿没有在这场运动中发挥很大作用，而且指出他作出这一选择是基于机会主义的动因。不过，这两派观点有着共同的缺点，即都忽视了格莱斯顿本人和同时代英国人对奥斯曼帝国的认知。因此，本文将在既有史料的基础上，结合文化史和社会史的视角，考察格莱斯顿加入保加利亚风潮的前因后果。

一、格莱斯顿对奥斯曼帝国的认知历程

格莱斯顿出生于利物浦一个从事海外贸易的富商家庭，他的父亲约翰·格莱斯顿（John Gladstone）一方面有着苏格兰血统并因此信奉福音派，另一方面是乔治·坎宁的铁杆支持者和竞选赞助人，这两点对威廉·格莱斯顿产生重要影响。就前者来说，基督教渲染了格莱斯顿思想的底色，不仅深刻影响了他的政治立场，而且成为其全部政治主张的出发点。终其一生，无论在公开场合还是在私下交流中，格莱斯顿都反复援引《圣经》、反复提及上帝以及反复从宗教角度阐释自己的理念。在基督教传统中，格莱斯顿最为重视的是道德因素——他认为道德是上帝意志的体现，理应成为一切行为的动机。他指出："道德行为的本质要求是使行为具有道德性的唯一因素，是行为进行的动机。仅仅因为做了上帝希望我们做的事情，就把上帝的意志当作我们的规则，这是微不足道的；除非我们也是出于他所固定和期望的动机。"[②] 这种对于宗教和道德之间联系的强调，使得格莱斯顿坚定信奉基督教

① 国外的相关研究成果如下：Robert William Seton-Watson, *Disraeli, Gladstone, and the Eastern Question: A Study in Diplomacy and Party Politics*, London: MacMillan and Co., 1935; Richard Shannon, *Gladstone and Bulgarian Agitation 1876*, London: Nelson and sons, 1963; Marvin Swartz, *The Politics of British Foreign Policy in the Era of Disraeli and Gladstone*, New York: St. Martin's Press, 1985; Ann Pottinger Saab, *The Reluctant Icon: Gladstone, Bulgaria and the Working Classes, 1856—1878*, Massachusetts: Harvard University Press, 1991; Fahriye Begum Yildizeli, "W.E. Gladstone and British Policy towards the Ottoman Empire", Ph. D thesis, University of Exeter, 2016, p.5. 国内的相关研究较少且主要聚焦于格莱斯顿的对手迪斯雷利，成果有：王皖强：《狄斯雷利与东方危机时期的英国政治斗争》，《史学月刊》2001 年第 2 期；朱艳丽：《浅析迪斯累里的土耳其政策对英国的影响》，《黑龙江史志》2009 年第 8 期。
② BL (British Library) GP (Gladstone Papers) Add. MS (Additional Manuscripts) 44812, fol. 180, "Theory of Moral Obligation".

人道主义，尤其重视个人自由和个人尊严。可以说，"基督教人道主义和同情心是格莱斯顿始终如一的主要动机"①。就后者而言，坎宁成为格莱斯顿的"第一个英雄"②。在晚年所作的自传里，他坦白道："我最初政治观念的主要影响无疑来自坎宁……在所有公共事务和宗教事务上，我完全是顺从性的，所有给予我的教导，抑或任何无意识地从周围环境渗透进我心里的东西，我都不予质疑地认为它们全是对的。"③ 在坎宁的影响下，格莱斯顿在早年成为十足的"坎宁派"（Canningite，即托利党改革派）④，坚定支持坎宁一系列有自由主义性质的改革；与此同时，坎宁在东方问题上的立场也使得格莱斯顿对希腊独立运动表示同情，并明确表达了对"土耳其暴政"的厌恶与憎恨。⑤

在家庭的影响和帮助下，格莱斯顿先后在基督教堂学院、伊顿公学和牛津大学接受教育。在这一过程中，格莱斯顿萌发了对古希腊文化和文学的浓厚兴趣，其中对他影响最大的是亚里士多德的政治理论。⑥ 受亚里士多德主义的影响，格莱斯顿将统治者能力和政权合法性联系在一起，指出："我们不能始终如一地按照我们的想法使上帝认为统治的权利可以存在于任何地方，除非（在那里）也能找到统治的能力。"⑦ 也正是在这一时期，格莱斯顿逐渐熟悉了同时代著名思想家埃德蒙·伯克并对其政治哲学倍加推崇。他在后来指出："就政治上的导师或偶像，抑或说既是我的导师亦是我崇拜的偶像而言，他们分别是伯克先生和坎宁先生。"⑧ 一方面，伯克所论述的自由对个人的影响和有关通过合法的宪法来维护个人权利的思想，使得格莱斯顿将

① Fahriye Begum Yildizeli, "W. E. Gladstone and British Policy towards the Ottoman Empire," Ph. D thesis, University of Exeter, 2016, p.58.

② Roland Quinault, *British Prime Ministers and Democracy, From Disraeli to Blair*, London: Bloomsbury, 2011, p.32.

③ John Brooke & Mary Sorensen, *The Prime Ministers' Papers, Vol. 1, Autographica*, London: Her Majesty's Stationery Office, 1971, p.33.

④ John Morley, *The Life of William Ewart Gladstone, Vol.1, 1809—1859*, Cambridge: Cambridge University Press, 2011, p.69.

⑤ E. F. Biagini, *Gladstone*, London: MacMillan Education Limited, 2017, p.26.

⑥ David W. Bebbington, *The Mind of Gladstone: Religion, Homer, and Politics*, Oxford: Oxford University Press, 2010, p.23.

⑦ BL GP Add. MS 44721, fol. 13, "On the Principle of Government", II.

⑧ John Morley, *The Life of William Ewart Gladstone, Vol.1, 1809—1859*, Cambridge: Cambridge University Press, 2011, p.20.

"自由"与"自治"联系在一起,他指出:"任何自由人都不能受未经本人或代表同意的法律的约束。"① 另一方面,伯克有关奥斯曼帝国属于亚洲而不属于欧洲的论断,也使得格莱斯顿本能地厌恶奥斯曼帝国在欧洲——尤其是对基督教徒——的统治。

格莱斯顿早年的成长和教育经历,深刻影响了他对奥斯曼帝国的态度。首先,基督教的情怀,使得格莱斯顿天然存在对伊斯兰教——尤其是其传统宗教政策——的偏见。其次,对古希腊文化的着迷和对乔治·坎宁的崇拜,使得他对现代希腊民族的事业充满同情。最后,亚里士多德和伯克等人的政治思想,使得他深深质疑奥斯曼帝国的统治合法性。这三者的交叉点是格莱斯顿对于奥斯曼帝国统治下非穆斯林的同情。一方面,他认为这些以基督徒为主的非穆斯林的宗教自由受到了严重侵犯,他们只能在"死亡、可以说是奴役的状态和皈依伊斯兰教"中进行选择②;另一方面,他认为"土耳其人"具有典型的亚洲和伊斯兰特性,不仅不具备统治能力,而且也无法有效应用英国式的代议制度。正因如此,格莱斯顿宣称"土耳其人"的专制统治是一个"极坏的制度","土耳其政府"和"土耳其种族"在"欧洲土耳其"的统治是"非常不寻常的并且是一种非典型的状态"③。在比较奴隶制和奥斯曼帝国制度时,格莱斯顿进一步指出:"就黑人奴隶制而言,无论如何,这是一个高能力的种族统治着一个低能力的种族;但在这个体系(奥斯曼帝国制度)中,不幸的是,低能力的种族统治着高能力的种族。"④

如果说格莱斯顿在早年形成了对奥斯曼帝国的初步印象,那么从政之后的经验则进一步强化了他的既有观点。受"坎宁主义"的影响,曾经是铁杆托利党人的格莱斯顿逐渐与顽固维护土地贵族利益的托利党渐行渐远,更加倾向于党内主张自由贸易的皮尔派。1853年,格莱斯顿作为皮尔派的一员,加入了阿伯丁勋爵所组建的联合政府担任财政大臣,并在克里米亚战争爆发前一直坚持用和平方式解决这次"东方危机"。战争的最终爆发并没有改变

---

① BL GP Add. MS 44812, fol. 282, "Lacedaemonians Foreign and Domestic Policy".

② William E. Gladstone, *The Sclavonic Provinces of the Ottoman Empire*, London: Cassell Petter & Galpin, 1877, p.16.

③ Ibid., p.5, p.16.

④ Ibid., p.11.

格莱斯顿对于奥斯曼帝国的观点，相反他宣称克里米亚战争"不是为了土耳其人而战"，而是为了"警告俄国远离禁地"并援助"多瑙河公国不幸的居民"①。换句话说，他认为俄国违背欧洲公法是战争的直接原因，与此同时有必要在奥斯曼帝国领土上——尤其是多瑙河公国——进行人道主义援助。由此可以看出，格莱斯顿是从西方的国际法和人道主义两大立场为这场战争辩护，他绝不赞成将克里米亚战争看作对奥斯曼帝国支持，尤其不可能支持苏丹政府对其基督教臣民采取军事行动。

克里米亚战争期间奥斯曼帝国的财政危机进一步加深了格莱斯顿对于苏丹政府"恶政"的认定。由于之前财政管理不善和战争的巨大开销，高门于1854年向列强申请贷款。身为财政大臣的格莱斯顿强烈反对英国提供贷款，这和其在国内执行的财政政策紧密相关。在1854年5月8日的议会辩论中，他指出："首先，国家有责任从其自身资源中作出巨大努力（来解决财政问题），我们也建议国家作出这种努力；但我们从未通过任何不切实际的贷款抵押来约束我们自己的自由裁量权或议会决策权。"②虽然高门最后以埃及贡赋作为主要抵押成功获得借款，但此次事件首先让格莱斯顿认清英国支持奥斯曼帝国所要付出的巨大经济代价，其次让他深刻认识到奥斯曼帝国内部财政管理的混乱，最后了解到在英国的帮助下奥斯曼帝国的改革并没有取得实质性的进展，一种失望感油然而生。克里米亚战争中英国所付出的巨大代价使得一贯主张人道主义的格莱斯顿深为痛心，因此他将全部希望放在了奥斯曼帝国的内部改革上，试图以此来证明这场战争的合理性。不过，格莱斯顿对奥斯曼帝国的改革前景并没有多少信心。在《巴黎条约》签订后他批评道：

> 这个和平条约是一个工具，它将国家、我们的后代和我们的盟友与在土耳其维持一套体制绑定在一起。如果可行的话，你们正在努力改革这些机构，但是很少有人对这种努力持乐观态度……我对看到和平很满

---

① John Morley, *The Life of William Ewart Gladstone, Vol.1, 1809—1859*, Cambridge: Cambridge University Press, 2011, p.493.

② Hansard Parliamentary Debates, House of Commons, 8 May 1854, Third series, Vol.132, cc.1413—1494.

意；但是，相反地，我应寻找最强烈的字眼来表达我对和平的谴责，这种和平使我们有义务维持土耳其作为一个伊斯兰国家的法律和体制。①

自此之后，格莱斯顿始终站在道德立场上评判奥斯曼帝国，尤其关注苏丹政府是否履行《巴黎条约》的承诺。虽然此时他大体上仍然赞同英国政府的亲土政策，但是历次东方危机使得他对苏丹政府越来越失望。1863 年在讨论奥斯曼帝国债务问题时，格莱斯顿指出："冒昧地说，在我看来，对所有与奥斯曼帝国政府保持友好的政府来说，首先没有什么比维护（奥斯曼帝国内）基督教臣民公民权利的责任更重要的了……我们需要看到（奥斯曼帝国）已经发生的任何改进，并努力以温和的方式而不是武力来提升（奥斯曼帝国的）实力和引导改进的精神。此外，在不偏离我们的传统政策等决定性基调的同时，我们为土耳其所作出的牺牲和我们的外交活动都证明了，我们的语言不会产生任何其他效果，只会让土耳其现存的权威在其臣民眼中变得卑劣。"②1866 年克里特岛起义爆发后，格莱斯顿再次强调苏丹政府必须履行改革承诺。他指出：

> 我不愿意冒险地说出一句鼓励克里特岛人民摆脱奥斯曼帝国统治的话。但是，就《帝国诏书》的规定来看，我们不仅有权以批评的方式为土耳其的自身利益、人道主义、正义感和成为文明欧洲大国的愿望提供建议，从而敦促她履行这些承诺；而且我们也有权对她说这些规定的履行是道德诚信的问题，是她必须完全履行的义务。③

但正是在这一问题上，格莱斯顿的失望逐渐演变成愤怒，因此他愈发相信奥斯曼帝国无可救药、必将崩溃。格莱斯顿在 1871 年的一封信中指出：

> 总的来说，我的结论是土耳其已经习惯于寻求外部援助，而现在任

① Hansard Parliamentary Debates, House of Commons, 6 May 1856, Third series, Vol.142, cc.17—136.
② Ibid., 29 May 1863, Third Series, Vol.171, cc.146—147.
③ Ibid., 15 February 1867, Third series, Vol.185, cc.17—406—450.

何有理智的人都无法指望这种援助。那么问题来了，她能否依靠欧洲帝国使臣民臣服？如果她不能，她还能做些什么来使臣民的臣服达到能解决帝国存亡问题的程度呢？……我不认为穆斯林在欧洲的统治是正常的或永久的……我必须承认，在任何情况下，我都不希望看到这个国家控制君士坦丁堡。[①]

虽然格莱斯顿在第一个首相任期内已经逐渐疏远苏丹政府，但他仍然没有改变帕默斯顿以来英国对奥斯曼帝国的传统政策。1874 年选举的惨败使得格莱斯顿决定永久退出政坛，但他绝对无法想到一场东方危机将使他重返政治舞台。

二、保加利亚风潮的兴起与格莱斯顿的加入

1876 年 4 月，保加利亚地区爆发反对奥斯曼帝国统治的民族起义，遭到奥斯曼军队的镇压。这一事变的消息很快传到英国，被追求轰动效应的英国媒体呈现为"保加利亚暴行"，在公众舆论中引起一片沸腾。随后，在政治和宗教精英的领导下，一场抗议暴行的政治运动——保加利亚风潮正式兴起，很快席卷英国。

然而，进入 9 月之后，保加利亚风潮也遇到瓶颈。一方面，"保加利亚风潮"不可避免有着派系色彩。从党派上来说，大部分抗议集会参与者都是自由党中的温和派和激进派，该党的辉格派则非常冷漠；与之相对，绝大多数保守党成员都拒绝参与"保加利亚风潮"。从宗教上来说，为"保加利亚风潮"发声的主要是非国教牧师，只有少数圣公宗神职人员对抗议集会表达了支持。另一方面，运动缺少一位真正的领袖，这个领袖不仅需要拥有足够的威望以引领运动的方向，而且需要有丰富的政治经验以充当联络大众和高层的枢纽。一位运动领导者指出，现在的危险是，唯恐所有这些骚动都因缺乏明确的目标无疾而终。在他看来，"当务之急"是需要"一个人"站出来

---

① BL GP Add. MS 44540, fol. 162, "Gladstone to Edwin Freshfield on 12 November 1871".

充当对抗执政的迪斯雷利政府的棋手，而这个人毫无疑问就是格莱斯顿。①

自保加利亚风潮发生以来，格莱斯顿一直纠结不安。一方面这场运动的领导者不断恳求格莱斯顿重新出山；另一方面，自由党领导人格莱维尔勋爵和哈廷顿勋爵则不支持他贸然行动。随着媒体的报道在下院被提出，格莱斯顿第一次参与了有关保加利亚问题的讨论。作为阿伯丁勋爵内阁中少数几个存世者之一，他在1876年7月31日以克里米亚战争为出发点阐述了自己对迪斯雷利政府亲土政策的质疑。一方面他强调了欧洲协调的重要性，声称克里米亚战争正是用"欧洲良知——由欧洲列强集体保证和协调一致的共同行动所表达——取代了其中一个国家的独自行动"②；另一方面，他指出现在的情况与1853年已经大大不同，沙皇俄国在此期间实行了有自由主义性质的农奴制改革，而奥斯曼帝国则没有履行自己在《帝国诏书》中所作的承诺，这些改革的承诺在格莱斯顿看来恰恰是英国奉行亲土政策的前提。在此基础上，他进一步指出，剩下的真正问题不是高门的最高权威是否能以其古老的形式重新被确立为统治中的最高权威，而是它在政治上的最高权威是否能在某种程度上得到改进。③格莱斯顿设想中奥斯曼帝国统治制度应该做出的改变是自治和分权。一方面，出于维持欧洲势力均衡与和平的考虑，格莱斯顿主张继续保留奥斯曼帝国在巴尔干地区的最高主权；另一方面，鉴于帝国内基督教徒的悲惨处境，他主张在"欧洲土耳其"推动当地民族的自治，包括行政上独立处理民事、司法上独立管理警察与法院以及立法上建立代议制机构等方面。④格莱斯顿的这一系列主张和他既有的经验与认识紧密相连。首先，他一直怀疑有亚洲和伊斯兰特性的"土耳其人"是否有统治的能力，奥斯曼帝国财政体系的崩坏和改革承诺的搁置进一步验证了他的判断。其次，出于基督教人道主义和普世主义⑤，他对奥斯曼帝国统治下的基督徒充满同情，在他看来，这些基督徒同胞饱受奥斯曼帝国"恶政"和伊斯兰传统宗教

---

① Liddon to Freeman, 31 August 1876, *Liddon Papers*.

② Hansard Parliamentary Debates, House of Commons, 31 July 1876, Third Series, Vol.231, c. 184.

③ Ibid., c.192.

④ William Ewart Gladstone, "The Past and Present Administrations", *Quarterly Review*, Vol.104, London: John Murray, July & October 1858.

⑤ 格莱斯顿对不同于英国圣公宗的其他基督教派别一直秉持同情的态度，在那不勒斯和伊奥尼亚岛，他对意大利天主教徒和希腊东正教徒的处境十分关心。

政策之苦。最后，他始终将"自由"与"自治"联系在一起，认为要保护帝国内非穆斯林包括政治自由、经济自由和宗教自由在内的公民权，必须在当地实行自治。某种程度上，这种由巴尔干地区不同民族分别自治的主张也是民族自决原则的雏形。

随着保加利亚风潮在英国公众舆论中进一步发酵，格莱斯顿在8月底终于下定决心有所作为。对于为何在此时入场，格莱斯顿的解释是在此之前他无法确认信源的真实性，因此一直隐忍不发，他指出："就我个人而言，在下院和其他地方，无论我内心印象如何，我都拒绝对这些暴行发表强烈的评论，直到有明确和负责任的证据摆在我面前。"[1] 格莱斯顿眼里明确和负责任的证据就是美国政府代表尤金·斯凯乐的报告，在他看来，"这份报告扭转了局面，使沉默的责任变得过于沉重，至少对于克里米亚战争的发起人来说是如此"。与此同时，奥斯曼帝国政府艾迪布·艾芬迪掩盖罪行的报告也深深激怒了格莱斯顿，他指出，"对土耳其案这一陈述的熟读使我不再有任何顾虑"[2]。

然而，后世史学家对于格莱斯顿的解释存在不同的看法。以西顿为代表的正统派强调格莱斯顿的道德高度和人道关怀。在他们看来，首先，格莱斯顿是发动克里米亚战争的英国内阁成员之一，出于对这场战争付出惨重代价的心痛，格莱斯顿将全部希望寄托在英国支持下的奥斯曼帝国改革之上，而大东方危机以来苏丹政府的内忧外患使得他的希望最终破灭。其次，格莱斯顿虔诚的基督教信仰使得他一直秉持基督教人道主义理念，对巴尔干地区基督教徒充满关怀，而1876年土耳其人在保加利亚的行径将他长久以来的失望转变成愤怒。最后，格莱斯顿的欧洲一体意识使他尤为重视"欧洲协调"，强调欧洲列强通过合作共同解决争端，而1875年以来迪斯雷利政府的单边外交和亲土政策引发了格莱斯顿的强烈不满。在这基础上，西顿将迪斯雷利和格莱斯顿进行对比，指责前者局限于狭隘的"英国利益"，称赞后者是"文明和人道"的倡导者。[3] 与其类似，泰勒将格莱斯顿的态度定义成"诉诸

---

[1] William Ewart Gladstone, *Bulgarian Horrors and the Question of the East*, London: John Murray, 1876, p.33.

[2] Ibid., p.36.

[3] R. W. Seton-Watson, *Disraeli, Gladstone, and the Eastern Question*, London: Routledge, 2006, p.ix.

感情的政治"①。伊尔迪泽利进一步指出，奥斯曼帝国内基督教臣民的处境是格莱斯顿一直关注的问题……格莱斯顿为奥斯曼帝国内基督教少数族裔所做的努力并不局限于保加利亚。②

　　以理查德·香农为代表的修正派对正统派的观点提出质疑。香农认为格莱斯顿始终犹豫不决，只是在各种诱因的累积下被推上历史舞台。但格莱斯顿并不是完全被动，出于各种顾虑，他一直在等待时机，最终说服他有所行动的是大众表现出的前所未有的道德热情，这符合格莱斯顿一直以来对道德圣战的期待。因此，在香农看来，让格莱斯顿最为激动的保加利亚事务并不是暴行本身的恐怖，而是他认识到这些暴行使得大众在道德激情刺激下发起大规模的运动。③齐切克塔坎和香农持有相同观点，他指出，格莱斯顿确信公众本质上在"人道主义"问题方面坚决反对迪斯雷利的政策后，才投身于这场运动，因为在这一问题上，相对于迪斯雷利"肮脏和反人道主义"的政策，他将占据上风。④不过，对于这种机会主义，不同学者有着不同的评价。帕金斯认为格莱斯顿领导下的保加利亚风潮是"以精心策划的政治机会主义为基础的伟大道德运动"⑤。卡拉加则认为格莱斯顿之前的隐退是"欺骗"，他出于利己主义选择利用保加利亚风潮这一良机重夺大权。⑥

　　综合正统派和修正派的观点，格莱斯顿在此时入场的动机是个人情绪和政治动机的结合。固然，有感于帕默斯顿对于民意的利用，格莱斯顿意识到这场声势浩大的群众运动是他实现政治抱负与理想的绝佳机会。对格莱斯顿来说，一场伟大的道德事业是他一直以来所渴求的，也是他在过往的政治生涯中屡次尝试的。在1868年，他挥舞道德大旗改造自由党，顺利推进第二

① A. J. P. Taylor, *The Trouble Makers: Dissent over Foreign Policy, 1792—1939*, London: H. Hamilton, 1957, p.75.

② Fahriye Begum Yildizeli, "W.E. Gladstone and British Policy towards the Ottoman Empire", Ph. D thesis, University of Exeter, 2016, p.128.

③ Richard Shannon, *Gladstone and the Bulgarian Agitation 1876*, London: Nelson and sons, 1963, p.92.

④ N. C. Cicektakan, "Great Britain and the Ottoman Empire: British Discourses on the 'Ottomans', 1860—1878", Ph. D thesis, University of Essex, 2014, p.224.

⑤ James Andrew Perkins, "British Liberalism and the Balkans, c.1875—1925", Ph. D thesis, Birkbeck, University of London, 2014, p.50.

⑥ Taha Niyazi Karaca, *Buyuk Oyun: Ingiltere Basbakani Gladstone'nun Osmanli'yi yikma plani*, İstanbul: Timaş Yayınları, Fatih, 2011, p.150.

次议会改革，并以压倒性的优势赢得大选。但在 6 年后，他却感觉和大众在道德议题上分道扬镳，换言之，他认为自己被"大众"背叛了。正因为如此，他在 1874 年选举失败后选择了退隐。在某种程度上，这种"背叛"是必然的，因为单纯的道德号召在那时已经无法再有效动员群众。一方面因为自由主义和道德理想所主张的政治改革目标已经基本实现；另一方面，大众更加希望政府帮助他们解决社会问题，也就是进一步推动社会改革。然而，格莱斯顿却没能理解也没有把握这一新的时代潮流，在 19 世纪 70 年代英国经济下行之时仍然奉行古典自由主义原则，不愿使用国家权力解决社会问题，因而最终被渴望改善生活境遇的大众抛弃。令人意想不到的是，保加利亚风潮给格莱斯顿的道德事业带来转机，国内议题中消耗殆尽的道德热情转移到国际议题之上，并回光返照般获得巨大的能量。正是这种强烈的道德热情使得格莱斯顿最终选择重出江湖，也正是这种强烈的道德色彩使得格莱斯顿企图把这场政治运动引到道德圣战的轨道上。在这场道德圣战中，格莱斯顿成为对抗邪恶之人的十字军领袖。

与此同时，格莱斯顿长期以来对奥斯曼帝国形成的负面认知不能被忽视。首先，出于对土耳其种族和伊斯兰教信仰的偏见，格莱斯顿始终怀疑土耳其人是否有能力文明化，因而他始终站在道德立场上评判奥斯曼帝国，极力敦促苏丹政府的改革。其次，出于对基督教的虔诚信仰，格莱斯顿本能厌恶奥斯曼帝国对欧洲基督徒的统治，因此他对巴尔干地区基督徒境遇的关切某种程度上是这种厌恶的最直接表现。最后，格莱斯顿不可避免地受到同时代占统治地位的帝国主义话语体系的影响。19 世纪 60 年代，后帝国主义的扩张和社会科学的发展共同推动了帝国主义话语体系的产生，其中最为重要的是西方优越论和西方中心论。西方相对于非西方社会的物质优势和各种科学理论对种族主义的加持，使得西方人将自己视为"自然选择"的胜者。因此，他们为自己贴上了进步、文明、基督教的标签；一方面用以论证自身优越性；另一方面，以此为坐标来衡量非西方社会。由于维多利亚时期的英国在全球竞争中拥有巨大优势，因此帝国主义话语体系在英国最早出现、色彩最为鲜明，主要表现为盎格鲁-撒克逊种族优越论。在帝国主义话语体系的影响下，维多利亚时代中期的英国精英在认知奥斯曼帝国时，不可避免地带有一种先入为主的优越感。与此同时，十字军东征以来基督教西方对以奥斯曼帝国为代表之伊斯兰东方的仇恨与偏见，在新的文化语境中被重新加工为这种优越感的有力依据。① 这一背景下，奥斯曼文明和伊斯兰教被英国人绑定在一起，被他们呈现出野蛮、落后的图像。在这一图像的滤镜下，奥斯曼帝国被表现成"欧洲病夫"，英国对土耳其认知中的"病夫"话语由此形成。受到帝国主义话语体系的影响，格莱斯顿坚信欧洲人有责任承担文明开化的使命，并为此不惜使用武力，因此他始终强调欧洲协调机制下的人道主义干涉。

三、《保加利亚恐怖和东方问题》与保加利亚风潮的高潮

无论如何，格莱斯顿最终在 9 月 6 日发表了政治宣传册《保加利亚恐怖和东方问题》(*Bulgarian Horrors and the Question of the East*，下简称为《保加利亚恐怖》)。格莱斯顿首先强调保加利亚恐怖是"本世纪有记录以来最卑鄙和最黑暗的暴行，如果不是在人类记忆中的话"。与此同时，他称赞英国公众尤其是工人阶级建立在道德感和荣誉感上的强烈义愤，指出："但是荣誉、责任、同情心，还有——我必须加上——羞耻感，是永远不会处于昏迷状态的情感。英国工人……受自身荣誉的指引，表明伟大的英国良心从未停止跳动。跟随着人群的各大城市和乡镇也从各自的地方发出了混杂着恐惧、痛苦和愤慨的声音。"②

随后，他将攻击矛头指向英国政府和奥斯曼帝国政府。就英国政府而言，格莱斯顿抨击到：首先，迪斯雷利等人在议会里面对质询或搪塞拖延或避重就轻；其次，驻奥斯曼帝国大使亨利·艾略特帮助高门隐瞒真相；再次，保守党的一系列宣传更是直接抨击保加利亚风潮；最后，迪斯雷利政府派遣英国舰队进入贝西克湾，这一行为不仅表达了对苏丹政府的支持，而且引发了全欧洲对于战争的恐惧。格莱斯顿尤为在意迪斯雷利关于派遣舰队是为维护英国利益的论断，一方面他指出这一举动纯粹出于自私的利益，"这

---

① H. J. R. Odams, "British Perception of the Ottoman Empire", Ph. D thesis, St. Antony's College, Oxford, 1995, p.17, p.28.

② William Ewart Gladstone, *Bulgarian Horrors and the Question of the East*, London: John Murray, 1876, p.10.

意味着我们舰队正在等待土耳其帝国的解体，以在第一时间用最强大的力量来夺取战利品"①；另一方面，他指出英国的外交政策理应有更多的道德考量，理应有更多的人道主义关怀，实际上暗示英国利益也必须涵纳道义利益。此外，在这里他强烈主张英国政府应该在"欧洲土耳其"进行人道主义干涉，实际上熔铸了后世"人权大于主权"论断的雏形。他指出："在现在的有些情况下，人类的同情心拒绝受到国际法规则的限制，这些规则必然是有限和惯例的。"② 在此基础上，格莱斯顿对帕默斯顿传统作出新的诠释，一方面他指出维持奥斯曼帝国完整和在巴尔干地区推行自治并不冲突，"土耳其的完整性将通过名义上的主权得到维护，并通过适度的贡赋加以确认，以便奥斯曼主权从土耳其帝国目前的限制中放弃（除了名义上主权以外）任何其他主权，或排斥任何其他强权——整体的或部分的——（在奥斯曼帝国内）行使主权的权利，无论是俄国在黑海，还是奥地利在多瑙河，抑或是法国或英国在尼罗河和红海"③。另一方面，他将维持奥斯曼帝国完整和迪斯雷利所主张的维持现状区分开来，指出："现在，领土完整意味着保持（奥斯曼帝国）名义上的最高权威，其目的是抵御外国侵略；现状意味着土耳其在波斯尼亚、黑塞哥维那和保加利亚维持行政权。领土完整将外国拒之门外；现状将该国的居民拒之门外，（我担心）将一切留给土耳其人，包括他空泛的承诺，他不切实际的改革，他凶残的盛怒，以及他每天发生的严重的、无法治愈的恶政。"④ 总而言之，他强调英国政府必须改变现有的亲土政策，而这种政策只有"公众舆论明确且清晰的行动"才能改变。⑤

　　就奥斯曼帝国政府而言，格莱斯顿指责他们隐瞒、纵容乃至直接参与了这次暴行。他认为这种罪恶根源于"土耳其人"这个种族而不是整个穆斯林群体，这一说辞毫无疑问有着现实政治的考虑。由于英国统治下的印度拥有数百万穆斯林，格莱斯顿为避免激怒他们不得不谨慎地将他们与"土耳其

---

① William Ewart Gladstone, *Bulgarian Horrors and the Question of the East*, London: John Murray, 1876, pp.43—44.
② Ibid., p.47.
③ Ibid., p.50.
④ Ibid., p.55.
⑤ Ibid., p.56.

人"区分开来。他指出：

> 这不单纯是一个伊斯兰教徒的问题，而是一个伊斯兰教与种族的特殊特征结合起来的问题。他们（土耳其人）不是印度温文尔雅的穆斯林，也不是叙利亚有骑士精神的萨拉丁人，更不是西班牙有教养的摩尔人。总的来说，从他们第一次进入欧洲的黑暗时代开始，他们就是一大反人类的人类样本。无论他们走到哪里，身后都有宽长的血迹；而且，在他们的统治范围内，文明从视野中消失了。他们在任何地方都是武力统治的化身，而不是法治政府的象征。为了指引今生，他们秉持一种无情的宿命论；为了来世的回报，他们陷入一个感官的天国。①

格莱斯顿以往教育经历和实践经验累积起来的对"土耳其人"的偏见，在此刻彻底爆发了，如同近代早期的欧洲人，他认为"土耳其人"是敌基督和反人类，是对欧洲的诅咒，他们的到来标志着黑暗时代的开始。如同埃德蒙·伯克等人，他认为"土耳其人"是野蛮的亚洲人，是残暴的东方人，不属于文明、进步的欧洲和西方。与此同时，这也是欧洲传统中对"土耳其人"偏见的爆发，这种爆发"和宗教本身的关系并不太大"②，更多的是现实政治对历史记忆和宗教情感的操控，目的是服务于英国国内政治。这一背景下，格莱斯顿发出了极富感染力也极具争议的号召：

> 现在，唯一能让土耳其人停止暴行的方式，就是让他们滚出去。……一个不落地，带着他们的包裹和行李——我希望——全部从他们摧毁和亵渎过的地方被清理出去。③

《保加利亚恐怖》一文一出，立刻轰动整个英国，在短时间印发 20 多万

---

① William Ewart Gladstone, *Bulgarian Horrors and the Question of the East*, London: John Murray, 1876, pp.43—44,

② 昝涛：《从巴格达到伊斯坦布尔：历史视野下的中东大变局》，中信出版社 2022 年版，第 310 页。

③ William Ewart Gladstone, *Bulgarian Horrors and the Question of the East*, London: John Murray, 1876, pp.61—62.

份。① 这本小册子激起公众对奥斯曼帝国的反感，不同阶层的民众参与这场政治运动。随后在布莱克希思的公众集会上，格莱斯顿将保加利亚风潮推向高潮。在"停止保加利亚暴行"的横幅下，格莱斯顿首先强调"停止暴行并绝对防止暴行重演是首要目标"，当务之急并不是"提出更多要求"②。同时他也强调，"那些不阻止他们（土耳其人）的人，如果他们有权力，将对它们（暴行）负责"，警告迪斯雷利政府如果继续一意孤行，那么他将不惜采用"更强有力的手段"，包括重返政治舞台。这一方面证明格莱斯顿始终对是否应该借保加利亚风潮之势重返江湖犹豫不决，另一方面证明此时他的不情愿已经发生动摇。

接下来，格莱斯顿把保加利亚风潮提升到一个新的高度。首先，他强调这场政治运动是民族性的，"是一场与政党运动截然不同的全国性运动"③。其次，他强调这次政治运动的国际性，即保加利亚风潮是为了世界正义而斗争，"它具有广度、高度和深度，它超越了狭隘的政党分歧，不是建立在政党的基础上，甚至不仅仅建立在英国国家的基础上，而是建立在我们共同拥有的人性这一最深远最广泛的基础上"④。最后，格莱斯顿强调保加利亚风潮的民主性，即这场运动拥有更广泛的群众基础，"是一场不同于贵族运动的大众运动"⑤。

在此，格莱斯顿凭借自身政治天赋与经验为运动赋予"新思维"。首先，通过强调运动的民族性、国际性和民主性，格莱斯顿驳斥了政府支持者对运动党派色彩的质疑，为保加利亚风潮披上了"民意"的外衣。其次，通过强调"做公正和正确的事情"也能促进英国利益，他拔高了英国利益中的道义利益，为这场政治运动打上了"爱国"标签。最后，通过强调"我们共同拥有的人性"，他将保加利亚风潮引向了道德圣战的轨道，为这场运动盖上了"人道"的印章。这场披着民意、爱国和人道的风潮与其说是针对奥斯曼帝国，不如说是针对迪斯雷利领导下的保守党政府。在格莱斯顿的推动下，保

---

① R. W. Seton-Watson, *Disraeli, Gladstone, and the Eastern Question*, London: Routledge, 2006, p.80.
② W. E. Gladstone, *A Speech Delivered at Blackheath, September 9th, 1876*, London: John Murray, 1876, p.1.
③ Ibid., p.6.
④ Ibid., p.8.
⑤ Ibid., p.13.

加利亚风潮达到最高潮。

四、格莱斯顿与保加利亚风潮引发的大论战

虽然格莱斯顿9月9日在布莱克希思的演讲中将保加利亚风潮推向了最高峰，但是他仍然不愿担当这一运动领袖的重任。这是因为格莱斯顿清楚地意识到，一旦自己接过运动领导者的大旗，必将意味着重回政坛。在那时，他的巨大威望不仅将对自由党现在的领导者带来巨大挑战，而且将破坏对这一运动持分歧态度的自由党的团结。因而，在《保加利亚恐怖》一文取得巨大成功后的一个多月，格莱斯顿一方面将主要精力放在说服自由党同僚的徒劳尝试上，另一方面远离政治旋涡中心在英格兰北方开始巡游。但这种拖延和逃避使他错过壮大保加利亚风潮的最佳时机，这场政治运动逐渐耗尽全部动力并走向衰落。

与此同时，随着俄国于10月31日向奥斯曼帝国下达停战的最后通牒，英国国内根深蒂固的反俄情绪重新抬头。迪斯雷利政府的支持者也利用这一机会为政府的亲土政策辩护。这些支持者在议会内主要是保守党人，在议会外主要是《晨邮报》和《每日电讯报》。一部分人认为穆斯林和基督徒在冲突中都有伤亡，穆斯林也遭到巴尔干基督徒的无差别暴行。另一部分人认为俄国是挑动巴尔干局势的幕后黑手。部分极端者甚至谴责保加利亚风潮的参与者是俄国的走狗，他们和俄国政要交往甚密。《每日电讯报》1877年8月27日的一篇报道声称："一份刚刚公布的重要文件显示出格莱斯顿先生一直试图煽动希腊人反对土耳其。大约两个月前，格莱斯顿先生给君士坦丁堡的一位希腊商人写了一封信，敦促后者的同胞与斯拉夫人联合起来攻击土耳其人。"这一指控虽然最后被证明是无稽之谈，但也反映出保加利亚风潮给英国社会带来的巨大撕裂，其中对垒双方将彼此视为仇敌，尽一切可能打压和抹黑对方。而在这种民族沙文主义的号召下，英国国内反对保加利亚风潮的声音越来越大也越来越极端，少数暴徒甚至砸坏了格莱斯顿在伦敦住宅的窗户。

在这种剑拔弩张的氛围中，媒体火上浇油地搭建了这场政治运动支持

者和反对者论战的舞台，不断刊登双方表达自己立场和观点的信件，不仅在相当长一段时间内维持了保加利亚风潮的热度，还使得局限于精英之间的论战成为全国性的大讨论。据统计，英国各种杂志有关奥斯曼帝国的文章在 1860—1875 年间在 600 篇左右，保加利亚风潮兴起之后这一数字上升到 1200 篇，巅峰时甚至接近 1400 篇，但在保加利亚风潮消亡后又逐渐回落到 600 篇以下。英国各大报纸有关奥斯曼帝国的新闻报道在 1860—1875 年间从未超过 100 篇，保加利亚风潮兴起之后这一数字短时间内指数上升，在 1877 年超过 300 篇，1878 年超过 500 篇，保加利亚风潮势头减弱后这一数字也逐渐回落。①

这场大论战中，格莱斯顿不仅是保加利亚风潮的主要辩护者，也是反对派集中火力攻击的对象。他所写的《保加利亚恐怖》一俟传播就遭到反对者的质疑，首先是"卷铺盖"这类尖刻的言辞和可能隐含的对于整个穆斯林的抹黑。为此，格莱斯顿在 9 月 8 日致信《泰晤士报》，强调："我希望'土耳其人''自己离开'保加利亚的愿望仅限于土耳其人的军官和官员……在我看来，穆斯林的公民权利和宗教自由应该与基督徒的同等权利一样被尊崇。"②随后，英国驻奥斯曼帝国大使亨利·艾略特公开批判格莱斯顿的观点，声称"任何试图将土耳其人驱逐的企图都将被证明是对（巴尔干地区）整个基督教族群的彻底毁灭"③，因为在他看来，前者在撤退过程中必将对后者进行屠杀。格莱斯顿的回应是在《泰晤士报》刊登了写给艾略特的公开信，格莱斯顿用讥讽的语气指出："我明白你指控我提出了一个愚蠢的建议，即将高门的文官和军事人员从保加利亚驱逐出境，却不设置任何规定禁止他们进入马其顿或其他邻近的土耳其省份。我不得不感激你对我的理解给予了崇高的赞扬。"④

不过，格莱斯顿也不是被动的防守者，相反他尝试利用自身的影响力来引导公众舆论支持自己。1876 年 9 月，德比勋爵在外交部接见工人阶级请

---

① N. C. Cicektakan, "Great Britain and the Ottoman Empire: British Discourses on the 'Ottomans', 1860—1878", Ph. D thesis, University of Essex, 2016, p.183; 详细数据参见该论文附录中的图表。

② "Letter to the Editor of the 'Times'", in W. E Gladstone, *A Speech Delivered at Blackheath, September 9th, 1876*, London: John Murray, 1876, p.34.

③ F.O. 78/2463, No.1008, 14 September 1876.

④ *The Times*, 1 March 1877.

愿代表团的时候再次重申了政府对奥斯曼帝国的立场。这一回答不仅没有让格莱斯顿满意，还使得他彻底放弃了对迪斯雷利政府的幻想。9月14日，格莱斯顿写给《每日新闻报》编辑的信刊出。在这封信中，格莱斯顿不仅逐条批驳了德比的发言，而且进一步为自己的自治计划辩护。在他看来，谴责和施压都是短暂的，奥斯曼帝国在压力之下也会惩办凶手，颁布新的诏书，作出新的承诺，但历史已经证明这些改进都是暂时的，这些承诺都是空头支票。与此同时，如果土耳其人继续管理保加利亚地区，很有可能会对当地人进行大规模的报复。这样必将导致新的惨案发生，招致"更多的抗议和反对"，陷入一种恶性循环。因此他呼吁："在目前这种最危急的情况下，是时候对这些抗议提出抗议，对这些反对提出反对……是时候说出'你必须'了。让全欧洲仔细定义什么是正义，然后执行正义；让英国成为欧洲战车的护卫，而不再是车轮上的拖累。"①格莱斯顿的这封信和他之前的作品一样文笔流畅、言辞激烈，具有很强的感染力。与此同时，他以公开信的形式公之于众的选择，足以证明格莱斯顿已经深刻意识到媒体和公众舆论的重要性。在议会斗争这条路暂时堵上之后，格莱斯顿毅然选择利用他们反过来向政府施压。

在舆论渐有失控之势的情况下，保加利亚风潮的目标最终转变成召开一场全国性的会议。这一会议的名称并没有采用宪章运动期间的"Convention"，而是采用了反谷物法运动和议会改革运动中的"Conference"，显示出保加利亚风潮的领导者畏惧进一步发动底层民众，试图将这场抗议运动引向既有的政治轨道中。在此之后，保加利亚风潮逐渐丧失公众基础，演变成局限于中上层精英的政治集会。同时，这场政治运动的党派色彩愈加浓厚，自由党地方党部垄断了运动的组织，自由党地方领袖和非国教牧师成为最主要的领导者，大部分保守党党员和圣公会神职人员、部分自由党辉格派和反土派都与保加利亚风潮分道扬镳。

经过艰难且漫长的筹划，"东方问题全国代表大会"（National Conference on the Eastern Question）于1876年12月8日在伦敦圣詹姆斯厅正式召开。

---

① "Letter to the Editor of the 'Daily News'", in W. E Gladstone, *A Speech Delivered at Blackheath, September 9th, 1876*, London: John Murray, 1876, pp.35—44.

公众舆论对这场会议纷纷叫好,《泰晤士报》宣称:"我们从来没有听说过任何一个政治目标会在英国社会如此大的范围内获得支持。"[①] 但是通过参会人员名单可以发现,所谓"英国社会"已经局限在中上层精英之中。[②] 因此,随着"东方问题全国代表大会"的闭幕,保加利亚风潮也逐渐走向尾声。此后格莱斯顿又发表了一系列政治传单和文章,但反响都远不如从前。[③]

五、结语

格莱斯顿与保加利亚风潮的关系值得深思。其一,格莱斯顿长久以来对奥斯曼帝国的认知是其加入保加利亚风潮的必要条件。首先,基督教、古希腊文化以及亚里士多德、伯克和坎宁等人的思想深深影响了格莱斯顿早年的成长和教育经历,使得他留下了对奥斯曼帝国的负面印象。其次,格莱斯顿从政之后与奥斯曼帝国的接触强化了他的既有印象,自此之后他始终站在道德立场上批判奥斯曼帝国,并因此对苏丹政府愈发失望。最后,格莱斯顿对奥斯曼帝国的认知终究是大时代的产物。在帝国主义话语体系的影响下,以格莱斯顿为代表的英国精英对土耳其人的认知已经发生显著改变,英国对土认知中的"病夫话语"最终确立。正是这种改变使得一场针对奥斯曼帝国的道德圣战成为可能,也正是这种改变使得格莱斯顿最终选择加入保加利亚风潮。

其二,格莱斯顿之所以最终作出加入保加利亚风潮的决定,是因为他认识到这场声势浩大的群众运动是他实现政治抱负与理想的机遇。作为一个老

[①] R. W. Seton-Watson, *Disraeli, Gladstone, and the Eastern Question*, London: Routledge, 2006, pp.110—111.

[②] 参加者主要分为以下几类:首先是贵族,包括威斯敏斯特公爵、阿盖尔公爵、罗素勋爵等23人,其中只有沙夫茨伯里勋爵、巴斯勋爵和西顿勋爵3人属于保守党。其次是政府成员,包括詹姆斯·布莱斯、爱德华·弗里曼、乔治·特罗洛普等人,其中上下两院议员共89名,只有蒙太古勋爵1人为保守党成员,政府官员中也只有乔治·坎贝尔爵士(前任孟加拉总督)到场。再次是宗教人士,主要由 W. 丹顿、亨利·阿隆等非国教徒牧师组成,圣公宗中只有牛津主教和李顿司铎参加。最后是运动的主要参与者,包括以张伯伦为代表的激进派,以托马斯·哈代为代表的工人阶级和以查尔斯·达尔文、赫伯特·斯宾塞为代表的知识分子。

[③] 包括《屠杀的教训,或,土耳其政府1876年5月后在保加利亚和对保加利亚的行径》(Lessons in Massacre, or, the Conduct of the Turkish Government in and about Bulgaria since May, 1876)和《奥斯曼帝国的斯拉夫省份》(The Sclavonic Provinces of the Ottoman Empire)等。

道的政治家，格莱斯顿一方面敏锐地察觉到民意可用，另一方面也为大众表现出的前所未有的道德热情所鼓舞。在格莱斯顿看来，保加利亚风潮为他提供了一个绝佳的机会，不仅可以重新"在一个政治问题上发挥无可争议的领导作用"，而且可以"弥合1874年大选失败后他和大众之间在道德议题上的隔阂"[①]。不过，虽然有个人情绪和政治动机，格莱斯顿在最终加入保加利亚风潮之前始终犹豫不决，只是在各种外在诱因的刺激下被推上历史的舞台。即便在《保加利亚恐怖》一文轰动全国之后，格莱斯顿也仍然不愿担当这一运动领袖的重任。这种拖延和逃避不仅使他错过了壮大保加利亚风潮的最佳时机，而且也使得这场政治运动逐渐耗尽全部动力并走向衰落。一言以概之，格莱斯顿是保加利亚风潮中不情愿的领袖。

其三，格莱斯顿对保加利亚风潮的最大贡献并不体现在认识的深刻性上，而是体现在他的号召力上。通过一系列文章和演讲，格莱斯顿用极富感染力的言辞说出了同时代英国大众想说的话，最有力的表达和回应了他们的情绪，"与其说是格莱斯顿激发了大众的热情，不如说是大众的热情激发了格莱斯顿"。一方面，在同时代的英国大众看来，"英国精神"就是热爱自由、锄强扶弱，"英国原则"就是捍卫个人自由、文明与自由贸易，"英国美德"就是为弱小无助者伸张正义、反对暴君和恶霸。因此，当"保加利亚暴行"的消息在公众舆论中发酵之后，这些对奥斯曼帝国不甚了解的普罗大众出于这种朴素的情感自发掀起了抗议暴行的运动。因此，"与其说是格莱斯顿激发了大众的热情，不如说是大众的热情激发了格莱斯顿"[②]。与此同时，英国大众的情绪不仅受到道德和宗教的感召，而且体现了对自由和民主的呼唤。事实上，保加利亚风潮是一把伞，在其之下的以工人阶级和非国教徒为主体的多样群体得以团结起来。他们将国际议题和国内议题结合在一起，在这场政治运动中借机提出自身诉求。因此，保加利亚风潮与其说针对的是奥斯曼帝国，不如说针对的是执政的迪斯雷利政府及其代表的保守主义秩序。

---

① Richard Shannon, *Gladstone and the Bulgarian Agitation 1876*, London: Nelson and sons, 1963, p.92; N. C. Cicektakan, "Great Britain and the Ottoman Empire: British Discourses on the 'Ottomans', 1860—1878", Ph. D thesis, University of Essex, 2016, p.224.

② Richard Shannon, *Gladstone and the Bulgarian agitation 1876*, London: Nelson and sons, p.110.

其四，保加利亚风潮深刻改变了英国对奥斯曼帝国的认知和政策，在这一过程中格莱斯顿发挥了至关重要的作用。认知上，在格莱斯顿领导下，保加利亚风潮转变成一场针对奥斯曼的道德圣战，不仅使得英国对土认知中的"病夫话语"深入人心，而且使得英国人对奥斯曼帝国的印象不可逆转地恶化。政策上，一方面保加利亚风潮掀起的巨大声浪迫使迪斯雷利政府"暂时放弃支持土耳其，把政策重点放在维护政府在民众心目中的形象上"[①]；另一方面，保加利亚风潮是 1880 年自由党大选获胜的重要原因。重新出任首相的格莱斯顿放弃了支持奥斯曼帝国的传统政策，改以默许乃至参加对奥斯曼帝国的瓜分。这一政策为之后的历届英国政府所延续，最终导致英土两国在一战中成为敌手，对时至今日中东的地缘政治格局造成巨大冲击。

---

① 王皖强：《狄斯雷利与东方危机时期的英国政治斗争》，《史学月刊》2001 年第 2 期。

福音未至："大败无敌舰队"前后英国皇家海军的发展困局（1587—1640）

考　舸[*]

　　格拉沃利讷海战（battle of Gravelines）是英西两国在 1588 年夏季冲突中进行的激烈一役。尽管是役后西班牙无敌舰队很快重整旗鼓，但英国都铎王朝仍执意将这则胜利神话编织完善，并借此证明宗教改革和海外扩张的合理性。1603 年，绝对主义想象与皇家海军神话共同成为都铎王朝赠予斯图亚特王朝的政治遗产。即便詹姆斯一世在继位之初直接终止了近 20 年的英西战争，但他与后继者查理一世仍期望在强化君权的过程中重现海军荣光，却未曾察觉都铎时代绝对主义王权的限度，以及皇家海军侥幸取胜的真实原因——行将成为斯图亚特王朝海军建设的现实阻碍。是故，查理一世的"海上君王"[①]之梦与斯图亚特的绝对王权之愿终消散于淡蓝的海雾之中。

　　对英国而言，"16 世纪是英国近代海军的初创时期，海军舰队建设取得初步成效，但仍然带有较强的封建特征"[②]，现代海军建设起步于革命之初的议会斗争阶段（1640—1642 年），这也是英国议会及贵族政治在结束查理一世11 年专断统治后迎来的复兴时期。因此，结合皇家海军在格拉沃利讷海战中的真实表现，探究此后都铎及斯图亚特王朝绝对君主制时期的海军建设状况，

＊　考舸，清华大学人文学院博士研究生。
① ［英］本·威尔逊：《深蓝帝国：英国海军的兴衰（上）》，沈祥麟译，社会科学文献出版社 2019年版，第 268 页。
② 陈剑：《"我们即将进攻一座铁山"：1603—1660 年英国的海军舰队建设》，载陈晓律主编：《英国研究（第 16 辑）》，上海人民出版社 2022 年版，第 125 页。

96

不仅能破除辉格史叙事的桎梏，还能从皇家海军视角考察国王与贵族议会的权力斗争，从而在该方面洞悉英国宪政精神如何能植根于历史实践之中。①

一、传奇始创：辉格史叙事中的格拉沃利讷海战

20 世纪 30 年代，英国历史学家赫伯特·巴特菲尔德爵士指出：近代以来，诸多英国史编纂者站在新教徒和辉格派一边撰写历史；他们赞美业已成功的（英国）革命，强调在过去出现的某些进步原则，并编写出能够确认现实甚至美化现实的故事。②事实上，皇家海军大败西班牙无敌舰队的传奇故事，早在光荣革命爆发前百年就已诞生：1588 年，新教女王伊丽莎白一世想借机巩固都铎王朝的宗教改革成果；之后，詹姆斯一世和查理一世欲借此事增强斯图亚特王朝的绝对君权。再到 18 世纪中期，该传奇故事逐渐成为英王及议会用以构建民族身份和发展海上事业的手段。彼时，英国皇家海军已在西班牙王位继承战中大显身手，并赢得了直布罗陀海峡和三角贸易中的黑奴贩运权；而 1588 年的传奇故事也在辉格史叙事下愈显符号化。

具体而言，格拉沃利讷海战的胜利被伊丽莎白一世及其幕僚赋予了浓厚的宗教色彩。这是由于西班牙国王菲利普二世以报复都铎王朝处决天主教女王玛丽为出师之名③，但英国海军却于事实层面重挫了天主教西班牙的士气。据此，伊丽莎白一世为更好巩固亨利八世以来的宗教改革成果，便在 1588 年的海军传奇中增添了一则关键的宗教隐喻：胜利昭示着上帝对英国宗教改革正当性的确认。恰如"纪念战胜无敌舰队的勋章上刻着这样的铭文：'袖

---

① 时至今日，许多通史及专门史著作仍以过分浪漫的言辞书写英国皇家海军的格拉沃利讷大捷：譬如塞缪尔·威拉德·克伦普顿将大败西班牙无敌舰队作为伊丽莎白一世"黄金时代"的重要标志（Samuel Willard Crompton, *Queen Elizabeth and England's Golden Age*, Infobase Learning, 2005）；再如梅格·哈珀在 2011 年出版的著作中声称格拉沃利讷海战既是一场伟大的胜利，也是西班牙入侵威胁的终结（Meg Harper, *Elizabeth I: The Story of the Last Tudor Queen*, London: Bloomsbury Publishing Plc, 2011）；又如本·威尔逊在评价都铎王朝末期英国皇家海军的战力时，也不免感叹"放眼当时的世界，这样的海军可谓绝无仅有"（［英］本·威尔逊：《深蓝帝国：英国海军的兴衰（上）》，沈祥麟译，社会科学文献出版社 2019 年版）。
② ［英］赫伯特·巴特菲尔德：《历史的辉格解释》，张岳明、刘北成译，商务印书馆 2019 年版，"序言"。
③ 邢来顺：《伊丽莎白一世传》，长江文艺出版社 1997 年版，第 240 页。

扬起垂天之风，将他们击得粉碎'"①。

此后在 1603 年至 1640 年间，斯图亚特王朝的两位君主转而刻意凸显 1588 年海战传奇中的海军实力。这首先是由于詹姆斯一世和查理一世无需再为都铎时代的宗教改革事业正名，从而淡化了胜利叙事的宗教色彩。其次是由于新王朝既不谙熟英格兰先代贵族政治遗风，也未遵循伊丽莎白一世的海军建设策略，而是在两任国王近身廷臣乔治·维利尔斯（George Villiers）的鼓吹下将 1588 年大捷归因于"光荣女王"的绝对君权②，并试图援引该传奇为不断强化的君权背书。直至革命到来，皇家海军再难成为绝对君主的统治工具，而是转为立宪君主与贵族议会共同把持的暴力机器。是故，1588 年海军传奇的叙事重点又有了新的转变。

18 世纪初，英国在西班牙王位继承战后跃居欧洲强国之列。皇家海军也更具主权维护者、集体利益捍卫者及海权争霸者之意味。随着大众报业的兴起，大败无敌舰队的历史传奇成为屡屡登报的现代民族国家寓言——扮演着构建共同体记忆的关键角色。例如，《斯坦福德信使报》（*Stamford Mercury*）在 1739 年 9 月 13 日刊文称，派因先生有幸在上院向国王展示他的印刷画作：画中描绘了 1588 年（英军）摧毁西班牙无敌舰队的场景。③ 此外，《利兹通讯报》（*Leeds Intelligencer*）于 1779 年 8 月 31 日刊载了这则海军传奇：1588 年 7 月 19 日，西班牙无敌舰队驶入英吉利海峡。我们伟大的霍华德将军在遭遇无敌舰队时将其重创……27 日，西班牙人在加莱港口抛锚，等待佛兰德斯的援军。英方则在夜晚派出 8 艘或 10 艘火船；鉴于此，西班牙人不得不立即切断锚绳……英军在进攻时，捕获了数艘西班牙战船，其余的西班牙战舰则随波漂向苏格兰和爱尔兰——无敌舰队几乎被全面摧毁。④ 除却淡化皇家海军的王朝属性并强化其民族特点外，18 世纪的传奇叙事还着重凸显战时英国的内在凝聚力，以构建共同的民族记忆。例如，《汉普郡纪事报》

① ［英］本·威尔逊：《深蓝帝国：英国海军的兴衰（上）》，沈祥麟译，社会科学文献出版社 2019 年版，第 211 页。

② 同上书，第 241—242 页。

③ "London, September 8", 1739, September 13, *Stamford Mercury*, 2+, https://link.gale.com/apps/doc/. JA3230575318/BNCN?u=tsinghua&sid=bookmark-BNCN&xid=f6086ccb.

④ "Saturday's Post", 1779, August 31, *Leeds Intelligencer*, 2, https://link.gale.com/apps/doc/GR3227042902/ BNCN?u=tsinghua&sid=bookmark-BNCN&xid=50dc936b.

（*Hampshire Chronicle*）于 1779 年 6 月 28 日报道称：1588 年，英国曾面临西班牙无敌舰队的威胁……（彼时）整个国家团结一致且奋发昂扬，那是因为我们的政府强劲有力。①

综上所述，由于辉格史写作对叙事目的性及进步性的强调，刻意忽视了那些无关海战胜利结局却关乎海战胜利原因的史实，因此现代史学界在审视 1588 年英西格拉沃利讷海战时会受到不同程度的影响。具体而言，尽管都铎王朝旨在通过传奇叙事证明宗教改革的正当性，而革命前的斯图亚特王朝旨在证明绝对王权的正当性，以及光荣革命后的英王与议会旨在证明民族事业的正当性，但这并不影响其历史编纂者在三种叙事目的下，或隐或显地表明 1588 年大捷是不列颠崛起为海洋强国的开端。但这种理解既无助于学术界考察都铎王朝的海军运作机制以及英国绝对王权的限度，也无助于考察斯图亚特王朝的海军建设困局，以至于过高估计 17 世纪上半叶皇家海军的实力并过早判定英国开启海上霸业的时间。

二、陆海两隔：都铎王朝绝对君主制的历史限度

伊丽莎白一世从未将 1588 年大捷归功于绝对王权的运用。尽管都铎王朝自亨利八世以来逐步确立了绝对君主制，但因君主始终受制于英国的政治传统，故较欧洲其他绝对主义国家而言，英国的绝对王权仍相对虚弱。加之伊丽莎白一世终身恪守王权边界，且寄希望于通过海上劫掠减轻王室财政及臣民税务负担，故只将海事活动视作英国上下广开财路的双赢行动，而非宣扬君威、争夺海权的王室行为。

事实上，格拉沃利讷海战的胜利恰恰反映了都铎绝对主义王权的限度，而有限的王权又为格拉沃利讷海战的主要参与者预留了行动空间。首先，临危受命的诸多海军舰长既是伊丽莎白一世的廷臣，又是以劫盗为业且私掠成性的职业海盗。历史学者大卫·查尔德斯研究称：当英国面临 1588 年（西班牙入侵的）危机时，职业海盗获得了最重要的海军指挥权，没有什么能比

---

① "Thursday's Post", 1779, June 28, *Hampshire Chronicle*, 1, https://link.gale.com/apps/doc/IS3241373854/BNCN?u=tsinghua&sid=bookmark-BNCN&xid=7309c0d3.

该事实更清晰地表明彼时海盗所具有的至高地位……更重要的是，贵族都毫无异议地接受了女王对他们的任命。[1] 尽管伊丽莎白一世对海盗劫掠事业的热衷造就了一批有王权背书的职业海盗，但后者常年活跃于海上并具有极大的行动自主权——他们并非女王的家臣，而是依据互惠原则服务于王室的航海者。故查尔斯·霍华德在 1588 年接手英格兰海军时，便发现军中的将官司令皆是鼻孔朝天的狂傲之人[2]；其原因正在于海盗船长据陆海之界与女王政府保持着一定的距离。

其次，战争出资人及民船供给者皆是与女王达成商业同盟的英国富商及新贵——他们不仅把持着议会，还掌控着舆情。事实上，斯图亚特王朝的查理一世在 17 世纪 20 年代末无力复兴皇家海军的主要原因，就在于（英国）"议会拒绝协助（其）莽撞的冒险行动，而境内的私人船主也不乐意拿造价昂贵的商船去涉险"[3]。相反，在 1588 年大敌当前的时刻，伊丽莎白一世既促使议会达成一致意见，又鼓舞了民众精神。[4] 在女王看来，尽管议会可能会在一定程度上阻碍王权的集中，但召集议会"既能使（王室）沉重的包袱被更好分担，又能让海外世界更满意英王室的决议"[5]。此外，富商及民船持有人皆能成为英王室收割海外财富和参与海上战争的支持者。据《苏格兰人杂志》(*The Scots Magazine*) 报道称：16 世纪末，英格兰商船规模不大但为数众多，并在许多情况下为英国作出特殊贡献，尤其是在 1588 年对抗西班牙无敌舰队时。[6]

第三，出战士兵大多不是全职军人，而是战时受雇于皇家海军的民间水手。事实上，都铎王朝抑或詹姆斯一世及查理一世时期的斯图亚特王朝，皆

---

[1] David Childs, *Pirate Nation: Elizabeth I and Her Royal Sea Rovers*, Havertown: Pen & Sword Books Limited, 2015, p.134.

[2] ［英］本·威尔逊：《深蓝帝国：英国海军的兴衰（上）》，沈祥麟译，社会科学文献出版社 2019 年版，第 180 页。

[3] 同上书，第 250 页。

[4] "Thursday's Post", 1779, June 28, *Hampshire Chronicle*, 1, https://link.gale.com/apps/doc/IS3241373854/BNCN?u=tsinghua&sid=bookmark-BNCN&xid=7309c0d3.

[5] Patrick Collinson, *Elizabeth I*, New York: Oxford University Press, 1974, p.80.

[6] "An Historical Account of the Commerce and Shipping of England", 1797, October 1, *The Scots Magazine*, LIX, 725+, https://link.gale.com/apps/doc/JE3236597362/BNCN?u=tsinghua&sid=bookmark-BNCN&xid=54a69 023.

无力凭借王室财政供养一支规模庞大的常备海军。故在 1587 年 10 月，枢密院召开会议要求所有海船停驻不出，将私人船只和水手纳入海上防御阵营。但次年 1 月，就有不少水手因财政吃紧而遭遣返复员。[①] 1588 年 2 月后，随着紧张局势升级，不少水手又从英格兰各地赶来应征入伍。[②] 相较同女王的关系，这些征召入伍的海军士兵与所属船舰的指挥官关系更为密切：海盗舰长约翰·霍金斯与弗朗西斯·德雷克就曾多次敦促查尔斯·霍华德致信政府及议会，以便为自己的船员讨取薪水和物资。[③]

故在 1588 年 7 月，英国皇家海军战以女王及新教之名，却诉于牟利——都铎王室、议会贵族及参战平民的集体利益——之实。然而，该集体利益仅存于制止西班牙舰队登陆的有限军事目标之中——这得以保障英国海上财富通道的畅通，并无法消弭王室、贵族与平民群体的阶层矛盾。此外，实现有限军事目标的过程也时刻提醒都铎王朝认清理想与现实的差距。

首先，都铎王朝在参战问题上举棋不定，且代理人集团腐败盛行。1588 年 2 月，完成扩军备战的英国皇家海军在漫长等待中消耗了大量的国库资金。之后，不仅约翰·霍金斯提议主动开战，就连查尔斯·霍华德也同样认为西班牙沿海才是理想交战地，但议会严禁霍华德率军前往伊比利亚沿海，且女王坚持要求皇家海军驻守英格兰岛。[④] 甚至在 1588 年 7 月，国务大臣伯利勋爵仍期望此次军事集结被证实为不必要的奢侈之举。[⑤] 此外，海军官员的腐败行径也加深了拖延带来的负面影响。时任海军部财务官副手的约翰·科克指责海军官员以满员规格申请薪水和津贴，从而制造出"亡灵薪水"；并在人事任免时收受贿赂。[⑥]

其次，皇家海军兵员始终面临着拖欠薪金和缺衣少食的困难。据悉，亨

---

① ［英］本·威尔逊：《深蓝帝国：英国海军的兴衰（上）》，沈祥麟译，社会科学文献出版社 2019 年版，第 178—179 页。

② Lawrence Stone, "The Armada Campaign of 1588", *History*, Vol.29, No.110 (1944), pp.123—124.

③ Ibid., pp.123—125.

④ ［英］本·威尔逊：《深蓝帝国：英国海军的兴衰（上）》，沈祥麟译，社会科学文献出版社 2019 年版，第 179—182 页。

⑤ Lawrence Stone, "The Armada Campaign of 1588", *History*, Vol.29, No.110 (1944), p.122.

⑥ ［英］本·威尔逊：《深蓝帝国：英国海军的兴衰（上）》，沈祥麟译，社会科学文献出版社 2019 年版，第 238 页。

利·西摩的海员至 1588 年 7 月 18 日已有 16 周未领到薪水并接近叛乱状态；查尔斯·霍华德的海员自 5 月 5 日起再未领取薪金；弗朗西斯·德雷克的海员则自 6 月 19 日后再未领取薪水。[1] 除却欠薪问题，衣食匮乏也成为皇家海军难以克服的现实困难：缺少衣物不仅会使水手暴露在外部环境之下，还使其难以维持自身清洁并患病[2]；而缺少食物则会更直接地引发高亡率和高反叛率。1588 年 8 月初，霍华德手下饥肠辘辘的海员已无力出航……面对西班牙无敌舰队随时卷土重来的危险，皇家海军已有七八艘舰船因起锚人手不够而搁浅在马盖特海岸。[3]

究其原因，历史学者劳伦斯·斯通指出：伯利勋爵代表王室政府推行紧缩性财政政策，加之各舰队驻扎地物资困乏，故皇家海军始终未建立安全可靠的补给线。[4] 尽管查尔斯·霍华德与诸海盗船长也曾抗命截获商船物资：因王室政府不愿干扰正常的商业活动，故命霍华德确保汉堡市的"玛丽"号（Mary of Hamburg）商船平安驶出普利茅斯，但该船物资最终被扣留下来。[5] 然而，霍华德及手下将官无法真正解决整支舰队的补给问题。甚至在格拉沃利讷海战结束后，伯利勋爵仍未对极度困窘的服役海员施以援手，因其所代表的王室政府坚持节省开支的做法，并冷酷地认为死去的海员无需支付复员饷银。[6]

最后，格拉沃利讷海战的胜利更有赖于时运，而非绝对的军事实力。在这场海战正式爆发前，英国于 1588 年 7 月 29 日夜晚派出 8 艘普通火船，并成功打破西班牙无敌舰队的作战阵形[7]。但此举仅利用了西班牙人对名为"地狱燃烧者"之"火船炸弹"的恐惧心理，并非依靠 8 艘火船的真正实力——英军没有足够的弹药装配船舶。[8] 此外，在格拉沃利讷海战中，皇家海军并

[1] Lawrence Stone, "The Armada Campaign of 1588", *History*, Vol.29, No.110 (1944), p.122.

[2] Ibid., p.125.

[3] 本·威尔逊：《深蓝帝国：英国海军的兴衰（上）》，沈祥麟译，社会科学文献出版社 2019 年版，第 209—210 页。

[4] Lawrence Stone, "The Armada Campaign of 1588", *History*, Vol.29, No.110 (1944), p.126.

[5] Ibid., pp.126—127.

[6][8] ［英］本·威尔逊：《深蓝帝国：英国海军的兴衰（上）》，沈祥麟译，社会科学文献出版社 2019 年版，第 210 页。

[7] Judith M. Richards, *Elizabeth I*, Abingdon: Taylor & Francis Group, 2011, p.142.

未以整支舰队为作战单位，而是选择单打独斗式的近身混战。① 因此，缺乏有效配合的皇家海军更像在进行一场私掠行动，而非阵地海战。历史学者朱迪思·理查兹指出：西班牙无敌舰队遭遇的恶劣天气成为英国获得最终胜利的重要原因之一。② 毕竟在 8 月初，西班牙舰队就已被海风向北吹送至英格兰及苏格兰东海岸，并继续向南吹送至爱尔兰西海岸；其中许多船舰搁浅在沙滩上，且幸存的西班牙水手还面临着食物匮乏和淡水短缺的危机。③

三、荣光难觅：革命前斯图亚特王朝的海军建设困局

然而，携绝对王权梦想而来的詹姆斯一世，在斯图亚特王朝建立之初，因忙于本土事务而无暇顾及海军建设，故使皇家海军军备废弛且战力下降。尽管此后詹姆斯一世在乔治·维利尔斯的建议下重启海军建设事项，但他既不愿遵循都铎时代英王与贵族议会间的政治传统，亦不再将皇家海军的海事活动视作利益均沾的双赢行为，而仅将其视为强化王权的暴力手段。到 1625 年，查理一世承袭其父绝对王权的想象，并将海军建设大权继续委以乔治·维利尔斯，以致后来遭遇极为严重的代理人危机。正因如此，显露于伊丽莎白时代的海军政治危机，只会以更显著的方式制约斯图亚特王朝的海军建设事业。

显然，詹姆斯一世继任以来并未吸取伊丽莎白时代的海战教训，从而错失了修正都铎末期海军政治时弊的机会。历史学者劳伦斯·斯通曾恰如其分地指出："当时（1588 年）和现在（1944 年）一样，公共注意力被尽量从关于内部崩溃的不光彩故事上，转移到战斗、挫败和追求等更令人兴奋的话题上。"④ 就连 1603 年继任英王的詹姆斯一世也只是对 15 年前的格拉沃利讷大捷持有模糊印象。再者，由于詹姆斯一世凭借继承权最早确立起对不列颠岛

---

① ［英］本·威尔逊：《深蓝帝国：英国海军的兴衰（上）》，沈祥麟译，社会科学文献出版社 2019 年版，第 205—206 页。
②③ Judith M. Richards, *Elizabeth I*, Abingdon: Taylor & Francis Group, 2011, p.142.
④ Lawrence Stone, "The Armada Campaign of 1588", *History*, Vol.29, No.110 (1944), p.139.

的全面统治①，因此斯图亚特王朝早期的"海陆观"较都铎时代末期有了很大改变。这在一定程度上可以解释为何伊丽莎白一世全力支持海盗事业，并基于私掠手段，视海洋为陆地政权的财富补给站；但詹姆斯一世却只关注陆上事务，并在继位后不仅立刻叫停了英西战争，还"像厌恶战争一样厌恶海盗"②。是故，海军建设在斯图亚特王朝初期几近停滞，且詹姆斯一世无意整治始自伊丽莎白时代的海军部腐败问题。这令斯图亚特王朝本就捉襟见肘的海军建设资金更为紧张；而资金是维持皇家海军船舰规模、兵员数目及军火储量的核心要素。

就船舰规模而言，"伊丽莎白一世将 54 艘战船留予詹姆斯一世，其中 42 艘仍可出征，还包括 30 艘盖伦帆船"③。这意味着维持现有舰队的开销已然不菲。加之王室官员假公济私，故财政负担沉重却无法避免"大多船舰（走向）'陈旧朽烂，不堪一用'的地步"④。此后，"因盖伦帆船难以满足海战射击要求，詹姆斯一世于 1610 年下令建造了'皇太子'号战船，这是一艘载有 55 门重炮且吨位高达 1900 吨的战船"⑤。据造船师所言，造船总长菲尼亚斯·佩特（Phineas Pett）按照最上等材料的价格向海军财务官报价，但实际使用的是未干的廉价木料。⑥ 显然，海军部与承包商大获其利，但这不仅致使巨舰价高质劣，还侵占了大量军款，以致频繁拖欠兵员薪金并压缩军火开支。

事实上，由拖欠薪金和缺衣少食引发的兵员骚动早在伊丽莎白时代的英西战争中就有所体现。例如，查尔斯·霍华德曾表明：截至 1588 年 8 月 22 日，其所率部队已因衣食匮乏陷入体能告急和士气瓦解的困境之中，就算西

---

① 在整个 16 世纪，英格兰、苏格兰和爱尔兰都是由不同君主统治的独立国家（尽管威尔士很久以前就归英格兰王室管辖）。至 1603 年，苏格兰国王詹姆斯六世继任为英格兰及爱尔兰国王詹姆斯一世，首次凭借继承权实现了上述三国的"共主"联合。详见 James Davey ed., *Tudor and Stuart Seafarers: The Emergence of a Maritime Nation, 1485—1707*, London: Bloomsbury Publishing Plc, 2018, pp.13—14.
② ［英］本·威尔逊：《深蓝帝国：英国海军的兴衰（上）》，沈祥麟译，社会科学文献出版社 2019 年版，第 240 页。
③ David Childs, *Tudor Sea Power, The Foundation of Greatness*, Havertown: Pen & Sword Books Limited, 2010, p.62.
④⑥ ［英］本·威尔逊：《深蓝帝国：英国海军的兴衰（上）》，沈祥麟译，社会科学文献出版社 2019 年版，第 239 页。
⑤ David Childs, *Tudor Sea Power, The Foundation of Greatness*, Havertown: Pen & Sword Books Limited, 2010, p.141.

班牙无敌舰队卷土重来，皇家海军也无力且无心作战。[1] 此事既归咎于王室的紧缩性财政政策，亦归咎于海军部官员的腐败之举，故詹姆斯一世在无意扩大海军投资和依靠官僚制强化绝对王权的心态下，难以解决上述问题。毕竟，"斯图亚特政府掌握的资源远远不能实现国王的野心……国王掌握的财政和官僚资源仍然有限。詹姆斯一世继承了每年35万英镑的收入……在和平时期有足够的资金从事各项活动"[2]，但对海军建设始终缺乏关注，并对海军部官员放任自流。"经由海军财务官流入海军的国帑也同时进入了（海军总司令）诺丁汉、（海军验船师）特雷弗和（海军财务官）曼塞尔的腰包。虽然他们的罪状众所周知，但这三个人还是顺利通过了1608年的一次官方调查。"[3]

更有甚者，军事火药也因官商勾结和政府管制陷入储备告急的境地。伊丽莎白时代，尽管枢密院鼓励生产硝石和火药，但特许经营者由于贪腐成性、所知甚少和遇事不决等原因并未切实履行自己的合约；且都铎政府在1567年严禁军火走私，从而扩大了军火储备的缺口。[4] 此后，厌恶军事冲突的詹姆斯一世继续听之任之；至查理一世继位，皇家海军在1625年加的斯远征的行动中，才发现"船上各类辎重都没有按照行军的要求堆放，梯子到了临下船的时候才找到……食物和啤酒消耗殆尽，疫病蔓延至整支舰队，破漏不堪的船只行动起来有气无力"[5]。

与此同时，詹姆斯一世继任以来也并未承袭前朝海事同盟的优良传统，从而在海战中丧失了贵族议员及民间富商的支持。詹姆斯一世竭力营造"大不列颠"（Greater Britain）的观念，并试图将地区忠诚转变为臣民对其所创新联合王权的忠诚。[6] 不难发现，詹姆斯一世深陷绝对君主制的想象之中，

---

[1] Lawrence Stone, "The Armada Campaign of 1588", *History*, Vol.29, No.110 (1944), p.125.

[2] ［英］肯尼斯·摩根：《牛津英国史》，方光荣译，人民日报出版社2020年版，第287页。

[3] ［英］本·威尔逊：《深蓝帝国：英国海军的兴衰（上）》，沈祥麟译，社会科学文献出版社2019年版，第238页。

[4] Lawrence Stone, "The Armada Campaign of 1588", *History*, Vol.29, No.110 (1944), p.133.

[5] ［英］本·威尔逊：《深蓝帝国：英国海军的兴衰（上）》，沈祥麟译，社会科学文献出版社2019年版，第236页。

[6] James Davey ed., *Tudor and Stuart Seafarers: The Emergence of a Maritime Nation, 1485—1707*, London: Bloomsbury Publishing Plc, 2018, p.14.

但此种想象很快就遭遇了现实打击。首先，斯图亚特王朝初期不仅缺乏相应税金以支援海军建设，而且缺乏充足的借贷抵押物——土地。"在无敌舰队时代，伊丽莎白一世有绝佳的机会增设税种，但她……没有去尝试。相反，她通过出售土地来支付战争的费用……结果使国王丧失了借贷的抵押物。"①其次，詹姆斯一世在位时期，"王朝缺乏强制性的力量——没有常备军或有组织的警察部队"；因此在没有外敌渡海入侵且没有岛内冲突的和平时期，国王没有合理理由说服贵族议会批准征税。

绝对主义理想与现实主义困境之间的张力，使詹姆斯一世极易与贵族议会产生矛盾，并试图在摆脱议会及富商的情况下独立进行海军建设并开展海事活动。但这只能造成两种后果。其一，缺乏建设所需的物质基础。尤其在1621年冬季议会召开后，由于议会证实詹姆斯一世年初宣称开战只是虚张声势之举——他仍希望以和谈方式来解决帕拉蒂纳危机，故议员对国王的犹豫不决表示不满；随即，詹姆斯一世声称议员无权讨论外交政策，且其特权来源于王室恩典，并将议员的抗议书从下院日志上愤怒撕下。②显然，由于詹姆斯一世始终秉持着绝对王权的强硬立场，故通过议会渠道筹措战争资金和增强海军实力的传统做法就此告终。其二，过度依赖某位宠臣的建议。这一方面因为詹姆斯一世厌恶贵族议会对王权的限制，另一方面则因为他"喜爱男宠并允许他们干涉重要的政治事务"③。其中，乔治·维利尔斯于1616年取代萨默塞特伯爵罗伯特·卡尔，并在詹姆斯一世逝世前始终操控着他的政治决策。④

但因詹姆斯一世无意关心海军事务，是故贵族议员的撤资与王室官员的乱政并未造成严重后果。直到查理一世改变其父无为而治的海军策略，资金匮乏及代理人危机才对皇家海军的建设活动造成沉重打击。1625年，查理一世在乔治·维利尔斯的辅佐下试图复现伊丽莎白时代的海军荣光。至此，危机逐渐显露于国王政府坚持动用海军力量与议会及富商团体拒绝相应海事计划的矛盾之中。

① ［英］肯尼斯·摩根：《牛津英国史》，方光荣译，人民日报出版社2020年版，第288页。
② Christopher Durston, *James I*, Florence: Taylor & Francis Group, 1993, p.41.
③④ Ibid., p.19.

首先，查理一世自幼养成的航海兴趣与白金汉公爵乔治·维利尔斯借用海军政务实现个人野心的诉求一拍即合。据记载，年幼的查理一世曾受哥哥亨利王子的影响，对海军建设及海外探险产生热情。他于 1625 年继位后，便着手开展一项耗资超过 100 万英镑的造船计划。[1] 此外，不论现实财力高低，查理一世坚持认为"（英国）应提高自身的帝国地位，以确保海岸线不遭受来自海盗、贪婪的荷兰渔船队和外敌的多重威胁"[2]。其中，查理一世对外敌跨海入侵的恐惧仍来自他对无敌舰队的鲜活记忆。[3]

于是渴望建功立业的乔治·维利尔斯利用查理一世的航海热情及国防诉求，在皇家海军战力不足且资金短缺的情况下，贸然远征西班牙港口城市并妄想拦截其"黄金舰队"。尽管英国议会在詹姆斯一世统治末期曾支持国王与西班牙开战，但贵族议员所期待的作战目标及方式均不同于查理时代乔治·维利尔斯所提议并实施的那样。结果，1625 年维利尔斯力主开展的加的斯远征惨淡收场并触怒了议会。议员宣称，如果能撤去白金汉公爵的职务并对他施以惩戒，那么查理一世就能得到批款，但国王却选择解散议会，向臣民征收强制性公债。[4] 显然，乔治·维利尔斯仅把海军建设及海事活动当作实现个人野心的手段。尽管在解救拉罗谢尔胡格诺教徒的远征失败后，维利尔斯遇刺身亡，但他的死亡并未终结反而激化了查理一世与议会的矛盾。[5]

其次，贵族议员及商船所有者皆拒绝支持国王政府以强化王权和宣扬君威为主要目的的海军发展计划，其原因在于这种耗时耗力的建设活动和冒险行为违背了议员及富商的整体利益。对前者来说，绝对王权的强化不利于贵族传统的延续；对后者来说，支援海战不仅无法再像伊丽莎白时代那样获得减免赋税和分享战果的机会，而且胜算也在逐年下降。拉罗谢尔的惨败表明，"查理没有能力撑起一场战争，英格兰的国力已经比不上 16 世纪 90 年

[1] Richard Blakemore, James Davey eds., *The Maritime World of Early Modern Britain*, Amsterdam: Amsterdam University Press, 2020, p.196.

[2][3] Ibid., p.194.

[4] ［英］本·威尔逊：《深蓝帝国：英国海军的兴衰（上）》，沈祥麟译，社会科学文献出版社 2019 年版，第 245 页。

[5] James Davey ed., *Tudor and Stuart Seafarers: The Emergence of a Maritime Nation, 1485—1707*, London: Bloomsbury Publishing Plc, 2018, p.164.

代了"①。

事实上，查理一世认为皇家海军和民间船舶共同组建的传统军事同盟无法强化绝对王权的文化想象和现实力量，而他更乐于打造海上雄主的形象和价格高昂的巨舰。就文化层面而言，查理在维利尔斯辅佐下萌生的海权观念已进一步于"17世纪30年代中后期（具象化为）海上君王的理想"②。他要求作家们在国内外宣扬国王的海洋雄心；其中，"船税"舰队的形象日益成为（知识界）辩争绝对王权合法性时的中心话题。③此外，查理一世还自喻为卡罗琳海王星，并借用其神像元素构造自己海上君王的形象。④

就现实层面而言，查理于继任之初便发动了一系列旨在干预欧洲但构思不周且成本高昂的海陆两栖战事，这些海事活动所引发的政坛危机最终促使其于1629年解散议会并开始长达11年的个人统治时期。⑤此间，查理一世为筹集钱款，不仅采取一系列权宜之计，还将以往适用于紧急状况的"船税"常态化，即自1634年起，国王政府每年都会向沿海（逐渐扩展至内陆的）市镇征收"船税"以资助皇家海军的船舶建设。⑥此外，在造船方面，查理与父兄一样偏爱那些能够凸显斯图亚特王朝恢弘气势和绝对王权的巨舰，并将大笔军费挥霍在此。1637年，"海上君王"号顺利完工。面对这艘巨舰，威尼斯大使安佐洛·科雷尔盛赞其为自己在英所见最大最好的建筑物，且荷兰人日后称其为"金色魔鬼"⑦。巨舰所装载的100多门火炮在炮身皆刻有"查理一世牢握海洋权杖"的字样，且船身铭刻着该船作为王国之船的理想及斯图亚特君主对绝对王权的信念。⑧

然而，"海王星"雕像⑨和"船税"舰队既无法使查理一世获得梦寐以求的海上实力，又无法令其获得贵族议员和民间富商的谅解支持。"1638年，

① ［英］本·威尔逊：《深蓝帝国：英国海军的兴衰（上）》，沈祥麟译，社会科学文献出版社2019年版，第250页。
②③ Richard Blakemore, James Davey eds., *The Maritime World of Early Modern Britain*, Amsterdam: Amsterdam University Press, 2020, p.194.
④ Ibid., p.198.
⑤⑥ James Davey ed., *Tudor and Stuart Seafarers: The Emergence of a Maritime Nation, 1485—1707*, London: Bloomsbury Publishing Plc, 2018, p.164.
⑦⑧ Richard Blakemore, James Davey eds., *The Maritime World of Early Modern Britain*, Amsterdam: Amsterdam University Press, 2020, p.197.
⑨ 查理一世将海王星形象作为打造国王形象的重要元素。

苏格兰人起身反抗查理的统治。由'船税'建造的舰队受命前去围困福斯湾……这是英国自 1382 年以后第一次绕过议会进行战事行动，结果惨败而归……而且当查理竭力应对战争的时候，'船税'又遭到英格兰民众的抵制……英王要想打仗就必须仰赖民众协助。'船税'被视为违宪之举。"①

自诺曼征服而确立的封建传统昭示着查理一世触碰了"王与贵族共天下"的底线，自《大宪章》而萌发的宪政精神昭示着查理一世触碰了"不逾矩"的底线。受制于双重紧箍咒的斯图亚特王朝空怀绝对主义理想，却并无邻国法兰西那般实践绝对君主制的现实条件；继而在模仿和强化都铎王权的道路上，既承袭了前朝的海军弊政，又无力重建国王、贵族与民众的三角海事同盟，最终只能面对海军孱弱、巨舰蒙尘和荣光不复的惨淡结局——数年后与查理一世一同走向断头台的还有他的"海上君王"之梦。17 世纪 40 年代，英国皇家海军以"新模范海军"的名号复出；光荣革命后，皇家海军重新成为英国海外争霸与拓殖的有力支撑。然而，立宪君主制下的英国王室以及此后责任内阁制下的行政中枢，仅将伊丽莎白时代的那场天赐胜利作为英国皇家海军崛起的标志，而对此后半世纪之久的海军建设之困三缄其口，只因都铎王朝末期的权宜之举与斯图亚特王朝的海事活动着实乏善可陈。

---

① ［英］本·威尔逊：《深蓝帝国：英国海军的兴衰（上）》，沈祥麟译，社会科学文献出版社 2019 年版，第 260—261 页。

英国经济史研究

论英国工业化时期的实物工资问题及其治理

方志华[*]

　　劳动力是社会生产要素的主要组成部分，劳动力与资本、技术结合共同推动社会生产力的发展。劳工通过付出劳动获得工资报酬，工资的本质是劳动力价值或价格的体现。从支付形式看，工资可分为货币工资与实物工资。在现代社会，得益于货币经济的发展，工资报酬主要以货币支付。但英国资本主义经济发展的高潮时期——工业化时期，在货币经济趋于繁荣的情况下，存在大量雇主以实物工资而非货币工资的形式支付劳工的报酬，变相剥削劳工，未能做到工资报酬与劳动力价格相符。当时接受实物工资的劳工人数众多，据政府的调查统计，"到 1871 年，有超过 50 万人依靠实物工资为生"[①]。实物工资制的盛行引发恶劣的社会影响，实物工资问题由此成为当时突出的社会问题。

　　国外学术界对英国工业化时期的实物工资问题已有研究，但更多聚焦于实物工资立法[②]，对这一问题的来龙去脉缺乏全面的梳理。而国内在探究英国工业化时期的工资问题时，主要考查劳工的实际工资、工资与生活水平的

---

[*]　方志华，南京大学历史学院、中国南海研究协同创新中心博士研究生。

[①]　Christopher J. Frank, "Truck or Trade? Anti-Truck Associations and the Campaign against the Payment of Wages in Goods in Mid-Nineteenth-Century Britain", *Historical Studies in Industrial Relations*, Vol.27—28, Issue 1 (2009), p.9.

[②]　Christopher Frank, *Workers, Unions and Payment in Kind: The Fight for Real Wages in Britain, 1820—1914*, London: Routledge, 2019; George W. Hilton, *The Truck System, Including a History of the British Truck Acts, 1465—1960*, Cambridge: W. Heffner and Sons, Ltd., 1960; G. W. Hilton, "The Truck Act of 1831", *The Economic History Review*, New Series, Vol.10, No.3 (1958); G. W. Hilton, "The British Truck System in the Nineteenth Century", *Journal of Political Economy*, Vol.65, No.3 (1957); Elaine Tan, "Scrip as Private Money, Monetary Monopoly, and the Rent-Seeking State in Britain", *The Economic History Review*, Vol.64, No.1 (2011).

变化①、工资问题与劳资冲突、工资政策②等议题，对实物工资问题仅略有提及。基于此，本文将对英国工业化时期的实物工资问题进行系统的考察，在厘清实物工资制的根源、特点及影响的基础上，重点探讨政府对实物工资问题的治理，以期加深学术界对英国工业化转型的认识。

一、实物工资制盛行的根源

作为工业化时期一种较为普遍的经济现象，以往学术界对实物工资制的认识主要将其视为雇主剥削工人阶级的产物。但事实往往更加复杂，实物工资制的盛行既受到当时社会经济环境的影响，也与雇主的经营策略有关。原因主要有以下几方面。

第一，币制改革落后是导致实物工资制盛行的重要客观原因。工业化时期，英国的币制改革未能跟上经济发展的步伐，引发货币供给不足与面额不当的问题。从货币供给看，工业化初期，英国交易领域面临严重的货币供不应求的问题。工业经济的发展、商业的繁荣、市场交易规模的扩大都对货币产生了前所未有的需求，但政府未能发行足够的货币以满足市场需要，由此引发了货币供不应求的问题。正如英国史学家格雷格所指出的："在工业革命初期，人们感到支付工资的现金严重短缺。当主要以实物支付的农业劳动者变成以周薪支付的工厂工人时，对货币的需求显然大大增加。贵金属即使辅以英格兰银行发行的纸币，也是不够的。"③货币供不应求直接导致雇主手中缺乏足额的现金进行交易，因此，雇主以实物或私人发行的票据支付工资便成为常态。

此外，小额货币短缺也加剧了实物工资制的盛行。工业化时期币制改革落后导致现行货币难以满足交易需要。当时货币面额过大而劳工工资较低，

① 徐滨：《工业革命时期英国工人的实际工资》，《世界历史》2011 年第 6 期；徐滨：《工业革命时代英国农业工人的工资与生活水平》，《首都师范大学学报（社会科学版）》2011 年第 3 期；胡放之：《英国工业革命时期的劳动力市场与工资水平》，《湖北大学学报（社会科学版）》2004 年第 3 期。
② 柴彬：《英国工业化时期的工资问题、劳资冲突与工资政策》，《兰州大学学报（社会科学版）》2013 年第 2 期。
③ Pauline Gregg, *A Social and Economic History of Britain, 1760—1965*, London: George G. Harrap Co. Ltd., 1965, pp.116—117.

面额最低的货币尚不足以满足劳资间的基本经济交易。"创造货币替代品的动力源于缺乏小面额的官方货币。人们经常抱怨货币不足,到 1826 年,最小的纸币是 1 英镑,后来被进一步提高到 5 英镑。当时,产业工人的每周平均工资低于 1 英镑。"[①] "随着小额钞票越来越少,用公司商店的购物票支付劳动报酬变得越发普遍。"[②] 可以说,小额货币短缺同样影响劳资间的经济交易,实物工资制在一定程度上是雇主为克服货币问题所实施的无奈之举。正如道尔顿所言:"以市场为导向的消费模式的推广依赖于现金工资的替代……小额货币的普遍短缺和流动性问题意味着工厂老板经常面临支付现金工资的困难,因此雇主不得不支付给劳工实物工资。"[③]

第二,雇主变相节约开支、减少对资本的需求也是实物工资制盛行的重要原因。英国工业化时期,工业经济的发展包括厂房的建设、机器原料的购买等都需要大量资本。在自身资金不足的情况下,雇主获取资本的方式可谓多元多样,既通过向各类银行借贷获得资本,也通过自身的积累减少对资本的需求。研究表明,工业革命初期,英国工业部门资本需求不大,主要是通过自身积累完成的,而非通过强化投资实现……工业资本构成中,流动资本占较大比重。雇主在追求利润最大化的过程中尽可能地减少对流动资本的需求。一方面是尽可能使用廉价劳动力,另一方面是采用拖欠工资或发放实物工资的方式。[④] 工资是流动资本的重要组成部分,推行实物工资以减少支出是降低资本需求的重要手段。

关于实物工资制的实质,也有学者将之看作雇主向劳工借贷。例如,道尔顿认为:"在 18 世纪,雇主通常需要 6—18 个月的长期信贷来获得原材料;但从 1815 年开始,信贷期限缩短;到 19 世纪 30—40 年代,转变为 2—4 个月。劳动力成为成本中最灵活的项目,企业家实际上通过发放实物工资、延

---

① Elaine Tan, "Scrip as Private Money, Monetary Monopoly, and the Rent-seeking State in Britain", *The Economic History Review*, Vol.64, No.1 (2011), p.240.
② G. W. Hilton, "The Truck Act of 1831", *The Economic History Review*, New Series, Vol.10, No.3 (1958), pp.471—472.
③ M. J. Daunton, *Progress and Poverty: An Economic and Social History of Britain, 1700—1850*, Oxford: Oxford University Press, 1995, p.179.
④ 舒小昀:《英国工业革命初期资本的需求》,《世界历史》1999 年第 2 期。

迟支付工资、使用代币而非现金，从工人那里获得信贷。"① 这种观点值得商榷。19世纪初期信贷期限的缩短导致雇主获取资本的压力增大，在生产单位内部减少开支的愿望增强。由此，雇主大力推行实物工资制来缓解压力。但雇主的这一行径并非在向劳工借贷，因为劳工群体不仅无法从中获取回报，而且饱受其苦。相反，雇主通过推行实物工资制，既削减了开支、减少了获取资本的压力，又实现了利润最大化的目标，其实质是资本家对劳工的剥削。

第三，工作场所地理位置偏远、雇主加强管理控制的需要等因素也助长了实物工资制的盛行。在部分行业，由于生产场所地理位置偏远，零售业不发达，推动了公司商店的兴起，煤矿业表现得尤为明显。英国学者米切尔认为："至少在某些地区，由于以前人烟稀少的区域开设了矿山，缺乏成熟的零售商，物物交换受到了鼓励。在这些地方，为了吸引劳动力，公司商店几乎和公司建造的房屋一样必不可少。不过应该指出的是，劳工是被迫与煤矿商店打交道的，不仅仅是为了便利而存在，它促成了实物工资制度。"② 可以说，公司商店既解决了劳工消费不便的问题，也有助于雇主避开立法干预，继续以实物工资制剥削劳工。

实物工资制也是雇主加强管理控制的一种表现。工业化时期，部分获得现金工资的劳工往往在休息日酗酒或进行其他"奢侈"消费，酒后一度引发暴力冲突，这既影响社会治安，也冲击随后正常的生产秩序。"这种技术，加上在煤矿商店强制使用，有时是作为一种手段，通过限制发薪日收到的现金数量，减少发薪日的酗酒现象，从而提高劳动力的效率。"③ 可以说，雇主推行实物工资制意在控制劳工的消费，进而达到稳定生产的目的。

二、实物工资制的特点

实物工资是指以实物而非货币形式支付劳动报酬。这一工资支付形式由

① M. J. Daunton, *Progress and Poverty: An Economic and Social History of Britain, 1700—1850*, Oxford: Oxford University Press, 1995, p.247.
②③ B. R. Mitchell, *Economic Development of the British Coal Industry, 1800—1914*, Cambridge: Cambridge University Press, 1984, pp.235—236.

来已久，在货币经济不发达的时代，人们进行物物交换或以特定商品充当一般等价物进行交易，因此实物工资是常见的经济现象。但进入工业化时期，在货币经济趋于繁荣的情况下，英国经济领域实物工资制的盛行成为一种特殊的历史现象，令人深思。梳理实物工资制的特点，有助于认清其本质。实物工资制有以下三个方面的特征。

其一，脱离现金交易是实物工资制的基本特征。从劳动报酬支付的过程看，实物工资制主要有两种表现形式。一种是雇主直接以实物或货物支付劳工的部分或全部劳动报酬，包括工厂生产的商品、日常生活消费品等。例如1830年，斯塔福德郡谢尔顿地区的一个陶工威廉·伯奇（William Birch）表示，过去一年他都在按合同工作，每周工资12先令。雇主强迫他接受实物工资而非货币工资，包括面粉、奶酪、培根、牛肉和鞋子，这些商品构成其工资总额的75%。[①] 另一种是雇主以有偿票据向劳工支付工资，这些票据可在雇主开设或与雇主合作的公司商店购买商品。这两种支付方式本质上都是在推行实物工资制。尽管以有偿票据支付劳动报酬似乎并非施行实物工资，但事实上这是实物工资制的隐蔽形式。公司票据不像当今的支票，并未得到官方认可，也不能在金融机构中兑换成相应的货币，仅能在雇主认定的公司商店中兑换商品。从劳动报酬的内容看，实物工资也存在两种情况。"一是劳工得到的报酬是其实际生产的一部分，不管这些产品是否适合需要，劳工可用之换取自身可能真正需要或渴望的任何东西，如食物、饮料、衣服、燃料或住所。二是劳工得到的报酬并非自身生产出来的产品，而是其需要消费的东西，这些商品的费用与应得的工资相抵消。"[②] 无论何种情况，实物工资制的本质都在于避免使用官方认定的货币或现金支付劳动报酬。由此，雇主兼具生产商和销售商两种角色，不但在生产领域控制了劳工，而且在消费领域同样主导了劳工的生活。

其二，实物工资制是雇主强制下推行的产物。工业化时期，劳工在订立

---

① Christopher Frank, *Workers, Unions and Payment in Kind: The Fight for Real Wages in Britain, 1820—1914*, London: Routledge, 2019, p.1.

② International Labour Office, *Protection of Wages, Standards and Safeguards Relating to the Payment of Labour Remuneration*, 2003, p.52.

雇佣合同的过程中往往处于被动地位，对于工资报酬的支付，劳工群体也缺乏相应的话语权。希尔顿指出，实物工资有两种形式，一是劳工在雇佣过程中被迫接受估价过高的商品（大多为日常生活用品）作为工资报酬，或被迫以不利条款与公司商店打交道；二是当需要预支工资时，劳工往往不能获得现金工资，而是从雇主手中领取一种被称为公司票据的代金券①，它可以用来交换公司商店的生活用品，其结果是劳工最终被迫与公司商店打交道。② 无论是何种支付形式，劳工都是在被迫接受实物工资。实物工资制度下，劳工的消费也受到严重限制。1832 年工厂童工委员会（The Committee on Factory Children's Labour of 1832）的调查表明："劳工往往是被迫在雇主的要求下花掉部分工资，如果劳工不在公司商店花掉部分工资，他们就有失业的危险。"③ 劳工的生产消费都受到控制，这加深了劳资间的依附关系。

实物工资制得以强制推行有着深层次的原因，劳资政治、经济地位的不平等是造成这一"腐败制度"的重要根源。工业化时期，在经济领域，雇主不仅在生产管理上占据主导地位，工资高低的确定、工资以何种形式发放等问题往往由雇主单方面决定，还充分运用了劳动力之间的竞争——劳工如果拒绝实物工资制将意味着失业。而在政治领域，1832 年议会改革仅仅让中产阶级获得了选举权，广大的劳工群体被排除在议会之外，政治上的失衡也加剧了经济上的不平等。

其三，实物工资制在经济生活中广泛分布。英国工业化时期，实物工资构成部分劳工名义工资的重要组成部分。"理论上，名义工资即工人所接受的货币工资，但在英国工业化时期的社会现实中，由于有些雇主支付的报酬一部分是货币，一部分是实物，故这种情况下的名义工资就是货币工资加上实物折算的货币量。"④ 从区域分布看，实物工资制在英格兰、威尔士、苏格兰的各个区域广泛存在。"到 1854 年，在公司商店中用实物支付报酬的制

---

① Waldo R. Browne, *What's What in the Labor Movement: A Dictionary of Labor Affairs and Labor Terminology*, New York: B. W. Heubsch, Inc., 1921, p.496.

② G. W. Hilton, "The Truck Act of 1831", *The Economic History Review*, New Series, Vol.10, No.3 (1958), p.470.

③ Pauline Gregg, *A Social and Economic History of Britain, 1760—1965*, London: George G. Harrap Co. Ltd., 1965, p.123.

④ 徐滨：《工业革命时期英国工人的实际工资》，《世界历史》2011 年第 6 期。

118

度集中在南威尔士、南斯塔福德郡和苏格兰西部的煤炭和钢铁工业，但绝不仅限于这些地区。19世纪中期，实物工资制在诺丁汉郡、沃里克郡、德比郡、莱斯特郡和约克郡的部分地区也有使用。"[1]1854年，受内政部委派，约翰·希尔·伯顿（John Hill Burton）曾调查苏格兰的实物工资制，他指出："前几十年实物工资制广泛存在于拉纳克郡、埃尔郡、斯特灵郡、林利斯戈郡、西法夫郡以及中洛锡安郡。"[2]可见，实物工资制的推行绝非少数地区的个例，而是一种较为普遍的经济现象。

从行业分布来看，实物工资制也盛行于各行各业，包括煤矿、钢铁、运输、建筑等。煤矿及钢铁行业的劳工是遭受实物工资制剥削的主要工人群体，恩格斯指出："资产阶级破坏了煤矿工人的健康，使他们每小时都有生命的危险，并剥夺了他们受教育的任何机会，但他还不满足，他还用最无耻的方式来剥削他们。实物工资制在这里不是例外，而是常规，并且是明目张胆地实行的。"[3]1852年，一名矿山检查员的报告以详细的数据展现出实物工资制的"盛况"："斯塔福德郡18家最大的矿业和钢铁公司、蒙茅斯郡和格拉摩根郡17家最大的煤矿和钢铁公司中的12家都拥有实行实物工资制的商店，与8年前相比有了显著增长。仅在比尔斯顿，就有超过11家公司商店向工人发放实物工资。"[4]可见，英国的大中小企业都存在实施实物工资的情况。在运输业，实物工资制的现象同样存在。根据1846年《铁路工人的议会报告》(The Commons Report on Railway Labours)，"在联合王国的运河和铁路上，实物工资制度一直保持着旺盛的活力"[5]。在农业中更是常态："在生产苹果酒的各郡，尤其是赫里福德郡和德文郡，农业工人以苹果酒作为报

① Christopher J. Frank, "Truck or Trade? Anti-Truck Associations and the Campaign against the Payment of Wages in Goods in Mid-Nineteenth-Century Britain", *Historical Studies in Industrial Relations*, Vol.27—28, Issue 1 (2009), pp.8—9.

② Christopher Frank, "The Sheriff's Court or the Company Store: Truck, the Arrestment of Wages, and Working-Class Consumption in Scotland, 1837—71", *Labour History Review*, Vol.79, No.2 (2014), p.141.

③ ［德］恩格斯：《英国工人阶级状况》，中共中央马克思恩格斯列宁斯大林著作编译局译，人民出版社1956年版，第540页。

④ Christopher J. Frank, "Truck or Trade? Anti-Truck Associations and the Campaign against the Payment of Wages in Goods in Mid-Nineteenth-Century Britain", *Historical Studies in Industrial Relations*, Vol.27—28, Issue 1 (2009), p.9.

⑤ Francis A. Walker, *The Wages Question: A Treatise on Wages and the Wages Class*, New York: H. Holt and Company, 1876, p.329.

酬，价值占其工资总额的 20%—50%······虽然在矿区和制造业地区反对实物工资制的法律是如此严格，但农业劳动阶级却完全听任雇主的摆布。没有一种消费品比苹果酒更容易掺假，因此也没有一种消费品比实物工资制下的买方更容易被卖方欺骗。"① 可见，实物工资制普遍盛行于各行各业。

三、实物工资制的社会影响

工业革命时期，工业经济的快速发展、市场交易规模的扩大都使得货币交易成为大势所趋，而实物工资制的广泛盛行抵制了货币经济的增长，可谓与社会的发展方向相背离。这不仅对劳工群体，而且对整个社会经济的秩序都将产生广泛的负面影响，主要有以下几个方面。

首先，实物工资制变相降低了劳工的工资水平，加剧了工人阶级的贫困。直接发放实物工资的行为容易引起劳工的反对，越来越多的雇主转而采用设立公司商店、发行公司票据的方式支付报酬，事实上，其本质还是在推行实物工资。众多证据表明，雇主在这一过程中变相减少了工资支出，间接剥削了劳工。克拉潘指出："在 19 世纪 40 年代，尽管有威廉四世的实物工资制条例和很多先驱条例，但实物工资制的工资支付在某些行业和地方还一直无异于给名义工资打一折扣。"② 所谓名义工资被打折扣，是指雇主在公司商店中售卖的商品往往估价高于市场上的同类商品，且质量较为低劣。"在 19 世纪的不同时期，研究人员对以不同价格出售的产品的可靠性进行了比较，如公司商店和当地的零售商店，估计前者的价格要高出 10% 到 150%。"③ "在煤矿业，实行实物工资制的商店，其商品价格并不便宜。在黑乡，一些雇主利用 1816 年的萧条向劳工支付实物工资，其公司商店商品的索价高于市场价格的 15%—20%。此后一些年份，这一情况并未发生改变。

① Edward Spender, "On the 'Cider-Truck' System in Some Parts of the West of England", *Journal of the Statistical Society of London*, Vol.27, No.4 (1864), p.526.

② ［英］克拉潘：《现代英国经济史（中卷）》，姚曾廙译，商务印书馆 1986 年版，第 576 页。

③ Christopher J. Frank, "Truck or Trade? Anti-Truck Associations and the Campaign against the Payment of Wages in Goods in Mid-Nineteenth-Century Britain", *Historical Studies in Industrial Relations*, Vol.27—28, Issue 1 (2009), pp.5—6.

以熏肉为例，当地公司商店每磅熏肉的零售价格为 8 便士，且质量一般，而在其他商店，一磅质量绝佳的熏肉仅需 6 便士。"[①]

雇主通过公司商店中的销售差价减少了劳工的报酬，劳工的工资始终处于较低水平，其遭受的剥削更加严重，由此进一步加重了工人阶级的贫困。E. P. 汤普森认为："织袜工一方面要付机租，另一方面还有各式各样的剥削——如削减工资（扣工资、实物工资等）。在两面夹击之下，可怜的针织工被耗干了。"[②] "实物工资毫无疑问会损害劳工的利益。证据来自 1871 年的实物工资委员会……布鲁克斯先生……一位支付货币工资的雇主指出，那些受其支配的人是一个非常低下和堕落的阶层。"[③] 实物工资直接降低了劳工的实际工资水平，进而导致工人阶级生活水平的恶化。

其次，实物工资制激化了劳资矛盾，加剧了劳资对抗。实物工资制是工业化时期劳资关系恶化的重要导火索。哈蒙德夫妇指出："在英格兰中部和威尔士的煤矿和钢铁厂，雇主们在很大程度上通过他们的公司商店支付工资，这种滥用尤其明显。这种制度是地区生活中造成敌意和不满的长期根源，它毒害了劳资间的关系，破坏了对支付工资的一切计算，因此工人们感到在每一次争端中雇主们都在欺骗公众，声称工人们享受着充足的工资和长期的工作。"[④] 劳工群体的不满日益增长。"从 1825 年到 1830 年，在斯塔福德郡陶罐厂、格洛斯特郡、约克郡、南威尔士以及其他地方都有关于实物工资制的投诉或抱怨。"[⑤]

心理上的不满最终转化成劳资双方的直接对抗，围绕实物工资的纠纷，劳工发起了一系列罢工。例如，1816 年，南威尔士爆发了矿工针对公司商店的骚乱和掠夺，促使蒙茅斯郡的治安法官要求禁止在矿区用商品支付工资。1822 年，阿伯加文尼的矿工罢工期间爆发了一场旨在反对削减工资和废除实

① John Benson, *British Coal-Miners in the Nineteenth Century: A Social History*, New York: Holmes & Meier, 1980, p.75.

② ［英］E. P. 汤普森:《英国工人阶级的形成》，钱乘旦等译，译林出版社 2001 年版，第 644 页。

③ "The Truck System and the Truck Act 1831", *Holdsworth Law Review*, Vol.3, No.2 (1975—1976), p.21.

④ J. L. Hammond and Barbara Bradby Hammond, *The Town Labourer, 1760—1832: The New Civilisation*, London: Longmans, Green and Co., 1920, p.67.

⑤ G. W. Hilton, "The Truck Act of 1831", *The Economic History Review*, New Series, Vol.10, No.3 (1958), p.72.

物工资制的骚乱。1831 年东北部煤田爆发的大罢工也是源于要求就业保障、禁止煤田中的实物工资制以及有关童工的问题。[1] 可见，实物工资问题涉及工人阶级的核心利益，始终是工业化时期劳资博弈的重要内容。

最后，实物工资制阻碍了官方货币的流通，削弱了市场的活力。以公司票据形式支付劳动报酬是实物工资制的重要标志，这一支付手段在工业化时期的经济交易过程中扮演重要角色。"临时凭证是可以在公司商店购买商品的本票，是雇主为支付工人工资而发行的一种票据，构成工业革命时期英国货币的重要组成部分。直到 19 世纪后半叶，煤矿公司发行的代币意味着放弃对官方货币的需求，它至少占英格兰或苏格兰发行纸币价值的 9%—24%。在一些地区，临时凭证占工资总额的 38%。"[2] 在未得到官方认可的情况下，虽然单个雇主向劳工支付报酬时采用自身发行的"货币"只是小范围的流通，但实物工资制在整个经济领域的盛行导致大量交易放弃使用官方货币。

这些交易行为严重冲击官方货币的主导地位。伊莱恩·坦指出："实物工资制以两种方式削弱了主导货币，以货物或代币形式支付工资减少了雇主对主导货币的使用，在公司商店外流通的临时凭证是对法定货币的替代。"[3] 可见，实物工资制削弱官方货币的主导地位，抑制了货币的流通。从深层次看，货币流通的减少只是表层现象，本质上实物工资制抑制的是劳工的消费，并最终阻碍了需求这一拉动经济增长的马车，市场的活力也因此遭到削弱。归根结底，雇主滥用实物工资制逃避现金交易、通过公司商店迫使劳工接受质次价高商品的行为破坏了市场秩序，使得市场交易、市场竞争的公平性成为空谈。

四、政府对实物工资问题的立法干预

实物工资制的盛行造成诸多负面影响，尤其损害劳工、零售商、政府的利益，导致社会不满日益增长。在各方的呼吁和推动下，实物工资问题逐渐

---

[1] ［英］E. P. 汤普森：《英国工人阶级的形成》，钱乘旦等译，译林出版社 2001 年版，第 222 页。

[2] Elaine Tan,"Scrip as Private Money, Monetary Monopoly, and the Rent-Seeking State in Britain", *The Economic History Review*, Vol.64, No.1 (2011), p.237.

[3] Ibid., p.240.

得到重视。英国政府不仅启动了三次大规模的议会调查（1842年、1854年、1871年），还推动了一系列实物工资法的出台。政府对实物工资问题的立法干预大体经历三个阶段。

第一阶段，从近代早期至19世纪初期，是立法干预的初始阶段。事实上，英国政府对实物工资问题的关注由来已久，英王爱德华四世曾颁布禁止发放实物工资的法令。"此前，在制衣业中，工人们被迫通过收取别针、腰带和其他无利可图的商品作为工资，其价格远远低于原来的水平。因此，我们规定，从圣彼得节起，凡是制衣商，无论男女，都必须向织布工人、未婚女性和上述行业任何部分的其他劳动者发放合法的现金，以支付他们的合法工资。"① 这是政府首次对实物工资实施禁令，主要适用于毛织品制造业。此后，禁止实物工资的法定原则被逐步扩展到其他行业。1779年，花边制造业的实物工资制被禁止。"鉴于以货物而不以货币支付花边制造业中雇员工资之一部分或全部的惯例，对于上述人员造成严重的损害，并有阻碍该工业的危险……初犯，处以10镑的罚金；再犯，处以6个月的监禁。"②

截至19世纪初，政府多次颁布或重申实物工资禁令。"议会在1465年首次禁止用货物支付工资，到1820年，已经立法反对或重申了一些早期的禁令，至少有24次。"③ 工业化时期以来，雇主对实物工资制的滥用越发严重，政府颁布相关禁令的频次也越来越高。乔治二世在位期间，共5次颁布禁令（1740年、1749年、1756年、1757年、1758年）。到乔治三世执政时，颁布禁令的次数上升至7次（1770年、1777年、1779年、1803年、1807年、1817年、1818年）。初始阶段，政府对实物工资问题的认识不够全面，仅仅将其看作一种短暂而局部性的现象，对实物工资的法律监管更多表现为针对不同行业的零散立法。在这种情况下，实物工资治理的成效十分有限，随着18—19世纪工业经济的发展，实物工资愈演愈烈，且屡禁不止。

第二阶段，大致从19世纪30年代至80年代，是立法干预的发展阶段。

① Francis A. Walker, *The Wages Question: A Treatise on Wages and the Wages Class*, New York: H. Holt and Company, 1876, p.326.
② ［法］保尔·芒图：《十八世纪产业革命》，杨人楩等译，商务印书馆1983年版，第401页。
③ G. W. Hilton, "The British Truck System in the Nineteenth Century", *Journal of Political Economy*, Vol.65, No.3 (1957), p.237.

进入工业革命的高潮时期，对实物工资制的滥用越发严重，社会不满此起彼伏。"据称，从拿破仑战争结束到 19 世纪 50 年代初，对实物工资制度的投诉和抱怨达到顶峰。"[1] 要求加强管制、进行立法改革的呼声不断高涨。作为滥用实物工资制的"重灾区"，斯塔福德郡民众的呼声最高，在当地议员利特尔顿的积极推动下，议会最终出台《1831 年实物工资法》。

该法废除以往零碎的立法，以一部总体性的法律来管理实物工资问题，要求："所有向劳动者支付报酬的合同都必须使用联合王国现行的货币，且所有支付都必须以相同的方式进行。以实物形式支付工资是非法的、无效的，雇员可以收回非法行径前 3 个月的工资报酬。雇主不得采取行动要求收回代替工资或因工资而交付的货物的价值，也不得要求雇员在收回工资时以所付货物的价值进行抵销。只要雇员同意，在工作场所 15 英里范围内，用纸币或持照银行的汇票支付工资是合法的。第一次违法的罚款为 5 英镑—10英镑，第二次违法的罚款为 10 英镑—20 英镑，第三次处以不超过 100 英镑的罚款。"[2] 可见，禁止实物工资、支付货币工资是《1831 年实物工资法》的基本原则，雇主违反法律时主要处以民事处罚。

从治理成效来看，《1831 年实物工资法》以一部总的立法取代早期零零碎碎的立法，加强了政府对实物工资问题的干预。但该法也存在很大的局限性，一方面，法案保障的行业和区域范围比较有限，雇主对工资所做的肆意扣减也未得到约束，劳工工资并未得到全面彻底的保障。"它只适用于具体列出的行业，包括采矿、钢铁制造、陶瓷、纺织、花边制造和刀具行业；家仆、农业工人、临时工、铁路工人等新的职业被排除在保障之外，爱尔兰劳工的工资也不在保障范围内。只要它们是已签署的协议的一部分，雇主为医疗、燃料、设备和租金所做的工资扣减仍然是合法的。"[3] 另一方面，缺少专门机构执行法案规定，受侵害的劳工不得不自己发起对违法雇主的诉讼。但

① "The Truck System and the Truck Act 1831", *Holdsworth Law Review*, Vol.3, No.2 (1975—1976), p.20.

② G. W. Hilton, "The Truck Act of 1831", *The Economic History Review*, New Series, Vol.10, No.3 (1958), p.475.

③ Christopher J. Frank, "Truck or Trade? Anti-Truck Associations and the Campaign against the Payment of Wages in Goods in Mid-Nineteenth-Century Britain", *Historical Studies in Industrial Relations*, Vol.27—28, Issue 1 (2009), pp.3—4.

劳工或有心无力或迫于就业压力而放弃诉讼，法案得不到执行，治理效力大打折扣。正如弗兰克所言："《1831年实物工资法》最大的弱点在于，没有一个公共机构被赋予执行其规定的责任。这些制钉工人害怕提起诉讼会失去工作。由此，到1865年，黑乡手工制钉行业仍有超过一半的制钉工人通过实物收取劳动报酬。"[①] 在《1831年实物工资法》颁布后的几十年里，实物工资制仍广泛存在于各行业各区域。1869年《泰晤士报》的报道指出："拉纳克郡可耻地逃避了《1831年实物工资法》。不久之后，内政大臣也承认苏格兰存在广泛而系统违反《1831年实物工资法》的行为。到1871年，政府估计仍有40%的苏格兰矿工接受了部分实物工资。"[②] 可以说，在19世纪中叶前后，实物工资问题仍未得到有效解决。

第三阶段，19世纪末期，在新自由主义思潮的影响下，英国政府积极进行国家干预，强化对劳工工资报酬的保障是其中的重要组成部分，一系列新的举措得到推行。1887年，英国政府对《1831年实物工资法》进行修订，颁布《1887年实物工资法》(*Truck Act of 1887*)。新法案的进步性表现在：一方面，破除了先前立法的行业限制，将其保障的范围扩展到除家仆以外的所有体力劳动者；另一方面，针对先前立法执行效力有限的问题，指定了专门人员负责《1887年实物工资法》相关条款的贯彻实施。"《1887年实物工资法》的作用主要是扩展和加强《1831年实物工资法》建立的保护结构，所做的最重要的事情是废除了1831年法案涵盖的行业清单，取而代之的是将立法适用于除家庭佣人或仆人以外的几乎所有从事体力劳动的雇员。一个重要的补充是，工厂和矿山视察员负有在工厂、车间和矿山执行该法案的责任。"[③] 不得不说，1887年的改革有效克服了以往立法的缺陷，为根除实物工资制奠定制度基础。

此外，针对雇主肆意扣减工资、侵害劳动报酬的行为，英国政府颁布《1896年实物工资法》(*Truck Act of 1896*)，对雇主从工资中的扣费行为作出

---

① "The Truck System and the Truck Act 1831", *Holdsworth Law Review*, Vol.3, No.2 (1975—1976), p.21.

② Christopher Frank, "The Sheriff's Court or the Company Store: Truck, the Arrestment of Wages, and Working-Class Consumption in Scotland, 1837—71", *Labour History Review*, Vol.79, No.2 (2014), p.142.

③ Ministry of Labour, *Report of the Committee on the Truck Acts*, London: Her Majesty's Stationery Office, 1961, p.4.

规制。法案"旨在确保工人被告知其对任何此类扣减的责任和事实，以及扣减的数额是公平合理的"①。法案规定，合法的扣费主要包括：违反工作纪律（工作玩忽职守以及肆意停工等）的罚款，因不良工作或对雇主原料、工具、设备造成损害的赔偿（损坏雇主财产），雇主提供材料、照明、热量等服务的扣费。②《1896年实物工资法》削减了雇主支配劳工工资之权，禁止雇主肆意扣减工资的行为，政府在保障工人阶级劳动报酬上又迈进一步。

在整个工业化时期，实物工资问题始终是英国社会的"痼疾"，政府的立法干预持续了漫长的历程，先后出台多部实物工资法进行治理，加上劳资立法的完善、市场交易手段的改进、劳资关系领域集体谈判制的演进、工会运动的长期斗争等的助力，实物工资制大规模盛行的土壤不复存在。到19世纪末，实物工资问题基本得到解决。

五、结语

18—19世纪，英国社会经历了从传统到现代的转型。随着工业化的推进，以往家庭作坊、手工工场式的生产向机器大工业让步。大量劳工失去了独立工人的身份，成为工资劳动者，工资成为工人阶级生活的主要来源。但实物工资制的广泛盛行导致劳工收入得不到保障。工业化时期雇主推行实物工资制侵犯了劳工的劳动报酬权及自由消费权，且深层次上侵害了劳工基本生存的权利，进而影响社会的稳定。对实物工资问题的治理构成近代英国劳资关系治理的重要组成部分，彼时劳资双方地位不对等，在资强劳弱的产业力量格局之下，劳资双方缺乏平等对话的机会，政府对实物工资问题的立法干预为劳工收入提供了一定程度的保障，缓和了劳资矛盾，从而为英国的工业化转型提供了一个相对和平的环境。

---

① Ministry of Labour, *Report of the Committee on the Truck Acts*, London: Her Majesty's Stationery Office, 1961, p.5.
② P. R. N. Sinha, Indu Bala Sinha, and Seema Priyadarshini Shekhar, *Industrial Relations, Trade Unions, and Labour Legislation*, Noida: Pearson India Education Services Pvt. Ltd., 2017, pp.413—414.

共和时期英国海军短期债券发行问题研究

李　昂 [*]

一、海军短期债券发行的时代背景

共和政府建立之前，在英国人的普遍认知中，海军是一个能够自负盈亏的存在：海军开拓和保护贸易航线，贸易提供的关税收入则供给海军的开销。如果对海军的期待更高一些的话，那么海军往往会与暴利的投机活动联系起来，就像英国海盗成功劫掠西班牙运宝船的传奇经历那般。[①] 长期以来，英国海军的资金来源只有一个，那就是关税收入，当然可能有一些特例，如查理一世时期征收的"船税"。

以关税收入维持海军，对传统的沿岸防御型海军或许是可行的，但是对于一支正在向近代化远洋舰队转型的海军来说就有些捉襟见肘了，而共和时期的英国海军恰巧就处于转型的关键阶段。

共和国建立之后，英国海军的行动并没有随着内战的结束而终止：苏格兰、爱尔兰、锡利群岛盘踞着的保王党残部需要海军参与清剿，逃往国外的保王党舰队也需要海军进行追捕。在保王党的威胁不复存在之后，共和政府又因《航海条例》(*Navigation Act*) 卷入与荷兰的冲突 [②]。在荷兰海军的核心

---

* 李昂，南京大学历史学院硕士研究生。

① Thomas Middleton, "The Voyage of the Vineyard in 1603", in K. R. Andrews ed., *English Privateering Voyages to the West Indies 1588—1595*, Cambridge: Cambridge University Press, 1959, p.339.

② Steven C. A. Pincus, *Protestantism and Patriotism: Ideologies and the Making of English Foreign Policy, 1650—1668*, Cambridge: Cambridge University Press, 1996, pp.129—131.

127

人物马顿·特罗普于斯赫维宁根海战中阵亡[1]，英国海军取得决定性胜利之后，克伦威尔又固执己见地发动与西班牙的战争，他给出的理由是"对天主教的胜利就是自身存在的意义和自己能给上帝的最大的奉献"[2]，当然其中或多或少还会有一些英国海军能够成功捕获西班牙运宝船以弥补财政亏空的侥幸心理。针对敌人的历次海上行动，再加上自 1607 年开拓第一块北美殖民地以来英国商业资产阶级对跨洋贸易的展望，所有这些无不呼吁着英国海军的转型——规模更大、航程更远、火力更强。

事实上，代表商业资产阶级利益的共和政府一直都在不遗余力地支持英国海军向近代化方向的转型：到 1660 年查理二世复辟之时，英国海军的规模已经在共和国成立之初的基础上又扩大了一倍之多，新增的船只大多是适用于远洋作战的新型船只。1652 年的《战争法与海洋法》(Laws of War and Ordinances of the Sea)对海军的纪律进行规范[3]，并规定此后舰队作战需要以"战列线"这一新兴方式来进行。粮食委员会和伤病委员会的成立使海军部中出现了负责食物供应和伤员安置的专门机构，海军的后勤补给特别是在远洋作战时的后勤补给得到更多的保障，海军的人员补充也得到一些制度性的支撑。

落实各种近代化措施所需的资金仅靠关税收入来支撑是远远不够的，更何况共和政府在关税收入方面本来就存在一些棘手的问题。由于关税收入的多少与贸易总额的大小成正比例关系，那么只要确保贸易航线的畅通无阻和外交环境的和平就能够将关税收入维持在一个相对较高的水平，但这对于外交环境极其恶劣的共和政府而言几乎是不可能的。共和政府面对的一系列敌人——保王党、荷兰、西班牙以及威胁所有基督教国家贸易航线的北非国家，无一例外都拥有数目极其庞大的可能化身为海盗的人口，英国与他们之间的冲突势必会将本国的贸易船只暴露于大量海盗的侵扰之下。相应，英国的贸易总额就会大幅下滑，关税收入也会大幅减少。1649 年，由于保王党船只和法国海盗对英国贸易船只的袭扰，英国在第一个季度的关税收入几乎为零。1649 年、1650 年仅黎凡特公司被海盗掠夺货物的总价值就达 60 万英镑，

① William Penn, *Memorials I*, New York: W. W. Norton & Company, 1983, pp.489—491.
② N. A. M. Rodger, *The Command of the Ocean: A Naval History of Britain 1649—1815*, London: Penguin Books, 2004, pp.84—87.
③ J. R. Powell, *Blake*, London: Penguin Books, 1993, pp.192—206.

比当时海军一年的支出还要多。英西战争期间，英国商人被西班牙法兰德斯海盗劫走船只的数目在 1500 艘至 2000 艘之间，这些船只或是被荷兰商人直接征用，或是被他们买走用于与英国的商业竞争。[①]

在这种情况下，共和政府面临着一个十分尴尬的局面：海军的整体实力相较查理一世时期已经有了显著的增强，但海军最为倚仗的关税收入与之前相比非但没有增长，甚至还有所下降。英国传统的那套仅由关税支持海军的做法已经无法适应新时期的需要。随着海军舰队规模的不断增长、海上活动的日益频繁和财政问题的愈发严重，共和政府一方面需要为海军寻找新的税源；另一方面则需要引入一些新的机制用于平衡海军的财政收支，而发行海军短期债券就是其中的一个关键手段。

二、海军短期债券发行的对象

由于议会方面自内战爆发之日起就已经在着手建立一个高效的财政系统，到共和国成立时，共和政府按照预期每年都能获得稳定的财政收入，这为带有政府性质的债券的发行提供了可能性。在海军方面，随着海军部每年上报给议会的支出数额越来越大，共和政府也认识到仅靠关税收入已经无法维持海军的正常运转，更不用说再去支持耗资更为巨大的造舰计划。因此，1650 年共和政府开始将部分消费税、估价税和其他零散收入拨给海军。[②] 虽然从其他收入项目中转拨给海军的资金每年都不固定、海军的资金需求依旧无法得到充分满足，但海军的财政状况至少有了一定的保障，海军部也开始有能力发行短期债券以缓解自身的财政问题。

1650 年，经过财政部同意，海军部开始发行海军短期债券。[③] 这种债券是一种可流通期票，以海军自身的信誉为依凭，按照债券发行的时间顺序来兑现。持票人可以选择在债券到期后去海军部兑现，也可以选择提前将债券按一定折扣出售给投机者、银行家等群体，这些人会在债券到期后去海军部

---

① N. A. M. Rodger, *The Command of the Ocean: A Naval History of Britain 1649—1815*, London: Penguin Book, 2004, p.94.

② Ibid., pp.104—110.

③ J. S. Wheeler, "Navy Finance: 1649—1660", *The Historical Journal*, Vol.39, No.2 (Jun., 1996), p.457.

兑现。这种债券的接收者主要有两类人，一类是海军各种物资的供应商，另一类是海军官兵以及造船厂、船坞等海军后勤机构中的工作人员，两者往往会因资金周转和生活所迫而急需现金。因此，海军债券最初的持有者通常会选择将债券出售。[1]

对于供应商而言，这种债券是可以接受的，尽管此前有一些船桨、帆布供应商因为海军长期拖欠付款而破产，但海军作为一个物资消耗量巨大的存在，供应商不愿在自己能承受的范围内放弃与海军部合作的机会。当然，为了尽可能减少因出售债券而给自己带来的损失，供应商通常也会使用一些手段。比如，1652 年 8 月，因战事紧急且供货难度较高（需要供应 12000 名海员且当时的技术仅支持在冬天酿造酒水和腌制肉类），海军的酒水和食物供应商要求海军部将他们积攒的价值 23859 英镑 3 先令 8 便士的债券兑现，并同意将每位海员每天的供应费用从 6.8 便士提高到 8.5 便士。1658 年，由于海军收到的拨款减少，大部分到期债券无法兑换，一些还拥有风险承担能力的供应商甚至将海军所需物资的价格提高了 30% 到 50%。[2]

食物和酒水开销始终是海军支出的大头，因此，海军的食物和酒水供应商也是接收债券最多的群体。1651 年、1652 年、1653 年、1654 年、1656 年、1657 年，这些供应商各接收了价值 67926 英镑、148743 英镑、191223 英镑、195989 英镑、193300 英镑、189485 英镑的债券，分别占各自年份债券发行总额的 60.5%、78.6%、66.5%、82.2%、74.5%、74.9%。[3] 可见，在 1650 年到 1660 年的大部分年份中，海军的食物和酒水供应商会接收海军部当年发行的 70% 以上的短期债券，剩余的债券则会发放给其他物资的供应商、海军官兵和后勤机构的工作人员。

对于物资供应商而言，短期债券是一种有利于维持自身与海军合作关系的存在。但是对海军官兵和海军后勤机构的工作人员来说，这种债券对他们处境的改善并没有太大的作用。按传统，海军官兵的薪水会在一次航行结束后发放，这样，海军部找到了一种能缓解财政问题的方法——他们发现没有

---

① J. S. Wheeler, "Navy Finance: 1649—1660", *The Historical Journal*, Vol.39, No.2 (Jun., 1996), p.460.

② N. A. M. Rodger, *The Command of the Ocean: A Naval History of Britain 1649—1815*, London: Penguin Books, 2004, p.111.

③ PRO, E351/2289—2296.

比一直让海军处于行动之中更容易节省资金的做法。[1] 在海军部的支出优先级中，造舰工作、食水供应和船只维护始终位于薪水发放之前。因此，每当海军部面临财政问题时，海军官兵的薪水就会被拖欠。1657 年，当海军放弃封锁西班牙海岸的行动时，整支舰队 100 多艘船，仅有 1 艘船的官兵在此前 20 个月中收到过薪水。1659 年，一些船只上的官兵，特别是被安排在偏远地区执行任务的官兵，已经 4 年多没有收到过任何薪水。[2] 虽然舰队的酒水和食物可以及时供应，海军官兵不会忍饥挨饿，但对于已经组建家庭的官兵而言，被拖欠薪水意味着家庭收入会出现剧烈的波动，这对舰队的士气会产生致命的影响，甚至会引发叛乱。1653 年 10 月，在伊普斯威奇，几艘船上的海军官兵因为薪水长期被拖欠而发动叛乱，攻击了海军部的下属机构并向伦敦进军，克伦威尔的人身安全受到威胁。1658 年和 1659 年，类似的叛乱多次发生。1659 年，乔治·蒙克就欠薪问题帮海军官兵向议会提交了一份请愿书，但类似的行为往往不会收到成效，因为海军部在这种时候通常已经没有任何剩余的现金和可发行的债券额度。就算薪水被一次性付清时，海军官兵收到的也基本上是短期债券，很少会有现金发放到他们手中。绝大多数官兵受自身情况所迫，会以高于市场平均水平的折扣将这些债券卖给投机者。在海军部中，也有一些工作人员低价收购这些债券，海军官兵为此进行过多次抗议，但收效甚微。海军官兵尚且如此，海军后勤机构的工作人员就更不用说了，他们的薪水发放在海军部的支出优先级中还排在海军官兵后面。

三、海军支出情况和海军短期债券发行情况

1648 年 2 月到 1660 年 7 月，英国海军的支出总额为 8999693 英镑，在海军收到的财政部拨款中有 80.8% 来自关税、消费税、估价税这三项共和政府的主要税收，5.9% 来自财政部的贷款，2.7% 来自出售多余物资和老旧船只获得的收入，4.1% 来自出售海军战利品获得的收入，6.5% 来自出售保王

① N. A. M. Rodger, *The Command of the Ocean: A Naval History of Britain 1649—1815*, London: Penguin Books, 2004, pp.112—116.

② Bernard Capp, *Cromwell's Navy*, London: Penguin Books, 2002, p.276.

党土地和财产获得的收入以及他们的巨额罚金。[1]

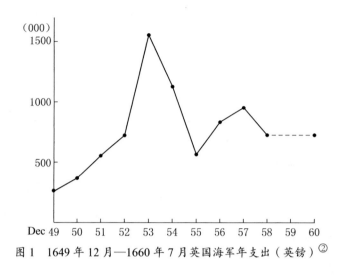

图 1 1649 年 12 月—1660 年 7 月英国海军年支出（英镑）[2]

　　图 1 中，只有 1649 年、1650 年两个年份海军的支出在 50 万英镑以下。一方面是这两年海军的行动比较少，海军日常的维护费用比较低，造船厂也并未开展大规模的造舰工作，财政部给海军的拨款自然就比较少。另一方面则是 1649 年海军部尚未发行短期债券，无法进行超过自身资金额度的支出。1651 年起，海军部开始扩张舰队规模，海军短期债券发行机制也开始高效运转，海军支出一直保持在 50 万英镑以上。

　　1652 年海军支出保持在 70 万英镑的水平，1653 年海军支出达到了惊人的 160 万英镑，1654 年海军支出虽然较前一年有所下滑，但仍在 100 万英镑以上，出现这一变化的原因是第一次英荷战争的爆发。1652 年 12 月，英国海军与荷兰海军在达格尼斯相遇并爆发激烈战斗，由于英国海军面临严重的财政问题，且食水供应不足、战舰老旧，官兵士气受到影响，达格尼斯战役最终以英国舰队的惨败而告终。为挽回预势，议会采取一系列措施：通过《战争法与海洋法》，解雇部分临战脱逃的船长，要求财政部将本来拨给新模范军的资金转移给海军。此外，12 月底，议会要求财政部额外拨给海军 30 万英镑用于造舰。1653 年初，议会主动询问了海军一整年的预算和债务数

①　Maurice Ashley, *Financial and Commercial Policy under the Cromwellian Protectorate*, Oxford: Oxford University Press, 1934, p.56.
②　J. S. Wheeler, "Navy Finance: 1649—1660", *The Historical Journal*, Vol.39, No.2 (Jun., 1996), p.459.

额，并要求财政部进行相应的拨款。此外，和 1652 年一样，议会要求财政部额外拨给海军 30 万英镑用于造舰。财政部新近拨给海军的资金大都来自原先专门发放给新模范军的估价税收入。据统计，从 1652 年 12 月到 1655 年 12 月，海军总共接收 1026174 英镑的估价税收入。[1]1653 年初，在收到财政部大量拨款后，海军部又发行一些短期债券用来购买食物、酒水和其他物资，并尽可能支付海军官兵的薪水。1653 年末，根据海军部的统计，这一年的支出已经达到 160 万英镑，如果再算上 1652 年 12 月的支出，这个数字将会达到惊人的 216 万英镑。[2]要想支撑起这样巨额的支出，需依靠一个稳固且强有力的税收体系（据统计，共和政府的财政收入相较查理一世时期至少提高了 10 倍以上），并以发行海军短期债券这样的手段加以辅助才能实现。1653 年，克伦威尔虽然发动政变建立独裁统治，但并没有对共和政府的框架进行更改，也没有对政府中的基层人员进行清洗，这样，共和政府强大的征税能力和一整套税收体系就延续了下来。1653 年，补给充足的英国海军在面对荷兰海军时开始占据优势。由于战争耗资巨大，本就离散的荷兰政府内部进一步撕裂，共和派与奥兰治派的斗争不断加剧。荷兰政府再也无法为海军提供足够的资金，这种情况最终导致 1653 年 8 月荷兰海军在斯赫维宁根战役中惨败。1654 年，由于战争已经基本结束，英国海军的支出也在经过连续 5 年的上涨之后开始回落，但支出总额仍维持在 100 万英镑以上。

1655 年，克伦威尔决定对西班牙宣战，鉴于西班牙海军早已没落，西班牙政府甚至连一支 50 艘船的舰队都拼凑不出，克伦威尔认为英国海军能够轻松压制西班牙海军。在他的要求下，共和政府只按照英荷战争前海军的支出水平对海军进行拨款，这样，海军的支出又重新下滑到 50 万英镑左右。虽然这一做法看似合理，但忽略了一个基本事实，那就是经过第一次英荷战争，特别是经过 1652 年和 1653 年的造舰工作，英国海军的战舰总数（不包括战时征用的武装商船在内）已经从 60 艘左右增加到了 100 多艘。因此，共和政府此时的拨款是远远无法满足海军日常运行所需的。在这种情况下，海军又

[1] PRO, E351/302—306, *The Declared Accounts of the Treasurers at War, 1645—1660*.

[2] N. A. M. Rodger, *The Command of the Ocean: A Naval History of Britain 1649—1815*, London: Penguin Book, 2004, p.112.

开始面临严重的财政问题，这也是 1655 年海军远征西班牙殖民地圣多明各失败的主要原因。1656 年，在蒙受了远征圣多明各失败的耻辱后，克伦威尔决定将财政部给海军的拨款提高至 80 万英镑的水平，并命令海军对西班牙本土海岸进行封锁并掠夺西班牙贸易船只。1657 年，克伦威尔作出一个对共和政府影响极其深远的决定：他将估价税的税率降低了约四分之三。在此之前，独裁政府每月能从估价税中获得 9 万—12 万英镑的收入。从 1657 年开始，这一收入降到每月 3.5 万英镑。[①] 鉴于此前共和政府的年收入一直保持在 250 万英镑左右，克伦威尔的这个决定相当于将共和政府的收入降低了 30%，这对共和政府财政状况的影响是整体性的，各个部门都要削减开支，处于战争前线的海军虽然在 1657 年收到的拨款较前一年还有所上升，达到 90 多万英镑，但 1658 年海军支出开始下滑，后由于共和政府因经济问题不断恶化而宣布破产，对海军支出的统计也无法再进行，少数能得到的数据是从 1658 年 1 月到 1660 年 7 月财政部对海军的全部拨款为 144.5 万英镑，以及 1660 年查理二世复辟后新成立的王室政府所继承的海军债务为 125 万英镑，但此时的债务已经不仅仅是海军短期债券，还包括各种各样的欠款和借贷。[②]

表 1　1650—1660 年海军短期债券累积及兑现情况数额 [③]

年份	尚未兑现的海军短期债券数额							
	1651 年	1652 年	1653 年	1654 年	1655 年	1656 年	1657 年	1660 年
1650 年	115145	87357	85767	75203	74963	74340	73554	71114
1651 年	107289	48154	36410	29164	28824	28310	27130	25112
1652 年		189329	29989	19922	18322	17686	16423	16081
1653 年			287501	93021	42769	32829	29218	11257
1654 年				238302	233460	23825	12617	5223
1655 年					64424	59562	55159	50396
1656 年						259593	237494	229056
1657 年							252966	218852
1660 年								421356

① C. H. Firth and R. S. Rait, *Acts and Ordinances of the Interregnum*, London: HMSO, 1911, p.1231.

② William Shaw, *Calendar of Treasury Books, 1660—1667*, London: HMSO, 1904, pp.513—515.

③ J. S. Wheeler, "Navy Finance: 1649—1660", *The Historical Journal*, Vol.39, No.2 (Jun., 1996), p.462.

　　表1展现的是英国海军部统计的1650—1660年海军短期债券发行数额和尚未兑现的债券数额。海军短期债券发行额度是由海军的预期收入也就是财政部对海军的拨款情况所决定的，因此，该时段内海军短期债券发行数额的变化基本与海军支出的变化保持一样的趋势。1650年、1651年、1652年、1653年、1654年、1655年、1656年、1657年，海军短期债券发行数额各为115145英镑、107298英镑、189329英镑、287501英镑、238302英镑、64424英镑、259593英镑、252966英镑，分别约占各自年份海军支出总额的32%、20%、24%、18%、21%、13%、30%、24%。1658—1660年，同海军支出一样，由于共和政府的破产，每年的短期债券发行数额很难再进行统计，只有1660年查理二世政府给出的一些数据。总的来说，这10年中的大部分年份，海军短期债券发行数额在海军总支出中所占的比重在20%上下波动。当然，如果去掉海军部为海军债券兑现所支付的资金来计算每年海军债券在海军部的直接支出中所占的比重，这个数字无疑会更大。

　　根据表1也可以得出1652—1660年间海军部对已发行海军债券的兑现效率：1652年、1653年、1654年、1655年、1656年、1657年，海军部分别支出86923英镑、172674英镑、222357英镑、97274英镑、226210英镑、44550英镑用于已发行债券的兑现，兑现比率分别约为38%、54%、51%、21%、49%、9%。1658—1660年，海军部总共支出77470英镑用于债券兑现，兑现比率约为10%。可以看出，1657年之前，海军短期债券的兑现效率都是比较高的，尤其是1653年、1654年和1656年，虽然这3个年份海军都在进行频繁的活动，开销巨大，但这并没有妨碍海军部每年拿出一部分资金用于债券的兑现。共和政府强大的征税能力、财政部给海军的大量拨款以及海军部对债券兑现的积极态度，这些因素交织在一起大大强化了海军的信誉和公众对海军的信心。正是基于此，海军部才能够每年发行数额巨大的海军债券用于购买物资和发放薪水。1657年之后，由于共和政府的财政危机，债券的兑现效率大为降低。1658年9月3日，克伦威尔的逝世预示的不仅仅是共和政府的破产和政局的动荡，还有海军部这些年来为了平衡海军收支、有效支持海军作战而精心构建起来的海军短期债券发行体系的崩溃。1660年，在各方势力的妥协之下，新的议会决定迎接查理二世回国，而议会对查理二世复辟提出的一个重要条件就是新政府要还清海军所欠债务。

四、海军短期债券发行的意义

共和时期英国海军短期债券的发行是一项具有划时代意义的创新。

首先，短期债券的发行大大缓解了海军的资金短缺问题。共和时期的海军是一支英国历史上前所未有的海军，无论是舰队规模，还是专业化程度，这支海军都处于世界顶尖水平。想要维持这样一支海军的正常运转，没有巨额的资金投入是绝对不行的。虽然共和政府也充分认识到这一点并源源不断地为海军提供资金，但税收筹集和财政拨款的滞后性还是会使海军面临严重的财政问题。在短期债券发行后，海军部能够从容地以海军债券从市场上买到急需的物资用于维持海军的正常运转，海军官兵的薪金拖欠问题也能得到一定的缓解。

其次，短期债券的发行将海军与民众联系了起来。在短期债券发行之前，英国民众与海军处于一种相对孤立的状态，1650年海军短期债券的发行改变了这一情况，因为部分民众的切身利益已经与海军的状况紧密联系在了一起。随着债券发行数额的不断增大和在市场上的持续流通，越来越多的民众开始持有海军债券，他们不得不去关注海军的发展。这样，民众与海军之间的联系就建立了起来，这样的海军才真正算得上是一支民族国家的海军。

最后，海军短期债券的发行也对英国在经济和军事方面的近代化变革起到推动作用。共和政府是英国历史上第一个信用政府，共和时期的海军也是英国历史上第一支信用海军，海军短期债券的发行至少在英国海军发展史上是海军第一次尝试以近代化信贷方法来解决财政问题。通过以发行海军短期债券为代表的一系列创新，共和政府成功将自身与金融市场联系了起来，这就为很多财政难题的解决提供了渠道。凭借着以发行海军短期债券为代表的一系列创新，英国新模范军和海军进行着快速的装备迭代和新战术的应用，英国成功走在了军事近代化变革的前列。

五、结语

17 世纪初，当英国海军只能在港口内看着荷兰与西班牙的舰队在英吉利海峡驰骋激战之时，可能没有英国人会想到半个世纪之后，他们也能拥有一支世界一流的海军，并且这支海军还能够在与久经战事的荷兰海军作战时取得压倒性优势。英国海军能取得如此成就，归根结底在于两个方面：一是英国政府给予海军持续并且强有力的财政支持；二是英国海军主动进行了以发行海军短期债券为代表的制度性创新。

一个想要掌控海洋霸权的国家所需的不仅仅是一支强大的海军和一群训练有素的官兵，还要有一个稳定且高效的政府为海军提供源源不断的支持，当然更为重要的还是这支海军在面对不断变化的环境时能够主动寻找方法进行适应。共和时期，英国海军部进行的以发行海军短期债券为代表的创新成功化解了英国海军面临的财政难题，并在海军和金融市场与民众之间建立起密切的联系。这种转变成功推动了英国海军从王室海军到国家海军的转型，使英国海军走在了近代化的前列，为英国打开了通往海洋霸权的大门。

共和时期之后，发行海军短期债券的机制被延续了下来，并经过不断的发展最终演变为正式的英国国债，而已经与金融市场和国民大众建立起密切联系的英国海军也能够更为有效地依靠其背后民族国家的力量，更为迅速地提升自身的实力，在争夺海洋霸权的过程中占据绝对的优势。虽然荷兰、法国、西班牙这些国家继英国之后也陆陆续续将这些新的机制引入本国海军建设之中，但只能在不断前进的英国海军身后亦步亦趋。

英国法律史研究

亨利二世时代英格兰总巡回法庭革新的制度基础

戴瑶玲 *

巡回法庭（the Eyre or the Itinerant Court）是指英格兰国王通过派遣一批王室法官到各郡开设的一种巡游法庭。虽然最早出现于亨利一世统治时期，但直到亨利二世统治时期才以"总巡回法庭"（the General Eyre）的制度化形式存在。因此，总巡回法庭真正始于亨利二世统治时期，废止于 1294 年英法战争前夕。尽管王室法庭对民事和刑事诉讼的介入已经越来越多，特别是自亨利一世统治以来，但真正推动各种王室法律发展的是亨利二世。[1] 在总巡回法庭开庭期之外，英格兰国王还会委派专门巡回法庭来听审特殊诉讼或者某些类型的诉讼。

总巡回法庭不仅可以监察地方社会的各种动向，而且可以规制地方社会的不法行为。在 12 世纪末 13 世纪初，总巡回法庭很快成为国王向地方扩张王室司法管辖权的有力武器。托尼·摩尔认为这种王室司法的扩张已经成为 13 世纪的一种趋势。[2] 在这一过程中，英格兰传统的郡法庭及其相关司法程序对总巡回法庭的发展有着重要影响，是其得以革新和发展的制度基础。

对英格兰总巡回法庭的研究至少可以追溯至 20 世纪初期。1922 年，威廉·克拉多克·博兰德出版《总巡回法庭》一书，对该法庭进行了全面概

---

* 戴瑶玲，鲁东大学历史文化学院讲师。

[1] Caroline Burt, "The Demise of the General Eyre in the Reign of Edward I", *English Historical Review*, Vol.120, No.485 (Feb., 2005), p.1.

[2] Tony K. Moore, "The Fine Rolls as Evidence for the Expansion of Royal Justice during the Reign of Henry III", in David Crook and Louise J. Wilkinson eds., *The Growth of Royal Government under Henry III*, Woodbridge: Boydell Press, 2015, pp.55—71.

述。①20世纪60年代，威廉·T.里迪的《亨利一世统治时期总巡回法庭的起源》一文中关于"总巡回法庭不存在于亨利一世时代，但是为其在亨利二世时代的出现做了前期准备"的观点深入人心，并且时至今日仍是一篇研究巡回法庭的必读经典之作。②20世纪80年代，大卫·克鲁克的《晚期巡回法庭》一文主要考察1294年"总巡回法庭"衰亡后的巡回法庭运作情况及其在14世纪司法行政中的地位③；他的《总巡回法庭档案记录》一书不仅对英格兰的总巡回法庭档案做了全面介绍，而且梳理了已出版的各郡总巡回法庭档案情况。④此后，诸多相关论文和档案集问世，推进了学界对总巡回法庭的深入研究。⑤

目前，国内学者主要关注中世纪英格兰巡回法庭的起源、分类、功能、运作机制和发展历程等方面，也有学者从法社会学角度对巡回法庭进行研究。⑥但是，他们对亨利二世时代总巡回法庭革新的制度基础研究不够精细深入，而且也未有学者深入考察过此时期新出现的总巡回法庭与传统的郡法庭之间的特殊关系。因此，通过梳理12世纪留存下来的《亨利一世之法》和《格兰维尔》等一手法律文献，本文试图从亨利二世时代总巡回法庭对郡法庭改造的角度考察总巡回法庭得以发展的制度基础和现实土壤。

一、郡法庭与巡回法庭的早期联系

1066年诺曼征服后，作为大多数民众进行诉讼和集会的最高场所，郡

---

① William Craddock Bolland, *The General Eyre*, Cambridge: Cambridge University Press, 1922.
② William T. Reedy, "The Origins of the General Eyre in the Reign of Henry I", *Speculum*, Vol.41 (1966), pp.688—724.
③ David Crook, "The Later Eyres", *English Historical Review*, Vol.97, No.383 (Apr., 1982).
④ David Crook, *Records of the General Eyre*, London: Her Majesty's Stationery Office, 1982.
⑤ E. J. Gallagher ed., *The Civil Pleas of the Suffolk Eyre of 1240*, Woodbridge: Boydell Press, 2009; Gwilym Dood, "County and Community in Medieval England", *English Historical Review*, Vol.124, No.569 (Aug., 2019).
⑥ 如李红海：《普通法的历史解读——从梅特兰开始》，清华大学出版社2003年版；陈太宝：《中世纪英国巡回审判制度对国王司法权威的影响》，《东北师大学报》2012年第1期；李云飞：《从高效到超载：中世纪英格兰巡回法庭的兴衰》，《世界历史》2012年第4期；李云飞：《中世纪英格兰巡回法庭的运作机制探析》，《暨南大学学报》2012年第7期；于明：《法庭、司法与地方治理——中世纪英格兰地方司法史的法社会学解读》，《法学家》2013年第3期。

法庭成为地方治理的中枢。据《亨利一世之法》载，主教、伯爵、郡守及其属吏、大贵族及其封臣等人员出席郡法庭。[①]亨利一世时代还存在郡法官（Shire Justiciar），基本职责是负责有关王座之诉和没收财产之事，通常不需要任何指示，只需要通知将案件和罪犯纳入其管辖范围的任何特殊情况。此时，郡法官的职位是一个很成熟的制度。除了普通的王座之诉（Pleas of the Crown）外，大量的诉讼也通过王室令状的颁布被纳入其管辖范围。大量的例子证明，郡法官是一种独立于郡守的官职，但是在某些郡，郡守和王室法官也可能担任郡法官。[②]

虽然郡法庭按惯例一年集会两次，但是郡守在得到国王同意后可召集临时特别集会以审理一些必要的案件。在亨利一世统治前后，郡法庭集会可能开始变为每月召开一次。然而，现存史料仅能表明，直到 13 世纪，郡法庭才开始有规律地每 4 周开庭一次，而有些郡每 6 周开庭一次。当国王下发特别命令或一名郡守同时掌管多郡时，少数郡会联合开庭。[③]

在诺曼征服后的一段时期内，郡法庭仍然享受广泛的司法管辖权。据《亨利一世之法》载，郡法庭会首先处理关于基督教信仰的应有权利案件，其次是王座之诉，最后是可以通过适当赔偿而解决的个人起诉。[④]其中，王座之诉是指隶属于王室司法管辖权的特定诉讼案件，主要包括侵犯王之和平、不忠或叛逆、窝藏逃犯、谋杀、纵火和抢劫等行为。[⑤]这一时期，听审王座之诉的权利不属于郡守，而是属于驻扎在郡法庭的王室郡法官。故亨利一世统治时期没有广泛的"全国性"的巡回法官制度来审理王座之诉或民事诉讼，而主要依赖郡法庭。此外，由于郡法庭下设有百户区法庭，郡守每年都要对其巡视两次，这被称为"郡守的巡视"（Sheriff's Tourn）。据《亨利一

---

① L. J. Downer, *Leges Henrici Primi*, London: Clarendon Press, 1972, p.99.

② Henry A. Cronne, "The Office of Local Justiciar in England under the Norman Kings", *Birmingham Historical Journal*, Vol.6 (1957), pp.33—36.

③ Robert C. Palmer, *The County Court of Medieval England:1150—1350*, Princeton: Princeton Legacy Library, 2019, p.29.

④ L. J. Downer, *Leges Henrici Primi*, London: Clarendon Press, 1972, p.101.

⑤ Ibid., p.99；邓云清和宫艳丽将《亨利一世之法》所提及的王座之诉内容分为三种类型，即"针对或主要针对国王、王室或王廷的侵犯""针对或主要针对王权或其他公权的侵犯"和"针对或主要针对普通臣民居所或人身和平的侵犯"，参见邓云清、宫艳丽：《"王之和平"与英国司法治理模式的型塑》，《历史研究》2010 年第 5 期。

世之法》载，"郡守的巡视"主要落实两项任务：勘察十户联保制的运作实况和审理由百户区所揭发的犯罪及违反治安案件。①

此时，郡法庭的审判方式沿用始于盎格鲁-撒克逊时期的誓证法，即诉讼双方通过向法庭提供一定数量的证人来说明自己陈述的真实性。被告要向由法庭选出的多名邻人助誓人重述事实，而后由他们宣誓裁决其是否有罪。②作为一个地方共同体，百户区不仅担负着选派守法人士参与法庭审理的职责，而且有时需要集体出庭作为证人。后来，誓证法可能逐渐融入陪审团制度，变成由王室官员选任的一批中间人宣誓说出真相。③

自盎格鲁-撒克逊时期始，个人或团体控诉犯罪的惯例就一直存在于地方法庭。其中，团体控诉犯罪可能是亨利二世时代控诉陪审团（Jury of Presentment）的最初原型。在盎格鲁-撒克逊时期，卡努特的一条法律规定："如果百户区非常怀疑和多次指控任何人，抑或有三人同时指控他，那么他将要接受三重神判法的审判。"④埃塞尔雷德的法律也对此加以规定："在每个小邑（wapentake），当一个法庭开庭时，12名位列高位的塞恩要同庄头（reeves）一起出席；他们要手握圣物宣誓，指控有罪之人和绝不包庇任何有罪之人。"⑤在诺曼征服后，这些控诉方式可能继续应用于地方法庭。十户联保制可能需要选派其成员代表检举各种犯罪行为，而杀人犯可能是由百户区负责检举。在没有十户联保制的北部和西部地区，治安官可能负责指控嫌犯。⑥

面对地方公共法庭所拥有的司法管辖权，诺曼诸王开始间歇性对其加以监督。自威廉一世统治时期起，英格兰国王开始临时委派王室官员巡视地方社会。到亨利一世统治时期，巡回法庭变得更加轮廓分明。最早于1106年

---

① L. J. Downer, *Leges Henrici Primi*, London: Clarendon Press, 1972, p.167.
② ［英］约翰·哈德森：《英国普通法的形成——从诺曼征服到大宪章时期英格兰的法律与社会》，刘四新译，商务印书馆2006年版，第84—89页；［英］F. W. 梅特兰：《英格兰宪政史：梅特兰专题讲义》，李红海译，中国政法大学出版社2010年版，第76—79页。
③ ［英］梅特兰：《普通法的诉讼形式》，王云霞、马海峰、彭蕾译，商务印书馆2010年版，第40页。
④ F. Liebermann ed., *Die Gesetze der Angelsachsen, Vol.1, Halle, II Cnut, 30*, pp.332—333.
⑤ Ibid., *III Æ thelred, 3. 1—2*, p.228.
⑥ John Hudson, *The Oxford History of the Laws of England, Vol.II, 817—1216*, Oxford: Oxford University Press, 2012, p.308.

前后，亨利一世任命林肯的阿尔弗雷德与索尔兹伯里的罗格两人一起巡防西南各郡。1124 年之后，亨利一世更为频繁地派遣巡回法官到各地巡视，以负责监察地方法庭的运作情况。尽管如此，此时期巡回法庭的运作仍然依赖于郡法庭。

一方面，巡回法庭的巡视周期在亨利一世统治时期和亨利二世统治初期是无计划的和分散的，多以郡法庭的开庭期为依托。在亨利一世统治时期，国王会委任少数巡回法官前往某地审理某一特定案件，或者巡视多郡和处理所有诉讼。但是，此时巡回法庭的巡视区域并未覆盖整个王国，巡视时间也是间隔的。[①] 尽管传统观点认为巡回法庭制度源于亨利一世时期，但是当下的史料并不能准确证明亨利一世统治时期的巡回法庭多久巡视一次诸郡，巡回法官的司法管辖权有多大，或者巡回法官在预定计划内能够有规律地巡视多少规定的区域。在亨利二世统治时期，也没有任何证据表明在 1166 年之前有常规的巡回审。直到 1166 年，杰弗里·德·曼德维尔伯爵和理查德·德·卢西对东部诸郡进行了一次大规模的巡回审。1175 年，两组巡回法官又主持了一次巡视。从此以后，在亨利二世统治的剩余时间里，全国范围的总巡回法庭平均每隔一年召开一次。[②]

另一方面，巡回法庭在亨利一世统治时期和亨利二世统治初期会按照郡法庭惯例作出判决，但是巡回法官开始对判决起主导作用。在亨利二世统治时期的总巡回法庭形成之前，巡回法官仅是法庭的主持者，而不是法官。真正的判决一般由郡法官或者公诉人（Suitors）作出。譬如，1079—1083 年，库坦塞斯的主教（Bishop of Coutances）被派去听审一桩案件，这桩案件由全郡参加并作出判决。[③] 公诉人是当时郡法庭中的一类地方法官，来源于全郡，并且人数众多。他们一般由自由土地占有人充任，在地方土地纠纷案件中担任裁决者。在审判过程中，他们是听审案件并集体作出判决的人。

---

① William T. Reedy, "The Origins of the General Eyre in the Reign of Henry I", *Speculum*, Vol.41, No.4 (Oct., 1966), p.690.

② John Hudson, *Land, Law, and Lordship in Anglo-Norman England*, Oxford: Oxford University Press, 1994, p.260.

③ Paul Brand, "'Multis Vigiliis Excogitatam et Inventam': Henry II and the Creation of the English Common Law", in Paul Brand ed., *The Making of The Common Law*, London, 1992, pp.80—82.

综上所述，在亨利二世司法改革之前，郡法庭所管辖的诉讼类型与郡法庭的开庭周期和审判惯例均直接影响巡回法庭的运作。但是，亨利一世司法改革中司法集权的萌芽在斯蒂芬内乱中几乎被扼杀。在这场内乱中，各地方法庭又成为地方司法事务的主导者。因此，在亨利二世即位初期，他仍然需要承认一个事实，即郡法庭对发展英格兰中央集权和控制地方仍然具有重要性，这也使得他在日后的司法改革中着重利用郡法庭来实现其扩张王权的目的。

二、总巡回法庭对郡法庭的改造

鉴于斯蒂芬内乱导致严重的封建化后果，亨利二世急需解决的问题是恢复其对地方社会的司法管辖权。地方上的民事诉讼和刑事调查也需要王室法庭定期到访来有效处理案件。出于这些需求，国王重点以改造郡法庭为契机来强化王权对地方社会的管控。在这样的背景下，总巡回法庭应运而生。不同于当时其他由国王委派到地方的巡回法官，总巡回法庭中的王室法官可以听审当地的一切诉讼。诺曼时期的郡法官制度也为亨利二世革新巡回法庭制度做了很多准备。

当总巡回法庭到达郡法庭时，郡法庭要完全按照国王法庭的模式来运作，而非再依赖郡法庭的原有惯例。一方面，总巡回法庭不再以郡法庭开庭周期为依托，而是自上而下地制定规律性的监察周期。史学界认为，自1176年起，总巡回法庭成为一场波及全国范围的有计划的在规定时限内巡视地方诸郡的王室司法活动。[①] 此时，整个王国被划分为多个巡回审判区，并且每组巡回法庭由较多的法官构成。譬如，在1176年《北安普顿敕令》颁布后，亨利二世将英格兰分为6个巡回区，分别任命18名巡回法官负责巡查全国郡政。1179年则将英格兰分为4个巡回区，由21名法官负责。

然而，巡回法官的数量和巡回审判区的地理构成都不是连续不变的，并且巡回法庭的举行时间也是不固定的。1176—1194年，总巡回法庭每两年就会召开一次以上。此后，在1198—1199年、1201—1203年、1208—1209年

---

①   William T. Reedy, "The Origins of the General Eyre in the Reign of Henry I", *Speculum*, Vol.41, No.4 (Oct., 1966), p.690.

间，总巡回法庭召开频率相对降低，但是开庭期延长。总巡回法庭开庭期经常持续一至几个星期不等，以处理繁重的事务和征收罚金。[1] 除了总巡回法庭无法触及或完全进入的某些特权领地（Liberties）以外，其巡游仍然是一场全国性的司法盛事。

另一方面，总巡回法庭的参与人员和所涉诉讼范围都不再局限于郡法庭的原有惯例。通常，当巡回法官受到国王的委任和派遣时，就要前往相应地区听审辖区内所有由令状发起的民事诉讼并处理王座之诉。他们也可以听审来自其他郡的诉讼，通常是从另一个郡的较早诉讼转移到巡回法官现在所在郡的诉讼。所有属于总巡回法庭所涉郡的案件都要在其开庭期内审理。同时，所设郡在威斯敏斯特法庭（Bench at the Westminster）未解决的案件都要中止，转而交由总巡回法庭审理。此时，威斯敏斯特法庭中的诉讼双方也要再次出席此次巡回法庭。

郡守负责提前召集总巡回法庭的参加人员。与郡法庭相较，出席总巡回法庭的人员更加广泛，几乎涵盖各阶层的代表。据13世纪一部被称为《布莱克顿》的法典记载，在总巡回法庭开庭前的6周之内，郡守需要传唤郡内大主教、主教、修道院院长、教士、伯爵、大贵族、骑士、卸任郡守、所有自由土地占有人、4名守法村民、一村之长和12名自由市之民。[2]

1176年后，任职总巡回法庭的法官不仅主持法庭，而且可以就地作出判决。据终局协议显示，此时总巡回法庭仅由王室法官构成。虽然一份终局协议提及其他大贵族也出现于总巡回法庭，但是该条目没有记录他们的名字。当时的史料也没有表明这些大贵族曾列席郡法庭或者扮演任何重要角色。由此可见，此时郡法庭内的公诉人可能丧失了作出判决的职能。

这一变化背后的原因可能是陪审团在总巡回法庭的应用削弱了郡法官或郡公诉人的裁决作用。据资料记载，亨利二世统治时期的陪审团在裁决民事诉讼方面起着重要作用。此时的一大创新就是有关土地权利之诉的大裁定陪

---

① David C. Douglas and George W. Greenaway eds., *English Historical Documents 1042—1189*, Oxford: Oxford University Press, 1981, pp.514—515.
② Henricus de Bracton, *De Legibus et Consuetudinibus Angliae*, ed. and trans. S. E. Thorne, Vol.2, Harvard University Press, 1968, p.310.

审团（Grand Assize）和有关土地占有之诉（Possessory Assizes）的裁定陪审团。两类陪审团一般只能在争议土地所在郡审理这些诉讼。亨利二世发明这两类诉讼程序的目的是保护私人的土地所有权，而总巡回法庭的主要职能之一是审理这些诉讼。[1]

大裁定陪审团于1179年被温莎会议引入作为司法决斗的替代选择。[2]一旦被告选择使用大裁定陪审团，并且未在郡法庭宣布使用司法决斗，其案件就可以被转移到国王法庭。届时，12名骑士构成的大裁定陪审团将裁定谁有更大的土地所有权利。[3]一般仅土地诉讼中被告可以使用，原告总是采用决斗方式。[4]

据成书于亨利二世统治晚期的一部重要法典《格兰维尔》记述，关于土地占有之诉的裁定陪审团，其审判亦有12位邻人参与，并直接于总巡回法庭中开启诉讼程序。经过一定的审判程序后，郡守会传唤被告在指定的日期到国王或国王法官面前听取裁断。不同于大裁定陪审团，此12位邻人可由骑士或者自由守法之人构成。但是，除总巡回法庭之外，国王还会专门委派其他王室巡回法官前往地方审理此类个人土地诉讼。[5]

就刑事诉讼而言，控诉陪审团在亨利二世统治时期成为总巡回法庭的一个常规程序。该措施将地方法庭中个人或团体控诉犯罪的惯例融入控诉陪审团之中。待巡回法官到来之际，郡内民众须选派代表组成控诉陪审团。随后，总巡回法庭需要处理控诉陪审团呈报的起诉书。它接受来自郡内陪审团的各种控诉，目的在于保护国王的权利不受漠视或侵犯、调查地方官员的行为以及审判被私诉犯有重罪的男人和女人。关于这些王座之诉的一系列问题，被称为"总巡回审问条目"（Articles of Eyre）。

---

[1] Ralph B. Pugh, *Itinerant Justices in English History*, Exeter: Exeter University Press, 1967, p.6.

[2] John Hudson, *The Oxford History of the Laws of England, Volume II, 817—1216*, Oxford: Oxford University Press, 1994, p.600.

[3] G.D.G. Hall ed. and trans., *The Treatise on the Laws and Customs of the Realm of England Commonly Called Glanvill*, London and Edinburgh: Thomas Nelson Ltd., 1965, pp.26—37.

[4] R. C. Palmer, *The County Courts of Medieval England:1150—1350*, Princeton: Princeton Legacy Library, 1982, p.150.

[5] Tony K. Moore, "The Fine Rolls as Evidence for the Expansion of Royal Justice during the Reign of Henry III", in David Cook and Louise J. Wilkinson eds., *The Growth of Royal Government under Henry III*, Cambridge: Cambridge University Press, 2021, p.55.

巡回法官必须从一开始就准备好"总巡回审问条目"。在1176年《北安普顿敕令》的文本中存有一套早期的"总巡回审问条目",而另一套幸存于1194年。该条目在13世纪继续扩大,数量在1254年有了巨大的增长。百户区陪审团成员要在法庭宣誓后对该条目的各种问题作出回答。到亨利三世统治末期,条目扩充到60多个。那些受到指控的嫌疑人应由郡守随即逮捕,交给巡回法官审判。同时,那些在郡法庭受到个人指控的嫌犯也一并交由总巡回法庭受理。[1]

1166年的《克拉伦登敕令》表明控诉陪审团开始应用于刑事领域。该敕令第1条规定:为了保卫国王的和平与维持正义,国王令各百户区遴选12名最守法之人、各村镇遴选4名守法人士组成控告团体,宣誓并检举其百户区和村镇内发生的杀人、抢劫、盗窃等案犯及窝主;巡回法官不仅要亲自在这些人面前询问审案,而且郡守也需出席庭审;巡回法官和郡守负责调查控诉陪审团所检举之人是否确实犯罪。这些控诉陪审员的证词都会作为断案依据。譬如,《克拉伦登敕令》第14条规定,那些将要被法律审判和赦免的嫌犯,如果他们一直都有坏名声,并且公开被身为陪审员的守法人士所证实,那么这些人应该进行弃国宣誓,在8天之内离开王国境内,并且不经国王准许不能返回;如果他们返回,那么就会被逐出法外。[2]

《格兰维尔》进一步指出,12位控诉陪审员的证词往往影响一桩重罪案件的裁决方式,而不同的裁决方式则决定了案件的胜负概率。据《格兰维尔》,涉及无主埋藏物(Treasure Trove)和杀人(Homicide)案件时,如果某人仅仅因坏名声而受到控诉,那么国王法官将会使用容易胜诉的共誓涤罪(Compurgation)来裁决;如果来自百户区的12位控诉陪审员对其罪行提供事实证据,那么国王法官将会使用更易败诉的神判法(Ordeal)来裁决。[3]显然,控诉陪审员在裁决刑事案件中已经发挥较大的作用。

---

[1] G.D.G. Hall ed. and trans., *The Treatise on the Laws and Customs of the Realm of England Commonly Called Glanvill*, London and Edinburgh: Thomas Nelson Ltd., 1965, pp.171—172.

[2] G. B. Adams and H. M. Stephens eds., *Select Documents of English Constitution History*, New York: The MacMillan Company, 1901, pp.16—17.

[3] G.D.G. Hall ed. and trans., *The Treatise on the Laws and Customs of the Realm of England Commonly Called Glanvill*, London and Edinburgh: Thomas Nelson Ltd., 1965, pp.173—175.

由上可知，无论在民事诉讼还是刑事诉讼中，陪审团或多或少地对案件的裁决起到一定的作用。此时，陪审团是一种只能应用于国王法庭的程序，而地方法庭无法使用这一程序进行断案。但是，当总巡回法庭巡视诸郡时，这项程序可能随之适用于郡法庭，取代郡法官断案的惯例。

在亨利二世统治时期，总巡回法庭对郡法庭的控制还体现在缩减郡守的部分司法管辖权。一方面，1166年《克拉伦登敕令》改变了郡守在"郡守的巡视"期间的司法管辖权。在"郡守的巡视"期间，郡守已无权审理百户区所呈报的刑事指控。相反，郡守只需接受百户区的重罪起诉书。郡守会事先要求百户区应答巡回法官制定的"总巡回审问条目"，并制作成重罪起诉书。待巡回法官到来之际，郡守需组织来自百户区的控诉陪审团前去呈报重罪起诉书。[①] 因此，"郡守的巡视"作为巡回法庭开展的先决条件，被镶嵌于这一制度之中。在民事司法管辖权方面，1176年《北安普顿敕令》首次提及死去先人占有权之诉，其可以直接由巡回法庭审理。同时，在诉讼一方要求下，大裁定陪审团程序可以通过移审令状移送郡法庭的民事诉讼至总巡回法庭。这无疑扩大了巡回法官对民事诉讼的管辖权，相应缩减了郡法庭受理个人之诉的权限。

尽管总巡回法庭的创造侵夺了郡法庭的大部分司法管辖权，但是这并不意味着郡法庭丧失了其原有的自治性。国王亨利二世通过签发"郡守令状"（Viscontiel Writs）以期实现郡法庭继续发挥治理地方的功能。顾名思义，"郡守令状"就是由国王专门签发给郡守的令状。据《格兰维尔》记载，"郡守令状"在亨利二世统治时期存在两种类型："公正令状"（*justicies* writs）和"行动令状"（*facias* writs），这些令状可以开启特定民事案件在郡法庭的庭审程序。

"公正令状"，为"你要公正地审判"（You justice）令状。凭此类令状，郡守可以责令被告履行其承诺却拒绝做的义务，或公正地审判侵占他人土地权利之人。《格兰维尔》仅仅提及两个"公正令状"，主要用于以下两类民事纠纷：一方面，当某领主未能扣押封臣的财产来迫使其履行税金和役务，或

---

① G. B. Adams and H. M. Stephens eds., *Select Documents of English Constitution History*, New York: The MacMillan Company, 1901, pp.14—15.

某领主要求某佃户履行不应履行的税金和役务时，郡守须公正地解决这些争端；另一方面，当原告没有通过新近侵占之诉的判决恢复其土地占有时，郡守须确保原告恢复其应有权利。①

"行动令状"，为"你要使某事进行"（You cause）令状。据《格兰维尔》载，此时共有四类"行动令状"，分别适用于四类民事诉讼之中：领主对逃跑维兰及其财产的追索；邻人申请恢复被人为有意破坏的土地边界；遗产继承人要求重新合理分配其父寡妇产；封臣要求返还被领主不公正扣押的财产等。② 值得注意的是，返还被扣押财物令状是从亨利二世时期才首次由郡法庭审理。③

这些令状表明国王承认郡法庭的应有司法管辖权，并适当扩大其原有司法管辖权。在国王限制郡法庭司法管辖权的同时，也增加了其民事司法管辖权，以期将其作为舒缓总巡回法庭司法压力的制度化渠道之一，确保实现王室司法的程序公平。然而，如果郡守无法解决这些纠纷，那么案件仍然会被转移到国王法官面前进一步审理。

从中可以看出，"郡守令状"主要适用于解决领主和封臣之间的封建义务纠纷，维系地方土地秩序。亨利一世曾利用郡法庭作为制约封建关系的一种武器，此后，郡法庭的这一功能被亨利二世保留下来，并用令状形式将其制度化和常规化。由于总巡回法庭不能长久滞留一处监督地方司法治理实况，国王在大部分时间中仍然需要依靠郡法庭获取地方治理情况并伸展王室威严。因此，郡法庭的司法地位并未因总巡回法庭的管制而被彻底削弱。相反，正是得益于此，郡法庭原有的一些自治权现在变成由王室管辖的制度化权利。

综上所述，在亨利二世的这一整合措施实行后，总巡回法庭在某些领域对郡法庭的依赖性加强。当总巡回法庭到达郡内时，郡法庭已不再是原来的郡法庭，而是国王法庭。所有的审判机制都将使用国王法庭的惯例，而且总

---

① G. D. G. Hall ed. and trans., *The Treatise on the Laws and Customs of the Realm of England Commonly Called Glanvill*, London and Edinburgh: Thomas Nelson Ltd., 1965, p.144, p.170.

② Ibid., p.143.

③ Paul Brand, "Henry II and the Creation of the English Common Law", in Christopher Harper-Bill and Nicholas Vincent eds., *Henry II: New Interpretations*, Woodbridge: Boydell Press, 2007, p.223.

巡回法庭所获收益也将流入财政署。[①] 在总巡回法庭离开后，郡法庭也可以作为分担国王法庭压力的机构，协助其处理力所能及的案件。至此，郡法庭既成为国王法庭不可或缺的构成部分，又拥有一定的司法管辖权。总巡回法庭进一步深化了旧有巡回法庭与郡法庭之间的关系，并由此发展出新的王室司法程序。

三、总巡回法庭革新背后的权力之争

在考察总巡回法庭对郡法庭的改造过程中，可以发现这一改革措施不仅强化了国王对地方公共法庭的控制，而且有利于收拢领主司法管辖权。特别是，新创设的陪审团制度和令状制度对深化总巡回法庭和郡法庭关系有着重要意义。最终，它们共同推动了王室司法管辖权向地方社会的延伸。郡法庭之所以能够在此次改革中成为一个关键性的制度基础，与当时复杂的社会背景紧密相连。

诺曼征服后，威廉一世意欲用诺曼底的封君封臣制度来重新构造英格兰原有的社会结构。他利用掠夺来的盎格鲁–撒克逊人的土地在诺曼贵族中推行采邑分封。接受封地的教俗贵族成为威廉的直属封臣，直属封臣又可再行分封，如此依序下去。于是，以土地保有为基础的封君封臣制就此建立起来。封君有保护其封臣的义务，封臣亦须向封君履行服军役等封建义务。同时，通过"索尔兹伯里誓约"，威廉一世又强迫其直属封臣管辖下的大小封臣皆向国王誓忠。由此，国王强化了其一国之主和封建宗主的双重身份。这就使得英格兰的封君封臣制不同于同时期的欧洲大陆，即"封臣的封臣亦是国王的封臣"。然而，"封臣的封臣亦是国王的封臣"原则上并不能根除封建的离心力倾向，只能将其限制在一定范围内。可以说，征服者威廉缔造了一个矛盾的困境：英格兰国王既要依靠诺曼封臣来维护自己的统治，又要得到英格兰贵族和民众的支持来抵制其封臣的反叛。

一方面，诺曼诸王企图依靠诺曼贵族来实施其宏大计划，信之以重任。

① Richard Hudson, "The Judicial Reforms of the Reign of Henry II", *Michigan Law Review*, Vol.9, No.5 (Mar., 1911), p.395.

为了拉拢诺曼封臣，国王授予他们为数不少的特权领地。在这些特权领地中，领主具有高度的自主权。他们可以自主处理其管辖区内的各种事务，甚至控制了地方公共法庭，而国王无权干涉他们的内部事务。因此，诺曼贵族荣获大量特权，其管辖下的领主法庭也由此壮大。盎格鲁—诺曼时期英格兰的封建主义可能默许了这样一个事实：特权领地仍然像一个"微型的封建国家"一样自行拥有诸多国王的特权。

另一方面，国王不得不依靠英格兰民众的支持来抵制诺曼封臣的离心力量，妥善治理王国。为了捍卫自己的权利，这些诺曼领主会铤而走险地发动全国范围的暴力反叛。[①]特别是在威廉二世统治时期，一些诺曼封臣勾结诺曼底公爵罗伯特反叛其封君。为了求助英格兰民众支援作战，威廉二世许诺恢复忏悔者爱德华时期的法律，禁止各种不公捐税。于是，他最终击败了反叛的诺曼封臣。[②]同时，诺曼统治者需要英格兰地方社会中当地人的地方知识和土地管理经验，以更好地管理庞大的地产。在当时，庄头、百户长、税吏等很多仍任用英格兰当地人。[③]

然而，争取英格兰王室贵族的长久支持并非易事。1066年之后，诺曼统治者虽然成功获得对英格兰的统治权，但英格兰王室贵族对诺曼统治者一直存在抵触。自威廉一世以来，诺曼王权一直受到盎格鲁-撒克逊王室残余势力的暴力反抗。为促进诺曼和英格兰两个民族的联合，威廉一世和威廉二世均授予盎格鲁-撒克逊王室继承人埃德加王子封地和特权，亨利一世则与埃德加王子的外甥女玛蒂尔达结婚。[④]这些融合的举措无疑是想增加英格兰民族对诺曼王权的认可度，但并不能从根本上解决王权危机。

英格兰本地势力和诺曼人的融合还需要面对的一个根本性问题是采取何种治理模式，使英格兰贵族和民众认可诺曼王权。诺曼诸王意识到，只有文化冲突和战争创伤得到平复，他们才能牢固统治英格兰社会。为此，他们以盎格鲁-撒克逊原有地方管理模式为躯干，并注入诺曼封建法的血液。诺曼

---

① D. Crouch, *The English Aristocracy 1070—1272*, London: Yale University Press, 2011, pp.99—116.

② 《盎格鲁-撒克逊编年史》，寿纪瑜译，商务印书馆2004年版，第254—256页。

③ R. A. Brown ed., *Anglo-Norman Studies*, Woodbridge: Boydell & Brewer Press, 1983, pp.131—132.

④ 《盎格鲁-撒克逊编年史》，寿纪瑜译，商务印书馆2004年版，第222—224页，第232页，第265—266页。

征服后，英格兰国王依旧尊重和保留了部分为英格兰贵族和民众所信仰的地方习惯法。[1]

从威廉一世到亨利二世，这些国王均在不同程度上确认忏悔者爱德华统治时期的法律或英格兰先王的范例，以取得贵族和民众的信任。据《亨利一世之法》载，当时所存在的 32 个郡中几乎每一个郡的法律（尤其在法律程序上）都有细节上的不同。[2]《格兰维尔》也明确表达了国王对地方习惯法的尊重态度："原则上，由郡法庭审判和裁决的任何诉讼所产生的罚金应该归郡守所有。罚金的数额并不是由总巡回法庭所规定，而是取决于不同郡的习惯。"[3]

最为重要的是，盎格鲁-撒克逊时期的郡制、百户区、十户制与联保制等均被沿袭下来。这些存留下来的制度中都蕴含着地方习惯法的色彩，并与郡法庭有着千丝万缕的联系。在此基础上，诺曼诸王又将很多诺曼观念融入英格兰地方社会，譬如诺曼观念中决斗断讼的引入。据《征服者威廉之法》载，如若诺曼人起诉英格兰人谋杀，那么该英格兰人要出庭或让替代者出庭，并通过热铁审或决斗神裁（Wager of Battle）以证清白。这些举措不仅有利于团结地方社会中的英格兰本地势力，增强英格兰民众对王权的信任感，而且日后成为王权不断发展的内在动力。

由此观之，1066—1154 年间，英格兰社会一直存在两大矛盾的调和需求：一方面，国王扩张王权的要求与封建领主捍卫自身权利的要求相抵触；另一方面，英格兰传统和诺曼文化两种制度文明需要相互磨合。这两大矛盾全部体现在王权与封建领主的博弈之中。因此，在当时的封建体制下，王权不仅面临着历来已久的封建困境，而且时常受到来自地方社会的挑战。这些均迫使国王需要寻找一个调和这些矛盾的媒介来推进地方社会对王权的认可。显然，亨利二世所实施的司法改革为王权的两难困境提供了开创性的思路，即通过总巡回法庭改造郡法庭使王室力量介入地方治理，提高了王权公共权威，缓和了与地方社会的关系。

---

[1]　David C. Douglas and George W. Greenaway ed., *English Historical Documents 1042—1189*, Oxford: Oxford University Press, 1981, p.432, p.434.

[2]　J. H. Baker, *An Introduction to English Legal History*, London: Butterworths, 1990, p.15.

[3]　G. D. G. Hall ed. and trans., *The Treatise on the Laws and Customs of the Realm of England Commonly Called Glanvill*, London and Edinburgh: Thomas Nelson Ltd., 1965, p.113.

规范与功能：英国行政裁判所司法化的理论研究

周皓伦 *

在英国的语境中，"法治"与"行政法"很长一段时间内都是反义词，出于对戴西"法治"理想的继承，保守规范主义学者认为英国不应当存在"行政法"，行政裁判所也一度被其视为异端。虽然行政裁判所自弗兰克斯委员会报告开始的司法化进程已为学者公认，但有关行政裁判所司法化之前的争议却未有系统考察。① 行政裁判所司法化是否有充足的理论支撑？保守规范主义者和功能主义者的争议在其中起到了什么作用？

政府自由裁量权和私人权利保护之间的紧张关系是 20 世纪争议的核心问题，行政裁判所回应了行政国家的需要，却被冠以"新专制主义"的头衔。以赫瓦特勋爵为首的保守规范主义学者认为行政裁判所会给个人自由造成威胁，因此否认行政裁判所能够作为裁决个人与行政机关纠纷的机构。以

---

* 周皓伦，华东政法大学法律学院硕士研究生。

① 在国内现有文献中关于行政裁判所司法化的研究大都集中在行政法学界，王建新的《英国行政裁判所制度研究》一书系统研究了裁判所改革的过程与制度设计，提到裁判所发展的理论争议。高秦伟的《行政正义与争议解决的适当性原则——英国裁判所的经验与课题》与《寻找实现行政正义的最佳方式——英国行政复议制度的发展与课题》二文将裁判所的司法化与英国行政复议制度的发展相联系，指出过度强调裁判所的司法化使其丧失了之前较法院系统所具有的优势，呼吁在争议解决的适当性原则的指导下，关注争议性质与方式的互动，但文中对于裁判所改革的思想背景考察略显不足，未能展现 20 世纪英国使用的理论工具与实践发展的不适配。邓寨的《论我国行政复议制度的缺陷及其完善路径——以英国行政裁判所历史演变的考察为例》与杨欣的《转型后的英国裁判所：中国行政诉讼的新镜像》都以多诺莫尔委员会报告、弗兰克斯委员会报告与里盖特报告为节点梳理裁判所司法化的过程，但未能对裁判所演变的社会背景予以考察，缺乏对裁判所司法化的法理分析，集中在制度变化本身。赵晓娟的《英国行政裁判所司法化研究》考察裁判所司法化的驱动因素与产生原因，将裁判所的司法化变革放在英国福利国家、宪政改革的背景下理解，但未能对争议细节进行展开。

罗布森为代表的功能主义学者为行政裁判所存在的合理性作出论证，揭示保守规范主义学者赖以为基础的政治理由，指出行政裁判所能否存在本身是一场意识形态争论。多诺莫尔委员会克服了对行政国家的偏见，承认行政裁判所能够被赋予司法裁决权。

20世纪中叶，个人主义和"政府干预"之间的意识形态分歧有所缩小，行政裁判所的控制方式成为争论焦点。规范主义者主张司法控制；但对功能主义者而言，其所依赖的分权逻辑不符合20世纪行政国家机构设置的需要。功能主义者主张独立机构控制，却未能克服"法治"传统的阻力。弗兰克斯委员会报告否认了分权逻辑，但确认了行政裁判所的司法控制模式。自弗兰克斯委员会报告开始，行政裁判所开启了司法化进程。

行政裁判所司法化背后的理论争议并非不可调和，因此，有必要再思考保守规范主义学者的"法治"理念与功能主义者的"实践"导向。

一、行政裁判所能否行使裁决职能?

自19世纪开始，随着对经济和社会事务干预的增多，裁决权被赋予行政裁判所，用以解决个人与行政机关的纠纷，但行政裁判所的组成人员并非典型的司法工作者，而是隶属于行政等级体系，对各部门的部长负责。

20世纪20年代末，由于行政领域对普通法院的侵占加剧，司法职能置于由政府任命的行政机关的做法是否合理成为争论焦点。以赫瓦特勋爵的《新专制主义》为首的理论家，开始对国家干预裁决的正当性展开批评。相应，以罗布森为代表的学者为行政裁判所存在的合理性作出论证，他们否认既定的司法途径，认为将裁决职能分配给行政机关回应了20世纪行政国家的需要。

这一争端是在19世纪自由放任的个人主义和政府干预的意识形态斗争下展开的，以赫瓦特勋爵为首的信仰戴西"法治原则"的保守规范主义学者，与以罗布森为首的伦敦政治经济学院的信奉功能主义的学者，展开了一场有关"行政部门是否应当享有裁决权"的论战。

（一）否定说："新专制主义"的代名词

赞成将行政争端的裁决权留在法院的学者，秉持传统的"法治"信条，认为法院是独立于中央政府的机构，因此是英国人自由和权利的保障，可用以对抗国家干预主义。[①] 但是这种逻辑建立在"司法即正义"这一"公理"的基础上，是一种对 19 世纪法治理想无批判的继承。

1929 年，赫瓦特勋爵出版《新专制主义》一书，认为将司法性质的裁决权赋予行政机构违反权力分立，破坏法治原则。

当赫瓦特勋爵论证为何行政裁判所不被接受时，他的逻辑是：行政裁判所不是法院，只有法院才能够保证正义。换言之，他通过否认裁判所的司法性质，否认行政裁判所的合理性。

谈及法律与正义的概念时，他引用了戴西的观点。"法律就是应用已知的规则和原则以及程序"，而"正义"则是"公正独立的法官，运用证据和理性进行裁判……且法官需经过相关正式的程序任命"。这种将"法治"等同于"普通法院"的排他性解释，轻易将行政裁判所推向"不正义"的一边。"当行政法规将决定司法性质问题的权力赋予政府官员，排除法院管辖权时，……意味着该事项由行政人员决定，而他除了对上级负责外，不对此负有任何责任……该裁决不受到证据规则的约束……没有口头听证和交叉询问环节，也没有任何机会让当事人对此进行辩论……最后，该裁决通常不会提供任何理由。"[②] 他认为行政裁判所制度是一种行政任意权的行使，既非法律，也无正义。其实，使用"行政裁判所篡夺司法职能"这一话语，本身就意味着法官能够行使裁决职能，并且判断除了法官之外没有人能够行使司法职能。[③]

除了对于行政裁判所的排斥，他也用相同的逻辑分析了法国的行政法院。虽然同样使用"Tribunal"一词，但他通过论证"法国行政法院是一个独立的法院而并非行政裁判所"，从而解释了其存在的合理性。

这种观点显然受到了戴西"法治"观念的影响，他们均对法律加以严格的定义。戴西将国家法律定义为"任何将由法院执行的规则"，因此他得出

---

① Chantal Stebbings, *Legal Foundations of Tribunals in Nineteenth Century England*, Cambridge: Cambridge University Press, 2007.

② Gordon Hewart, "Administrative Lawlessness", in *The New Despotism*, London: E. Benn Limited, 1945, pp.43—58.

③ John Willis, "Three Approaches to Administrative Law: The Judicial, the Conceptual, and the Functional", *The University of Toronto Law Journal*, Vol.1, No.1 (1935), pp.53—81.

的结论是，所有不受普通司法程序制约的规则，无论其性质如何具有强制性，都必须被视为非法律①。可以推测，行政法规不会被戴西认为是"普通法律"，因为行政机构被赋予了"不正当的"自由裁量权，缺乏适用的普遍性，而作为依行政法规作出裁决的裁判所，也就不属于"司法性"的机构。这种观点源于19世纪的英国宪法原则，强调法院在界定和维护个人权利方面的作用。戴西及其思想的继承者认为，法律是"利维坦的缰绳"，只有适用普通法的法院才是司法属性的，才能起到维护法治理想的作用。

《新专制主义》一书，由于其简单的逻辑和煽动性的表达，加上赫瓦特勋爵作为高等法院首席大法官的特殊身份，很快在当时产生强烈的反响。赫瓦特的写作风格是尖酸刻薄、讽刺和摇摆不定的。他将那些不同意他观点的人称为"新专制主义的辩护人和拥护者"，目的是要引起人们的不满，并取得成功。他对"国家行为"的攻击引起普通法世界的共鸣。②根据罗布森的说法，赫瓦特在《新专制主义》中的态度得到了99%的法官、律师和律师行业分支的认同。③20世纪早期的法官和律师都成长于"法治"的氛围之中，大多数为戴西的拥趸，因此这种观点在当时占有主导地位。韦德教授在《法律季刊》上写道，赫瓦特"并不是唯一看到宪法运作面临严重危险的人"。《律师杂志》认为这是一本非常了不起的书，与其说是因为它对官僚主义或新专制主义的猛烈抨击，不如说是因为作者的司法地位之高。④

这种信仰传统"法治"，认为政府应当受制于法律，能动政府将"通向奴役"的思想在历史上占据了英国公法思想的主流，他们关注法律的规则取向和概念化属性。但随着政府职能的转变，保守规范主义对政府的解释越来越不符合经验的判断。

（二）肯定说：行政国家的最佳选择

规范主义者对于行政裁判所的讨伐受到了功能主义者的反击，他们试图

---

① Arthur L. Goodhart, "Rule of Law and Absolute Sovereignty", *University of Pennsylvania Law Review*, Vol.106, No.7 (1958), pp.943—963.

② Taggart Michael, "From Parliamentary Powers to Privatization: The Chequered History of Delegate Legislation in the Twentieth Century", *University of Toronto Law Journal*, Vol.55, No.3 (2005), pp.575—628.

③ William A. Robson, *Justice and Administrative Law*, London: MacMillan and Co., 1928.

④ Bingham, "The Old Despotism", *Israel Law Review*, Vol.33, No.2 (1999), pp.169—192.

从现代行政国家发生的变化论证行政裁判所的合理性，同时揭示戴西理论赖以为基础的政治价值。与规范主义者依赖保守主义和自由主义相比，功能主义者信奉一种集体主义的社会本体论，以社会实证主义、进化论的社会理论及实用主义哲学为基础。对于功能主义者而言，广泛的权力下放并非官僚集体的邪恶谋划，而是社会现实的迫切需要。工业化和世界强国的头衔使得英国在 20 世纪需要承担的任务超乎预期，国家需要完成从"守夜人"到"保卫者"的转型，一定程度上的授权不可避免。功能主义者认为，拒绝行政裁判所行使司法裁决权只是一种顽固的历史偏见，即将行政裁判所看作行政机构，拒绝行政机关行使自由裁量权。[1] 他们对于行政裁判所的辩护采取更加实用主义的逻辑，在行政国家发展变化的基础上，通过比较行政裁判所相对于法院的优势，论证其被赋予司法裁决权的必然性。

罗布森在 1928 年出版《司法与行政法》一书，提倡建立一个独立的行政裁判所系统。一方面，他与赫瓦特勋爵一样意识到行政裁判所可能存在的问题和"法治"的重要性，强调行政裁判所应当在机构上是独立的，应当在公开场合进行裁决和听证，并为其提出理由。另一方面，罗布森给出了行政裁判所更加适合行政争议解决的原因，认为现代行政国家需要摆脱法院和普通法的个人主义、以财产和契约为基础的意识形态，从而实现福利机关和行政政策的目标。他试图扭转僵化的"法治"观念，强调将司法裁决权分配给行政机构并不是英国独有的特殊情况，而是文明国家历史上的必经之路。"它比普通法院更迅速、更便宜、更有效地完成工作；拥有更多专业的技术知识，对行政部门的偏见更少；更关注所涉及的社会利益而不是私人的财产权；它将有意识地使用授权立法中的政策以裁决争端。这种做法在未来的行政国家会具有广泛的优势，因此促进议会扩大政府部门的管辖权，包括赋予其解决相关社会问题的司法职能。"[2]

此外，书中对"行政无法律"的观点进行驳斥，赫瓦特勋爵提到行政裁

---

① John Willis, "Three Approaches to Administrative Law: The Judicial, the Conceptual, and the Functional", *The University of Toronto Law Journal*, Vol.1, No.1 (1935), p.53.

② William A. Robson, "The Report of the Committee on Ministers' Powers", *The Political Quarterly*, Vol.3, No.3 (1932), pp.346—364.

判所是一种新的专制主义的形式，其依据是这些行政裁判所不是普通的法院，不能说是在执行法律。对于行政无法律的"法律"，他们认为这忽略了一个既定事实，即行政裁判所在作出决定时也需要遵循既定的行政法规。虽然行政裁判所比普通法院拥有更多的自由裁量权，但这并不意味着行政裁判所可以无视对其有约束力的法律。[①] 对于"行政无法律"的"行政"，威利斯认为，这种将行政裁判所划分为"行政"或者"司法"性质的逻辑，是一种概念性的法律思维，能将未知事物和已知事物联系起来，并在不同的事物之中看到相似之处，该方法需要应用一种理论，即"三权分立"，但概念性法律方法的使用前提是两种概念都可能适用。而行政裁判所并不能适用"三权分立"这种理论进行分析，因为选择这种理论本身就并非是一个法律问题，而是一个政治问题。"他们把事实装进一个概念之中，……在使用这个概念时，暗示了他们对其背后理论的坚持……在以分权为原则的国家，行政裁判所的任何职能都被简单地冠以'行政'之名，而要论证行政裁判所非凭'行政'这一概念的概括，却需进行艰难的法律分析。但无论分析的结果如何，公共利益的需要决定了行政裁判所的存在。因此，现实必要性所产生的例外情况远超出规范性的理论范围。"[②]

詹宁斯抨击了对于戴西观点的迷恋和误读，他指出，将"普通法律"与"专制权力"对立起来是错误的。"如果戴西的意思是公共当局不应该有很大的权力，那是维多利亚时代保守的自由主义者的观点，根本不是一种法律学说。"[③] 对于功能主义者而言，被保守规范主义者当作"事实"的分析对象，实则蕴含着"价值"的前提。对戴西观点的迷恋，是一种政治价值的选择。

（三）多诺莫尔委员会：对行政裁判所行使裁决职能的承认

多诺莫尔委员会，亦称部长权力委员会，是在 1929 年 10 月 28 日（《新专制主义》出版的前 3 天）由休厄特勋爵的对手大法官舒斯特尔（Schuster）爵

---

① Arthur L. Goodhart, "Rule of Law and Absolute Sovereignty", *University of Pennsylvania Law Review*, Vol.106, No.7 (1958), pp.943—963.

② John Willis, "Three Approaches to Administrative Law: The Judicial, the Conceptual, and the Functional", *The University of Toronto Law Journal*, Vol.1, No.1 (1935), pp.53—81.

③ W. Ivor Jennings, "The Report on Ministers' Powers", *Public Administration*, Vol.10, No.4 (1932), pp.333—351.

士任命的，他希望委员会能调查休厄特勋爵提出的问题，调查被赋予司法权力的行政官员，并报告需要哪些保障措施以确保英国的"议会主权和法治原则"。

事实上，委员会坚持认为，议会允许部长行使司法和准司法权力以及允许部长法庭行使司法权力的现行做法没有任何根本性的错误，但这种做法有可能被滥用，如果不加以防范就会附带出现危险，如果要维护法治和臣民的自由，某些保障措施是必不可少的。①

多诺莫尔委员会采取了三项措施。首先，回应了赫瓦特和罗布森等人的关切，强调行政裁判所成员在履行裁决职能时恪守公平程序的重要性。其次，以"法治"的名义，创造了"行政、司法、准司法"的概念并试图分离其概念，从而区别行政部长、法院和行政裁判所行使职权的范围，以证明现有的裁决权力分配没有问题的结论。委员会认为，涉及法律应用方面的"司法职能"应当分配给法院，只有特殊情况下才能分配给行政裁判所，而涉及行使政策方面的"行政职能"应当分配给部长。"准司法"职能是司法和行政问题的混合，"自然属于部长，但在特殊情况下，这种职能的两个要素，可以分开，司法要素可以分配给行政裁判所，而自由裁量的政策决定权应当分配给部长"。委员会虽然提出这样的要求，却没有提供区分的方法。委员会提到："一方面，真正的司法决定以两个或更多的当事人之间存在的争端为前提，然后存在四个必要条件。（1）争端各方陈述（不一定是口头陈述）他们的情况。（2）如果他们之间的争端是一个事实问题，则通过争端各方提出的证据来确定事实，并由各方或其代表对证据进行辩论。（3）如果他们之间的争议是一个法律问题，则由各方提交法律论据。（4）通过对争议事实的认定适用国家法律，对有争议的法律问题作出裁决，以解决问题。另一方面，准司法决定不一定涉及（3），也从不涉及（4）。"显然，委员会所做的区分不是司法和准司法职能之间的区别，而是司法和准司法决定之间的区别，该区别也仅仅是一种"要求"，不能对职能分配提供清晰的指向。② 第三，

---

① D. G. T. Williams, "The Donoughmore Report in Retrospect", *Public Administration*, Vol.60, No.3 (1982), pp.273—292.
② W. Ivor Jennings, "The Report on Ministers' Powers", *Public Administration*, Vol.10, No.4 (1932), pp.333—351.

它拒绝了罗布森提出的建立一个相对独立的行政裁判所系统的建议，而赞成保留现有的设计行政裁决机构的务实和零碎的方法，维持法院对这些机构的司法审查管辖权，并建议在统一和简单的程序下行政裁决者有向法院就法律问题提出上诉的普遍权利。①

多诺莫尔委员会采取了一种中立的观点，报告没有建议对现有秩序进行任何激进或全面的改变，没有建议对政府部门进行任何大规模的重组，没有建议对政府权力进行全盘转移。相反，以英国人特有的方式，实际上接受了现有的秩序，认为行政裁判所以及一定程度上的司法授权是或多或少不可避免的。② 对于规范主义者而言，多诺莫尔委员会对于"法治"理想进行了确认；对于功能主义者而言，对现有状况的承认意味着行政裁判所能够继续行使司法裁决权。但多诺莫尔委员会在划分"行政、司法与准司法"这一问题上显然没有处理完善，这也为之后关于行政裁判所性质的争议埋下伏笔。

二、行政裁判所的控制方式

第二次世界大战结束之后，"授权立法"与"授权裁决"的做法均被认为是国家在面临重建和复兴的艰难任务时的必要手段。因此，行政裁判所行使司法职能的适当性不再受到质疑，此时的争论更加关注权力"控制的机制"③。由于多诺莫尔委员会依然没有提供具体的对自由裁量权进行限制的方法，在 20 世纪 50 年代，英国行政裁判所的发展面临着尴尬的状况。一方面，普遍的心态依然受到戴西对于行政法描述的影响，认为其对于英国是一种不幸；另一方面，现实中大量的行政裁判所被设置，由部长任命，不公开审理，无法律代表，程序不正规，不提供作出决定的理由，也不一定能就法律问题向法院上诉。④ 此时，由法院还是独立的行政上诉裁判所作为行政裁

① Peter Cane, *Administrative Tribunals and Adjudication*, Oxford: Portland, Ore: Hart Pub, 2009.

② Blythe Stason, "Administrative Tribunals—Organization and Reorganization", *Michigan Law Review*, Vol.36, No.4 (1938).

③ Sir Cecil, "Parliamentary Supervision in Britain—II", *New York University Law Review*, Vol.30, No.5 (1955), pp.1045—1056.

④ William A. Robson, "Freedom, Equality, and Socialism", *The Political Quarterly*, Vol.27, No.4 (1956), p.378.

判所的上诉机构，控制其裁决行为就成为争议焦点。

（一）司法控制说

对行政裁判所进行司法控制依然是 20 世纪中叶的主流观点。学者试图将行政裁判所的程序规范为司法性程序，同时将法院作为其上诉机关。这种观点背后有两种不同的逻辑，但都带有保守规范主义的影子。

第一种逻辑沿用了赫瓦特勋爵在《新专制主义》中的话语，认为对行政裁判所施加司法控制能够保障其正义，本质上是一种出于对"行政无法律"的恐惧和对于"法治"理想的继承，将"法治"与"司法控制"等同。托马斯认为，这种做法主要是出于对行政裁判所与行政机关的关联的担忧，因为法院没有执行行政政策的责任，只是作为一个公正的裁决者，而行政裁判所则隶属于行政机关。[①]

在 1957 年发布的费边社研究小册子中提到，"新的集权以及由普通法院系统之外的机构行使司法权带来了'新专制主义'的危险"。即使现代国家的巨大权力是对个人自由明显威胁的观点早已过时，"行政无法律"的观点也被诸多理论家所驳斥，但是在工党发布的《个人自由》小册子中，依然以此作为基础。在谈到行政裁判所时，小册子提出的主要观点是：行政裁判所没有充分接受法院的监督，行政裁判所的成员应当由大法官任命，在案件处理过程中应当允许有法律代表，就法律问题向法院上诉的权利应当独立于特权令的存在。[②]

霍兹沃斯认为，如果排除法院对行政裁判所的审查，那么就违反了法治原则。"只要法院的管辖权被取消，官员在可审理的问题上获得纯粹的行政自由裁量权，那么法律规则就被废除了。但我认为，如果这些官员被赋予司法和准司法的权力，就不会被废除。毫无疑问，这些权力不是由法院行使的；但由于它们的行使受到法院的严格控制，可以说法治原则没有受到侵犯。"[③]

---

① Robert Thomas, *Administrative Justice and Asylum Appeals: A Study of Tribunal Adjudication*, Oxford: Portland, Ore: Hart Pub, 2009.

② William A. Robson, "Freedom, Equality, and Socialism", *The Political Quarterly*, Vol.27, No.4 (1956), p.378.

③ Harry W. Arthurs, "Rethinking Administrative Law: A Slightly Dicey Business", *Osgoode Hall Law Journal*, Vol.7, No.1 (1979), pp.1—45.

第二种逻辑试图区分行政裁判所的基本性质，认为如果确认其为行政性质，则应当由政府负责其行为；如果承认其司法性，则法院就应当起到监督的作用，可以对其加诸司法的程序性限制，并且就其决定向法院进行上诉。这种观点本质上依然沿用了保守规范主义的分析方法，根植于事实与价值及法律与政治的分立，并完全支持高等法院的普遍管辖权。

从行政裁判所职能的视角理解，其通常被看作是为个人提供纠纷解决程序来保护其合法权利的一种手段，艾伦认为行政裁判所就其职能而言是司法的，"它本质上是司法性质的，不能被看作是公务员机构"，普通法院是上诉机关的不二人选。一方面，他对司法专业人员的素质绝对信任，认为司法能力远比行政人员特定的专业技能重要，"训练有素的法官的固有职能是，他应该能够对各种问题进行思考，无论它们可能包含何种技术元素"。另一方面，他认为普通法院作为上诉机关本身就能够对行政裁判所施加审慎义务，对初次审理的结果予以保障。但这一逻辑的前提是"行政裁判所的性质是可分的"[1]。

多诺莫尔委员会报告中对行政裁判所性质的划分进行了尝试，但"准司法"一词表明了背后的模糊性，这一术语意味着"司法"与"行政"、"事实问题"与"法律问题"的区分在每一个案件中都需要独立的判断。这种建立在"分权"基础上的区分方式，使得行政裁判所陷入一个尴尬的地位，因为所谓的"司法裁决"与"行政决定"之间并没有清晰的分界，任何武断的定性都会产生对行政裁判所作用和职能的片面理解，进而对审查方式作出错误的判断。

韦德也是对行政裁判所施加司法控制的倡导者，但他也认识到这种"分权"逻辑背后的缺陷。在 1958 年发表的文章中，他提到区分"司法"职能对法院救济的干扰，"案件总是倾向于关注什么是司法职能……但是，按照目前的标准，几乎不可能确定什么是'司法'职能，这就动摇了诉讼请求的整个基础"。因此，他认为古老的"特权令"可以继续沿用，成为行政裁判所的司法救济手段，"可以修改，但不限于废除这些古老的救济措施，它们

---

[1]　C. K. Allen, "Some Aspects of Administrative Law", *Journal of the Society of Public Teachers of Law*, 1929, pp.10—22.

很可能仍然具有很大的作用。① 此外，他也在多个场合提及程序的重要性，"奠定行政司法基础的正确方式首先集中于程序，以及适用于各种争端裁决的公平竞争的基本要素"，试图将司法程序的标准引入行政裁判所的实践。②

（二）独立控制说

功能主义者支持建立独立的行政裁判所系统，否认对行政裁判所进行"司法"或"行政"性质确认的可能性。他们认为，行政裁判所处理的争端是与公共政策有关的争议，在行使裁决权的过程中，他们适用的法律规则与行政机构作出决定时是相同的，都体现了具体的政策目标。因此，行政决定与裁决行政争议两者并非是两极对立的，而是彼此紧密关联的。格里菲斯认为，"没有理由不把裁决机制作为行政机制的一部分。事实上，从某种意义上说，它必须如此，无论行政裁判所在机构上是多么独立"③。詹宁斯认为，有必要剥夺普通法院对于行政裁判所的上诉管辖权，因为他们会"为了私人财产利益违背公共政策……普通法院的法官缺乏对公共立法中政策目标的适当承诺"④。罗布森认为将行政裁判所置于司法控制之下就是重新引入"正式司法的法律主义和不自由，而避免这种情况是行政司法机制所追求的主要目标之一"。同时，他也否认了"事实问题"与"法律问题"之间区分的可能性。"要发现一个法律问题和一个事实问题之间的任何本质区别往往是非常困难的。一代人的事实问题有时会成为下一代人的法律问题；在公共行政领域的法律问题和事实问题之间，肯定会出现大量的先例。当法院想要干预时，他们会设法将其设计为一个法律问题。"⑤

因此对于功能主义者来说，真正的问题在于，哪一方能够最好地平衡私人权利和公共福利这两个经常冲突的利益，是那些在普通法院的法官，还是那些出于行政裁判所等级体系的人员。功能主义者更强调行政裁判所的能动

---

① H. W. R. Wade, "The Future of Certiorari", *Cambridge Law Journal*, Vol.16, No.2 (1958), pp.218—233.

② Christopher Forsyth and Ivan Hare, *The Golden Metwand and the Crooked Cord Essays in Honour of Sir William Wade QC*, Oxford: Oxford University Press, 1998.

③ J. A. G. Griffith, "Tribunals and Inquiries", *Modern Law Review*, Vol.22, No.2 (1959), pp.125—145.

④ John Willis, "Three Approaches to Administrative Law: The Judical, the Conceptual, and the Functional", *The University of Toronto Law Journal*, Vol.1, No.1 (1935), pp.53—81.

⑤ William A. Robson, "The Report of the British Committee on Ministers' Power", *The Political Quarterly*, Vol.3, No.3 (1932), pp.346—364.

作用，认为绝对的司法是一种僵化的控制形式。戈登教授认为，法官依照普通法遵循先例的原则行事，其本质是确定权利和责任，实施相对稳定的法律。相反，裁判所根据行政机关的政策和权宜行事，不关心预先存在的权利和责任，而是自己创造执行的权利和责任。"司法法院寻找法律来指导它，而行政裁判所在其职权范围内，本身就是法律的创造者。"①

罗布森教授和詹宁斯教授始终提倡建立一个独立的行政上诉裁判所。一方面免于其被视为政府的附属品，另一方面能够将裁决置于更广泛的政策实施背景下，适应行政国家的需要。他们提出的理由包括以下三个方面：第一，行政问题现在非常具有技术性，与之相关的法律问题应该由熟悉行政法所要解决的问题的法官来决定；第二，高等法院目前的程序不适合其控制行政当局的职能；第三，应该针对行政法的特殊问题制定新的解释和责任规则。

但对于功能主义学者来说，除了论证独立的控制更合理之外，还需要论证类似于法国"行政法院"的行政裁判所系统，并不违反英国的宪法原则，也不违反戴西对于"法治"原则的描述，这也是多诺莫尔委员会否决该提议的原因。罗布森指出，孟德斯鸠误读了英国宪法，将英国的自由归于从未存在过的权力分立，并将这种分立的必要性提升为政治理论的教条性原则；而戴西对于法国行政法院也有同样的误解，他给年轻学者留下了关于行政权的错误印象。② 从某种意义上来说，对普通法院作为法治执行者的依恋在英国宪法的历史中已经根深蒂固。

威利斯始终对司法控制在行政国家中的作用感到失望，他认为，将法治与司法控制等同起来的想法，是实现理想的自由裁量控制制度的最大障碍。但同时他也意识到了这种法律文化依附关系的巨大阻力。1937 年，他提到，"这不仅为一个庞大的受人尊敬的职业提供了生计，而且为整个英美社会提供了信仰……可惜的是，目前无法改变这种现实"。因此，"普通法院"等同

---

① D. M. Gordon, "Administrative Tribunals and the Courts", *Law Quarterly Review*, Vol.49, No.1 (1933), pp.94—120.

② William A. Robson, "Dicey's Law of the Constitution: A Review", *Michigan Law Review*, Vol.38, No.2 (1939), pp.205—207.

于"正义",而行政裁判所等同于"次等的正义"。[1]

（三）弗兰克斯委员会：行政裁判所司法化的开始

1954 年后，由于克里切尔高地事件，英国的行政司法状况成为公共争论的焦点。该事件涉及农业部在 1937 年强制购买的一块土地的处理争议，本身并不直接涉及行政裁判所，但暴露了相关问题，包括行政组织的复杂、行为的不公开、缺乏明确的权力界限以及所造成的不公平现象。一方面，部长责任制已经难以应对现实发生的问题，因为没有一个部长能够直接监督大量下属的活动；另一方面，普通法院也不能满足行政国家管理行政自由裁量权的需要。行政裁判所能够弥补这个缺口，但对于行政裁判所的性质争议和控制方式依然未有定论。

为了平息该事件引起的公众不满，英国政府于 1955 年 11 月成立了一个行政裁判所和调查委员会，研究行政司法问题。该委员会以其主席的名字命名，被称为弗兰克斯委员会。委员会首先承认行政裁决权下放给行政机关的合理性。其次认可行政裁判所在处理行政争端上相对于法院的优势，包括廉价、便利、不受专业限制、迅速以及拥有特定领域的专门知识。第三，就行政裁判所性质的定义问题，委员会给出答案，否认行政裁判所属于政府管辖范围，认为"行政裁判所是裁决机制的一部分"，与法院一起负责执行法治。第四，它以"公开、公平和公正"的标准来确保行政裁决中更大的程序规范性。弗兰克斯委员会阐述了适用于法庭决策的三项原则：公开性、公平性和公正性。公开性要求公开诉讼程序与作出决定的理由；公平性要求采用明确的程序，使当事人能够了解他们的权利并充分陈述他们的情况；而公正性则要求裁判所的裁决不受与其有关行政部门的影响。[2]

根据弗兰克斯委员会的报告，《行政裁判所与调查法》设置了一个行政裁判所委员会，作为广泛的咨询和审查机关存在，为行政裁判所设置了明确的程序标准，包括：公开听证、获取法律代表的权利、传唤证人的权利、使用对抗性程序以及相关文件的公开披露。此外，也确认了行政裁判所向法院

---

[1] Peter L. Lindseth, "Reconciling with the Past: John Willis and the Question of Judicial Review in Inter-War and Post-War England", *University of Toronto Law Journal*, Vol.55, No.3 (2005), pp.657—690.

[2] Report of the Franks Committee on Tribunals and Enquiries, 1957, Cmnd 218, para 42.

上诉的权利，反映了其在法律问题上的从属性质。

罗布森认为，这是宪政史上的一块重要里程碑，因为它承认行政裁判所是"司法机制"的组成部分，而不是像多诺莫尔委员会一样"勉强承认行政裁判所拥有的一些优势"。对于英国知识界来说，功能主义的思考方式带来了保守规范主义的反思，保守规范主义者也抛弃了建立在价值层面上无法被证实的概念，赋予法治现实层面的意义。但弗兰克斯委员会在行政裁判所的控制方式上也有了明确的表态，认为负责监督行政裁判所的机构应当完全并入高等法院，即坚持了规范主义的观点。1958 年以后，行政裁判所就走上司法化道路，逐渐于法院趋近，并在 2007 年并入法院系统。因此，马丁·洛林认为，公法中的功能主义风格始终只是作为一种异议传统而存在。[①]

三、结语

保守规范主义者与功能主义者关于行政裁判所的争论在一定程度上还原了 20 世纪英国的公法现实，是一个"社会和政治现实与我们试图描述它的公共语言之间不一致的世界"[②]。面对不符合旧"法治"理想的新机构，行政裁判所能否行使裁决权成为保守规范主义者和功能主义者论争的焦点，但真正主导这场争议的却是两者背后的意识形态。保守规范主义以个人主义和自由主义为智识源头，而支撑功能主义的确是一种集体主义的社会本体论，区别于普通法个人主义的意识形态。多诺莫尔委员会承认了行政裁判所作为裁决机构的合理性，但真正使得行政裁判所被接受的依然是其背后社会共识的转化。因此，当 20 世纪中叶，政府在福利和监管方面的大量参与已经牢固确立并被广泛接受，个人主义和"政府干预"之间的意识形态分歧有所缩小时，该问题就不再成为争议的焦点。

虽然行政裁判所的存在被接受，但是保守规范主义的思考风格依然渗透在英国公法之中。行政裁判所应该受到司法控制还是独立控制？一方面，

---

① ［英］马丁·洛林：《公法与政治理论》，郑戈译，商务印书馆 2013 年版，第 250 页。

② Martin Loughlin, "Law, Ideologies, and the Political-Administrative System", *Journal of Law and Society*, Vol.16, No.1 (1989), pp.21—41.

"法治"理想和情绪化的口号逻辑依然存在;另一方面,规范主义推崇的"分权"方法并不契合行政裁判所的特征。在《普通法》一书中,霍姆斯大法官有一句名言:"法律的生命不在于逻辑,而在于经验。"英国行政裁判所设置在行政机构内是调和的结果,而非建构的产物,这种历史因素在很大程度上注定了裁判所不可能从外形上符合源自理性建构的分权理论。在此基础上,功能主义者提出行政裁判所应当受到独立控制,积极迎合行政国家的发展变化。但功能主义者始终占少数,弗兰克斯委员会确认了行政裁判所此后的"司法"道路。功能主义的思考方式带来了保守规范主义的反思,"法治"话语并不能完全解释制度设计与变化的需要,保守规范主义者与功能主义者对于行政裁判所司法化的理论争议,展现了法律制度创设背后 20 世纪英国公法理论的多元图景。

英国 19 世纪传统的宪法理论与 20 世纪行政国家变化的冲突催生出保守规范主义与功能主义的公法理论,两者对于行政裁判所司法化的不同思考引导着行政裁判所的变化发展。传统的"法治"理论与现实的需要之间如何协调,规范主义与功能主义的思考方式对行政裁判所的制度设计有指导意义。

英国都铎王朝的世俗变革
——以《用益法》为中心的考察

崔智翔[*]

G. R. 埃尔顿曾说："都铎时期的英国，世俗国家和教会制度的变革有目共睹，其效果不亚于经历了一场革命。"[①] 这场"革命"中的世俗变革部分长期受到学术界的重点关注，研究对象广泛，成果丰富，如封建经济的衰落、社会阶层的流动、议会及都铎政府改革、圈地与产权变革等。相较于此，以法案为中心的都铎世俗变革研究稍显薄弱。20 世纪 70 年代，埃尔顿曾以议会立法法案为基础，从司法角度切入研究都铎议会。[②] 但并未专门研究《用益法》。

《用益法》作为都铎王朝关于土地继承的重要公法案，常见于英国土地法律史、司法制度史和社会史等相关专著中。霍尔兹沃斯的《英国法律史》[③]、贝克的《牛津英格兰法律史》[④]、辛普森的《土地法史》[⑤] 等著作中均有阐述。从对该法案的研究方向和运用角度出发，可大致分为两类。一是霍

[*]　崔智翔，山东师范大学历史文化学院硕士研究生。

[①]　J. H. Burns, *The Cambridge History of Political Thought, 1450—1700*, Cambridge: Cambridge University Press, 1991, p.280.

[②]　G. R. Elton, *The Tudor Constitution*, Cambridge: Cambridge University Press, 1986. G. R. Elton, *Parliament in the Sixteenth Century: Function and Fortunes History*, Cambridge: Cambridge University Press, 1979.

[③]　W. S. Holdsworth, *A History of English Law, Vol.4*, London: Sweet and Maxwell, 1966, pp.415—467.

[④]　Sir John Baker, *The Oxford History of the Laws of England, Vol.6*, Oxford: Oxford University Press, 2003, pp.653—671.

[⑤]　A.W. B. Simpson, *A History of the Land Law*, Oxford: The Clarendon Press, 1986, pp.15—19.

尔兹沃斯等学者以用益制度为引入，从法理学角度系统探究《用益法》颁布和被替代的原因，继而探讨 16 世纪及后世信托制度与法律的发展脉络。二是对该法案进行专门性的论述，涵盖形成原因、法理基础准备、颁布过程等，从法律条例原文出发拆解法律语言，对该法案进行深入的法理学剖析，挖掘其中的优势和缺漏。如贝克以用益造成的司法不确定性为研究中心，阐述《用益法》及其后替代性法案颁布的司法因素，同时评判该法案在宪政史上的作用以及对当时社会的影响，探究都铎时期宪政体系架构的变迁与完善①。

相较于国外，国内对该法案的研究开始较晚，研究体系尚不完善，已有成果大多以论文为主，缺少相关专著。国内学者多是将用益作为信托的前身，将《用益法》作为信托法律历史发展进程中的阶段性成果，如余辉的《信托法律制度的肇始——英国 1536 年〈用益法〉》②和《信托法发展中的一个重要阶段——英国 1536 年〈用益法〉颁布之前用益制的发展》③两篇文章，将用益制度和《用益法》作为研究近现代信托法的历史渊源和重要节点。此外，国内学者还将该法案作为从旁佐证的证据和史实背景用以论述其他研究方面的问题，在咸鸿昌的著作《英国土地法律史——以保有权为视角的考察》中虽有针对该法案的单独阐述，但偏重于法理学的角度，将该法案置于英国土地法律体系中，用以证明 16 世纪英国土地法的基本法学理论④。

综上所述，《用益法》在国内外学术界均受到重视，该法案不仅是近代信托发展史上的重要成果，而且在英国土地法律、社会史学和近代司法体系的构建上具有重大意义。国外对此的研究成果较为丰硕，研究体系架构完整；而国内的研究体系尚处于发展阶段，研究较为分散，主要集中于该法案的法理学角度，缺乏以该法案为中心的针对都铎社会变革的研究。本文尝试以《用益法》为考察中心，阐述都铎王朝时期的世俗变革，考察英国社会的近代转型。

---

① 程汉大、李培锋：《英国司法制度史》，清华大学出版社 2007 年版，第 53 页。
② 余辉：《信托法律制度的肇始——英国 1536 年〈用益法〉》，《环球法律评论》2003 年第 3 期。
③ 余辉：《信托法发展中的一个重要阶段——英国 1536 年〈用益法〉颁布之前用益制的发展》，《华东政法学院学报》2004 年第 1 期。
④ 咸鸿昌：《英国土地法律史——以保有权为视角的考察》，北京大学出版社 2009 年版，第 298 页。

一、用益制度及其历史渊源

1536 年《用益法》中涉及的"用益"[①] 是 13—15 世纪英国的一种土地继承制度。这一制度是当下信托制度的前身，从现有的信托制度中可以窥探到过去用益制度的痕迹。所谓信托制度，就是财产所有人基于对财产委托人的信任，将特定或全部财产委托给受托人或信托机构占有和使用，以将财产及其收益交给特定个人、团体或达成某种目标。用益制度的内在含义与此大致相同，由于在中世纪盛行的封建制度中土地是财富、身份、地位的象征，因此用益制度中的财产主要涉及的是保有地等不动产，即用益是"一种土地管理、保有方式"[②]。

用益制度最早出现于 1066 年诺曼征服后，彼时用益制度主要指人们为了第三方的用益将土地转让给另一方，并非大量运用于世俗土地继承，而是适用于教徒将土地利益捐献给圣方济各会。"据 1080—1087 年拉姆齐修道院的文契记载，一位名为欧多的人，在得到该修道院院长的同意后，将一块土地设置为在他与莫瑞奥共同生活期间受益人为莫瑞奥的用益。在他们死亡后，该土地以及欧多的其他地产通过用益捐献给圣方济各会。"[③] 在 13 世纪初，主张秉持《圣经》宗旨保持赤贫的圣方济各修士来到英国，修士应《圣经》宗旨不拥有任何物质财富，但需要有最低的生存条件以保障传教，包括住宿、饮食、水等，这样信徒便开始使用用益为修士提供居所等生活必需[④]。

---

① 其结构为：A 作为土地出让人为 B 及其继承人的用益而将土地转让给 C 及其继承人，其中 B 及其继承人是保有地受益人，C 及其继承人是用益受托人，用益受托人应当允许受益人取得收益。同时，根据受益人的要求及其遗嘱通知受托人应将该地产权转让给受益人及其继承人，或根据受益人的指令而将该地产权转让给其他人，如受托人已丧失占有该地产的地产保有权，而受益人受到妨碍，则受托人可重新占有或提起诉讼以继承其占有。参见薛波主编：《元照英美法词典》，北京大学出版社 2013 年版，第 1389 页。受托人的主要职责是根据信托文书的条款来执行信托，受托人对受益人有义务从其交易中排除所有受托人自身的私人利益，并仅考虑信托的利益来执行信托，在管理信托时，受托人必须表现出一个普通人在处理自己的事务时所使用的技巧、谨慎和勤勉。受托人在履行信托职责时，需要最高程度的诚信、诚实和公平交易。参见 George Gleason Bogert, *Handbook of the Law of Trusts*, St. Paul: West Publishing Co., 1921, pp.331—332.

② 薛波主编：《元照英美法词典》，北京大学出版社 2013 年版，第 1388 页。

③ W. S. Holdsworth, *A History of English Law, Vol.4*, London: Sweet and Maxwell, 1996, p.415.

④ S. F. Pollock & F. W. Maitland, *The History of English Law, Vol.II*, Cambridge: Cambridge University Press, 1968, pp.230—231.

由此，圣方济各会修士在英国最先大量使用用益制度。随后，在教会的影响下，用益制度使用范围逐渐扩大到世俗领域。

在中世纪，英国普通法将财产划分为通过不动产权保护和恢复的可继承的土地类财产，以及靠个人行为保护和恢复的动产。"1481年利特尔顿死后，出版的《保有制法》为当时尚处于农业社会的英国奠定了土地法的基础"[①]，即基于英国法律传统，所有土地是持有而不是直接拥有。在英国的封君封臣体系中，国王是全国最大的封建领主，享有英国所有土地的所有权，国王为奖励支持者的忠诚，给予他们有尊严的头衔和土地的使用权。由于获赠者享有的是土地的使用权而非占有权，因此他们在法律上的身份是土地保有人而非所有者。国王将土地分封给直属封臣，直属封臣再将土地向下分封，"民众因为土地上应负的封建附属役务以及享有的土地保有权不同，而成为不同层次的附庸"[②]。这种封建分封体系导致英国的土地关系十分复杂，一份保有地产中往往包含众多地产权，例如自由继承地产（fee simple）、限嗣继承地产[③]（fee tail）和终身地产权（estate for life）等。在当时盛行的封建制度中，封建领主享有监护权、婚姻权、没收权、继承权和先占权等。即领主在地产保有权法定继承人未成年时，享有"监护权"和"婚姻权"；在继承人成年时，享有获得继承金的权利。此外，领主还有权在女儿结婚、长子成为骑士或自身被扣押时，要求封臣提供"帮助"。这些负担，和其他类似性质的负担，都落在了地产合法保有权的持有人身上。

伦敦大瘟疫后，英国商品货币关系逐步发展，封建领主为转嫁经济危机，利用货币地租代替实物地租。货币地租的推行减轻了领主对土地的管控，地产主借此能够自由支配土地经营，发展自身经济实力，逐步瓦解着英国封建庄园制经济体系。封建经济的瓦解造成依附于土地上的封建关系的削弱，地产主不再依赖领主通过封建契约关系给予保护，日渐将土地上属于自身的封建义务视为负担。此外，地产主耗费资产自主经营土地，现土地保

---

① Christopher W. Brooks, *Law, Politics and Society in Early Modern England*, Cambridge: Cambridge University Press, 2010, pp.18—19.

② A.W. B. Simpson, *A History of the Land Law*, Oxford: The Clarendon Press, 1986, pp.15—19.

③ Ibid., p.86; "限定继承地产是一种被缩小了的可继承地产，在可留存的延续时间上小于自由继承地产"。

有者去世后，土地易被上级领主收回地产权，或由于限定的继承人经营不善而导致破产。地产主试图规避这些现象，将土地留给适合的后嗣，而用益制度恰巧能够使地产主克服普通法中禁止通过遗嘱将土地传给指定继承人的条款①，并以此摆脱回复令状制约的需要，凭此优势，该制度在14—15世纪盛行一时。

由于用益克服了上述普通法的规则，因此其在普通法上不被承认。"根据本王国的普通法，土地保有权和遗产不能通过遗嘱进行分割，也不应该从一个人转移到另一个人。"②所以在用益中出让人和受益人不占有地产，不属于该地产的保有人，在普通法中不需要承担附属在土地上的封建责任和义务，同时也无法得到普通法给予的保护和救济。没有救济途径、程序方面还有重大欠缺的情形在普通法上被称为"危害"③，普通法拒绝承认用益，所以普通法法庭无法受理用益导致的欺诈。这里的欺诈分为三个层面：第一层是较为明显的，地产主设置用益使国王失去土地上的封建权益，削弱了王权对土地的控制力，减少了王室收益，这是对国王的欺诈。第二层是债务人对债权人的欺诈，并且用益的这一操作使普通法令状失去实际作用，可以说这也是对普通法的欺诈。第三层是受托人对出让人和受益人的欺诈。当时在英国社会提起的用益欺诈申诉多是第二层和第三层，在普通法庭无法受理的情况下，民众转而寻求代表"国王良心的守护者"的大法官法院的救济。最早在13世纪末，大法官开始介入对有关用益案件的管辖，并在14世纪早期逐步建立起对用益的管辖权。14世纪末，开始对用益制度加以发展，例如，"1381年，在拉特莫爵士的一份正式遗嘱文件中对地产受托人作出大量的指示"④，遗嘱中较为明确的指示限制受托人可能造成欺诈。而到15世纪末，大法官法院作为普通法法庭的有益补充，对用益制度的产生方式、受托人和受

① Christopher W. Brooks, *Law, Politics and Society in Early Modern England*, Cambridge: Cambridge University Press, 2010, p.42.
② *The Statutes of the Realm, Vol.3*, Buffalo: William S. Hein & Co., Inc., 1993, pp.540—542.
③ "危害"主要包括不幸、麻烦、邪恶的影响、疾病、贫穷和灾难。另外，"危害"也指代一些因个人或特殊原因造成的伤害。而在法律领域，立法者对危害的认识非常类似于在没有法律渊源情形下的"错误"理论。参见［英］诺曼·多恩：《中世纪晚期英国法中的最高权威》，杨尚东译，中国政法大学出版社2018年版，第156页。
④ W. S. Holdsworth, *A History of English Law, Vol.4*, London: Sweet and Maxwell, 1996, p.420.

益人资格、受托人地位等方面进行极大的发展，规避了早期用益制度带来的部分弊端。但普通法与衡平法规则上的差异，以及对用益相关案件判决的不同，使用益制度依旧存在隐患和不确定性。因此，通过议会立法将一般用益纳入普通法管辖，既有益于用益自身发展，又有益于缓解普通法的僵化，完善衡平法程序体系，调和普通法与衡平法的矛盾。

二、围绕《用益法》的博弈与妥协

1536 年《用益法》颁布，表面上是亨利八世不满于封建附属权益的损失而提出的立法要求，但实际上该法案是多方权衡利弊后作出的立法选择。该法案并非要废除用益制度，而是将衡平法中的用益权引入普通法，即以普通法的方式承认用益权，确立一般用益在普通法中的合法地位。故而在法案原文中，立法者不止一处对已存在的用益和将来可能出现的用益作出明确的规定。

（一）王权与议会的博弈

用益制度的广泛运用，不仅损害了以国王为首的封建领主的权益，还在一定程度上破坏了封建土地体系，这是国王意图规制用益的原因所在。虽然继承金、监护权、婚姻权等封建特权利润是分散的，但对于一个拥有许多封建佃户的国王而言，封建特权收入足以成为王室收入的很大一部分。"据估计，16 世纪初王室从依托于土地的封建监护权中获得的财政收入年平均额在2 万镑至 3 万镑之间，约占全部财政收入的 40%。"[①] 然而，由于土地保有人设置用益将土地授予受托人的行为日益增加，从而导致这一收入大为减少。用益制度对领主造成的封建收入损失，尤其是对一直都是领主而不是佃户的国王而言是较为严重的，这引起国王与设置用益者的利益冲突。

在《用益法》颁布之前，除国王等封建领主表露不满外，用益还涉及严重的不便和欺诈，并给司法审判和社会秩序造成混乱。16 世纪前期，都铎议会不时颁布法案以帮助因用益权而受骗的债权人、购买者和土地保有者，

---

① F. C. Dietz, *English Government Finance, 1485—1558*, Urbana: Urbana Press, 1921, p.192.

并反对将土地用益权给宗教团体持有和使用，但这些法案都是无效的。[1] 立法者在《用益法》的序言中细数了用益造成的罪恶并对其进行谴责："通过这种欺诈性的转让、罚金和其他的类似财产转让，土地被用于秘密的用益和信托，这使领主们失去了监护权、婚姻权以及继承权……审判这种秘密的用益而犯下的罪行，使国王殿下失去了原能获得的土地权利和利益……这些做法逐渐给国王的臣民带来了巨大的麻烦和不安，使这个国家古老的普通法完全被破坏。"[2]

早在都铎王朝之前，历代英国国王就曾尝试通过立法措施规范用益。由于"中世纪到近代早期的英国依旧以农业为主，社会地位概念仍是基于土地"[3]，在议会选举制度中，选邑的分配有赖于所占土地的规模，不少大贵族通过掌握多个选邑来操纵议员选举，以保证议会中代表自身利益的议员数量。例如，诺福克公爵不仅掌握在诺福克郡和萨福克郡的选邑，还控制了苏塞克斯的 6 个选邑。爱德华四世为加强王权，限制贵族权力，选择利用司法手段对贵族通过设置用益保留所占封邑的行为予以阻断，以此限制贵族在议会和地方上的势力。[4] 理查三世为结束土地的购买者、承租人在其所有权方面日益增加的不确定性，选择颁布法令规定每一个由完全有能力的人授予的土地或其他继承权，对授予人的继承人和持有其用益的人都应该是良好且有效的，该法令使受益人可以自己设置新的用益来改变继承人。这一时期，用益制度的弊端尚不明显，国王虽不满用益对王权和司法等造成的困难，但尚处在可忍耐的范畴，并且相较于其他需要应对的危机，用益制度的问题并不急于解决，国王基本对用益制度持默许态度。

在都铎王朝亨利七世统治下，1490 年曾出台过一项填补普通法法律漏洞的法案，以 1483 年的一则只适用于兰开斯特公国的短暂法规为基础，填补普通法中与用益相关的漏洞。该法规定："如果地产主通过骑士服役占有可供任何其他人和他的继承人使用的土地，并在其去世后留下一个未成年的

---

① George Gleason Bogert, *Handbook of the Law of Trusts*, St. Paul: West Publishing Co., 1921, pp.10—11.

② *The Statutes of the Realm, Vol.3*, Buffalo: William S. Hein & Co., Inc., 1993, pp.540—542.

③ D. M. Palliser, *The Age of Elizabeth England under the Later Tudors 1547—1603*, Florence: Routledge, 2013, p.85.

④ 高富平、吴一鸣：《英美不动产法：兼与大陆法比较》，清华大学出版社 2007 年版，第 157 页。

继承人，而他又在生前没有宣布或立下针对这一地产的遗嘱，那么领主应该对继承人和土地拥有监护权。"[1] 此外，该法还规定，如果继承人已到法定年龄，那么领主应该依法得到救济金[2]。虽然该法案存在诸多限制，例如，"只涉及骑士制租户的监护权和救济金，并不影响与农役租佃保有权有关的救济金和贡赋权；没有提及国王特权中的初继承，致使法律是否赋予英王作为国王而不是作为领主的特权监护权值得商榷"[3]，并且只适用于无遗嘱死亡的问题。但是该法案让律师熟悉了这样一种观点，即为了某些目的可以把受遗赠人视为被扣押的人，这种思想在1536年的《用益法》中发挥得淋漓尽致。然而，由于英国民众为保留利用遗嘱设置地产的权利，普遍不接受试图通过废除用益来取回封建收入的行为。都铎王朝建立初期，亨利七世需要民众的支持和议会给予自身王权的合法性来稳定统治，因此选择放缓进行针对用益的立法措施。同时，就王室财产而言，亨利七世扩大国王在关税方面的权力，实施严厉的措施促进对外贸易，使关税方面的王室收入"从最初的年均约33000镑，增长到年均约40000镑"[4]，国库和王室财产的充裕，也使亨利七世不急于对用益采取较为严苛的限制。

而到亨利八世时期，由于挥霍无度和穷兵黩武，国库公共开支的扩大，导致财政出现困难，亨利八世想到重新确认王权对封建附属义务的权利来增加收入，即通过打击用益制度追索失去的封建收益。由于王权此前对用益权的放任，导致国王以特权名义重新确认封建权益的权利已被削弱，而创制用益的权利也随着大法官法院对用益案件的受理和对用益的发展逐渐成为一种衡平法权利，这使亨利八世放弃使用敕令的方式强制推行，转而寻求颁布法案的方法予以解决，即通过议会颁布全国性的制定法来规制用益，既保证重新确认封建权益的合法性，又确保封建权益能顺利收归王室。1526年，亨利八世利用国王控制下的特权法庭就影响监护权的无证转让行为提起诉讼。同

---

[1]　W. Hardy, *The Charters of the Duchy of Lancaster*, London: Order of the Chancellor and Council of the Duchy, 1845, pp.337—340.

[2]　George Gleason Bogert, *Handbook of the Law of Trusts*, St. Paul: West Publishing Co., 1921, p.7.

[3]　Sir John Baker, *The Oxford History of the Laws of England, Vol.6*, Oxford: Oxford University Press, 2003, pp.661—662.

[4]　Michael V. C. Alexander, *The First of the Tudors: A Study of Henry VII and His Reign*, London: Rowman and Littlefield, 1981, p.25.

时，为确保法案在上院通过，1529 年，大法官莫尔和 30 位贵族签署与《用益法》条款非常相似的协议，并在下院提出一项由王室赞助的法案。该法案宣布，将废除除有利于王国领主的契约外的所有契约，除非公开登记，否则用益无效，并在此基础上对部分用益作出让步。编年史学家爱德华·霍尔（Edward Hall）当时是下院的一名成员，也是格雷律师学院的一名律师。他指出，国王最初提议将租户的一半土地用作属于国王的封建监护权，因此，地产保有者只能通过遗嘱留下一半的土地[1]，这在下院引起极大的不满和对国王顾问的愤怒，进而导致相关法案和其他附属法案在 1531 年议会中未能通过。"在 1532 年议会中，下院证明法案是不可接受的，下院的否决激怒了亨利八世，他威胁要撤回同议会就协议的交易，以极端的方式通过相关法案。"[2] 但毫无疑问，议会大多数人对这个警告并不担忧，他们知道法律站在他们一边——因为一个多世纪以来，遗嘱的使用一直得到衡平法院的承认，也因此被普遍接受。

　　亨利八世恼怒议会对法案的否决以及对国王威胁的轻视，暂时放弃走议会路线，转变策略使用法律手段，最终在 1533 年发起反击。南方的戴克勋爵通过设置用益，实现在不缴纳任何税款的情况下将土地转让给下一代，"气愤的亨利八世估算出这个'用益'让他损失了本应收取的 2/3 的税收，于是他在自己的法庭上提起诉讼，要拿回这笔钱"[3]。当时判决的 3 位法官站在亨利八世和克伦威尔一边，认为用益遗嘱无效。因为通过遗嘱安排地产的行为是"违反土地性质"的，而立遗嘱人能够设计他人的财产是荒谬的。这个案件最终以 6 比 4 的多数票支持国王而结束。这一判决造成令人不安的影响，因为英国法律以判例法为主，而作为对现有法律的司法声明，此案的判决必然具有追溯力，受追溯的影响，土地保有者未来处置土地之权被剥夺，而且过去设计的用益被判为无效。"立遗嘱人的法律继承人无论过去、

---

①　Sir John Baker, *The Oxford History of the Laws of England, Vol.6*, Oxford: Oxford University Press, 2003, p.665.

②　Christopher W. Brooks, *Law, Politics and Society in Early Modern England*, Cambridge: Cambridge University Press, 2010, p.43.

③　［英］安德罗·林克雷特：《世界土地所有制变迁史》，启蒙编译所译，上海社会科学院出版社 2015 年版，第 13 页。

现在都将面临着法律上的驱逐。"① 当时很多遗产都依赖于用益,这导致在用益合法化之前,数以百计的家庭无法保护他们的财产。因此,如若戴克勋爵案的判决进行判例追溯,很可能造成社会经济上的混乱状态,即土地权益归属、司法审理等的混乱,由此引发的不满、不安情绪也给社会带来混乱。虽然下院通过颁布一项新法案的方式推翻了上述法庭判决,但亨利八世没有善罢甘休,带着一项远比前几年更为严苛的法案回到议会,下院慑于王权利用法律手段对自身财产和土地利益的威胁,以及社会和司法界动荡不安带来的负面影响,不得不向亨利八世妥协,在适当调整部分法条内容的基础上,接受这项对自身利益不利的《用益法》及其附属法案,以解决当时的混乱状态。

(二)普通法的变革

议会中支持《用益法》颁布的声音包含普通法律师和法官,这些普通法律师和法官的支持态度值得注意。因为普通法法院尚未为复杂的商业纠纷和用益权益提供有效的法律救济,所以随着用益制度的广泛应用,大法官法院的案件日益增多,让普通法律师和法官感到权利流失的危机。

普通法无法为用益提供救济是基于自身法律体系的传统定义,即普通法是从根源于农本经济的日耳曼习惯法发展而来,在本质上是调整土地关系和纠纷的一套法律体系。其律法本身认可封建附属义务,所以在普通法上不认可土地保有者逃脱封建附属义务的行为。从普通法律法规的条文中无法寻得与用益制度中三者利益关系相对应的法令,涉及用益制度的案件对普通法体系来说还是律法盲区,所以普通法法庭无法对用益案件进行公正审理,导致某些用益在普通法上是无效的。比如 1425 年福蒂斯丘大法官审理的一起用益相关案件,"A 准备通过他的佃户将土地转让给他的女儿 B,而 B 拒绝按照其父意愿行事,福蒂斯丘大法官认为女儿 B 如果占有这块土地将是违反良知的,也是不理性的。因此,A 必须改变他的决定。"② 在这起案件的审理过

---

① Sir John Baker, *The Oxford History of the Laws of England, Vol.6*, Oxford: Oxford University Press, 2003, p.672.

② Norman Doe, *Fundamental Authority in Late Medieval English Law*, Cambridge: Cambridge University Press, 1990, p.174.

程中，并没有依据任何普通法规则，大法官也只是依据良知的要求，坚持要求 A 改变其意愿。这就导致衡平法所追求的良心和公平与日益僵化的普通法之间的冲突。同时，也使司法实务界意识到普通法需要变革以适应都铎社会发展的新需要。

到 16 世纪时，由于普通法自身的僵化和律师、法官的保守性，在急剧的社会变革中，该法律体系出现危机。由于普通法的实体法十分繁琐且充满混淆，诉讼程序又过分强调技术性，导致当时的人们对此存在诸多抱怨。由于常人难以把握普通法的具体内容，普通法的法官和律师往往主导了每个案件的诉讼过程，这给他们带来可观的收入，故而普通法职业的诉讼群体极力维护固守传统而落后于时代的法治体系。亨利八世为强力推行自上而下的宗教改革并残酷镇压异己力量，扶植了诸多特权法庭，这些特权法庭侵夺着原属于普通法的管辖权，使普通法法庭逐渐冷清，普通法日趋衰落。普通法律师和法官为改变这一趋势，维护诉讼产生的利益，选择支持《用益法》的颁布，意图利用该法案将衡平法上的用益管辖权收归普通法所有。《用益法》将用益制度引入普通法，把普通法地产权和衡平法上的用益权合并在一起。使用益摆脱了因为地产权的分离而导致的种种罪恶。在根除普通法缺乏针对用益的救济方式和诉讼程序的危害的同时，将一定的法律弹性带进了僵硬的土地法中。而普通法是根植于封建土地关系的法律体系，其对用益制度的引入和承认，冲击着英国封建关系存在的法律基础，进而导致都铎时期封建体系的衰弱。

概言之，这场围绕《用益法》的博弈最终以支持该法颁布的政治群体获胜而告终，博弈中不仅有王权与议会的博弈，还有议会中不同势力的博弈。虽然议员对该法恢复封建附属义务有诸多不满，但由于王权的操纵、司法变革的需要和戴克勋爵判例的压力，反对势力最终落败，未能从议会立法方面阻止该法案的通过。但这不是这场博弈的最终结果，各方的博弈在该法实施过程中由立法领域转移至司法审理领域。1540 年，亨利八世迫于国民的压力，颁布《遗嘱法》，用以代替《用益法》中涉及遗嘱的部分条款，对民众的反对作出一定的妥协。

三、结语

采邑封地是古典封建土地所有制的中心，而英国中世纪晚期随着用益制度的产生和成熟，造成土地保有权体系的混乱和不确定性，使旧有的封建土地体系不断出现裂痕。围绕《用益法》颁布的这次斗争"标志着私有财产社会的一个重要特征正在被确立"[1]，引发封建土地关系与新兴土地关系的交锋。亨利八世意图通过该法将衡平法上的用益权转化为普通法地产权，取消此后民众遗赠土地等不动产的权利，通过法定寡妇地产权禁止亡夫遗产继承，恢复并保护国王的封建附属权利，这实际是封建势力对新兴土地关系的反扑。就结果而言，《用益法》虽然成功颁布，但却并未成功阻止封建土地关系的衰落，客观上推动了作为封建关系法律基础的普通法的变革，为土地的自由流转提供了一定的法律依据，加速了封建的衰落进程。

而围绕该法颁布的博弈，基本形成王权强而议会弱的态势。在立法过程中，国王除具有利用手中的议会召集权、解散权和法律批准权来影响议会的合法权外，还具有通过各种非法手段影响甚至操纵议会立法进程和结果的能力，比如控制下院议长人选、通过各种方式影响议员的选举等。托马斯·克伦威尔当政时期经常奉承王命，授意各地伯爵、公爵控制议员选举，以保证选举出的议员是对国王忠心耿耿的人。"1536 年，坎特伯雷选举时，克伦威尔命令这个城市将所选出的议员换成两个国王提名的人"，而该城的官员则在回信中表示"如果你的信在上述选举通过之前交给我，我将尽我所能完成我们的国王的意愿和你提到的要求"[2]。因此，《用益法》的成功颁布反映出都铎时期的议会深受王权膨胀的影响，当逢强势且善用司法权的国王时，议会与王权的博弈难免处于弱势，难以有效阻止国王强力推行的政策。

但国王的权力也并非不受限制，都铎王朝期间国王对统治合法性的追求，使其不能完全甩开议会进行统治，这给了议会靠近统治核心，并渐进发

---

[1] ［英］安德罗·林克雷特：《世界土地所有制变迁史》，启蒙编译所译，上海社会科学院出版社 2015 年版，第 13 页。

[2] G. R. Elton, *The Tudor Constitution: Documents and Commentary*, Cambridge: Cambridge University Press, 1960, p.289.

展、壮大自身力量的契机。由于都铎王朝的建立依托议会给予王权的合法性，又因为在英国司法传统中"国王作出的一切与法律相违背的决定都是无效的"[①]，以及议会制定法的全国通用性和合法性，使得国王即使"被认为是所有政治和社会生活的来源和中心"[②]，可以通过颁布敕令推行其政策，在立法中占据优势地位，也会对议会进行适当的妥协。例如《用益法》的生效期规定，即1536年5月1日之前所立的遗嘱将被认为是有效的，这保护了已有的土地保有权免受戴克勋爵案的判决造成潜在的灾难性后果。此外，议会中各利益群体对《用益法》的妥协，使议会中的乡绅和城镇议员开始意识到他们在议会中的政治力量不足。为达到保护和发展自身利益的目的，除却参与暴动[③]的激进行为，乡绅大多选择凭借经济实力和知识水平进入议会，依托议会谋求更大的政治话语权，逐渐成为影响议会决策的新政治力量，推动议会逐步成为限制和对抗封建王权的工具。尽管"到了16世纪80年代，议会仍然依赖王室的意志，从未对伊丽莎白一世的特权提出过严重的挑战，但它已经更接近政治事务中心"[④]，这本身从长远来看就加强了议会权力，促进了议会的发展，推动英国向资本主义现代化国家政治体系的方向发展。

都铎时期的王权和议会相互依托而又相互制衡的关系，以及普通法僵化的缓解、衡平法体系的完善和议会的发展壮大，为英国的发展提供了相对稳定而又积极的国内社会政治环境，这些世俗变革加速了英国社会的近代转型。

---

① G. R. Elton, *The Tudor Constitution: Documents and Commentary*, Cambridge: Cambridge University Press, 1960, p.17.

② Ibid., p.12.

③ 《用益法》禁止乡绅为使后代受益而通过信托的方式托管地产的做法，相比有一定分封土地底蕴的封建贵族，乡绅阶层对该法的承受能力较弱，受到的打击也较大。由此，乡绅对该法的敌视与反对更加剧烈，甚至部分乡绅在1536年议会阻止该法颁布失败后，参与1536年的"求恩巡礼"大规模暴动反抗《用益法》的实施。

④ Victor Stater, *The Political History of Tudor and Stuart England*, Florence: Routledge, 2005, p.64.

"巫术迫害"还是"巫术审判"？

——以近代早期英国为视角

汤怡琳[*]

一、引言

15 世纪至 18 世纪，欧洲先后发生了文艺复兴、宗教改革等一系列重要事件，这标志着欧洲正处于从传统社会迈向近代社会的转型期，但转型期的特殊社会形势也不可避免地带来了痛苦的"痉挛"。[①] 旧有的社会秩序被打乱，从而触发了为排解痛苦与迷茫的猎巫（witch-hunt）狂潮。这是西方历史上一场血雨腥风的浩劫。据统计，在欧洲大约有 10 万至 20 万名巫师受到审判，其中有 5 万至 10 万人被处决。[②] 即便有学者对这些数据的准确性提出质疑[③]，但依然无法否认，大量巫师因被严重夸大、乃至未曾犯下的罪行而被剥夺了生命。

---

[*] 汤怡琳，华东政法大学法律学院硕士研究生。

[①] 刘章才、李君芳：《近代早期欧洲猎巫运动述论》，《西南大学学报（社会科学版）》2007 年第 5 期。

[②] 参见 Merry E. Wiesner, *Women and Gender in Early Modern Europe*, Cambridge: Cambridge University Press, 2000, p.265；［英］罗宾·布里吉斯：《与巫为邻：欧洲巫术的社会和文化语境》，雷鹏、高永宏译，北京大学出版社 2005 年版，第 7 页。

[③] 由于大量的司法档案已毁损灭失，巫术审判受害者的确切人数难以考证。但是莱瓦克和拉娜都认为，巫术受害者的实际人数低于目前学术界通说的数据。莱瓦克明确指出，欧洲该时期受到巫术指控的人数应为将近 10 万人，其中被处死的人数至少为 45000 人。参见 Brian P. Levack, *The Witch-Hunt in Early Modern Europe*, London: Pearson Education Limited, 2006, p.23；［英］克里斯蒂纳·拉娜：《巫术与宗教》，刘靖华、周晓慧译，今日中国出版社 1991 年版，第 40 页。

在欧洲猎巫狂潮的影响下，巫师是受害者的代名词，她们①被当权者挑选出来进行肉体毁灭，以期缓解大众的紧张情绪。巫术审判也因此被赋予了比其原本词义更深层次的内涵，成为欧洲黑暗时期的有力隐喻，影射着个人在强权下所遭受的不公待遇。巫术诉讼是一场由法律主导的行动，但却未能在猎巫狂潮中保障巫师的权益，反而异化为当权者处死替罪羔羊的工具，这导致目前学术界存在一种普遍但并不准确的观点：巫术诉讼（witchcraft prosecution）的实质就是巫术迫害（witchcraft persecution）。

这种将巫术诉讼泛化为巫术迫害的看法，根源于巫术研究中采取的宏观视角。正是因为欧洲整体的猎巫运动规模宏大、历时久远、受害者众多等特点，其在猎巫史上具有相当的代表性，因此国内外的许多学者往往倾向于将整个欧洲作为研究对象进行分析。②虽然在此种方法下产出的研究结果具有综合性，但也会带来相应的弊端，即难以呈现特定国家在猎巫运动下所具有的特殊性与差异性。

例如，英国作为欧洲的一部分，其巫术审判就表现出迥异的特征：与欧洲相比，英国巫术的定罪率与死刑执行率均处于相对较低的状态。③这种差异性在很大程度上归因于法律制度在英国猎巫运动中起到的积极作用。无论

① 莱瓦克认为，在欧洲大多数地区，女巫所占比超过 75%。参见 Brian P. Levack, *The Witch-Hunt in Early Modern Europe*, London: Pearson Education Limited, 2006, p.141. 麦克法兰通过对埃塞克斯郡小册子的研究发现，在 291 名受起诉的巫师中，仅有 23 名为男性，也即女巫占到 92%。参见 Alan Macfarlane, *Witchcraft in Tudor and Stuart England*, Illinois: Waveland Press, Inc., 1991, p.160. 拉娜认为，德国、苏格兰、法国的部分地方巫占 80%，英格兰的女巫则占到 92%。参见［英］克里斯蒂纳·拉娜：《巫术与宗教》，刘靖华、周晓慧译，今日中国出版社 1991 年版，第 72 页。可见，目前学界虽对遭到指控与处决的女巫在所有巫师中的比例存在不同看法，但可以达成一致的是，在欧洲的猎巫运动中，女性为主要的受害者。因而，本文中将"她们"作为指代猎巫运动中受害者的人称代词。

② 较为代表性的著述有：Stuart Clark, *Thinking with Demons: The Idea of Witchcraft in Early Modern Europe*, Oxford: Oxford University Press, 2005; Brian P. Levack, *The Witch-Hunt in Early Modern Europe*, London: Pearson Education Limited, 2006;［英］克里斯蒂纳·拉娜：《巫术与宗教》，刘靖华、周晓慧译，今日中国出版社 1991 年版；［英］罗宾·布里吉斯：《与巫为邻：欧洲巫术的社会和文化语境》，雷鹏、高永宏译，北京大学出版社 2005 年版；［德］沃尔夫冈·贝林格：《巫师与猎巫：一部全球史》，何美兰译，北京大学出版社 2018 年版；陆启宏：《巫术审判、着魔和近代早期西欧对身体的控制》，《华东师范大学学报（哲学社会科学版）》2010 年第 1 期；姚朋：《猎巫运动的衰亡：一个社会思想史的维度》，《学海》2010 年第 1 期；孙岳：《〈女巫之锤〉与猎巫运动》，首都师范大学 2011 年博士学位论文。

③ 参见 James Sharpe, "Introduction: The Lancashire Witches in Historical Context", in Robert Poole ed., *The Lancashire Witches*, Manchester: Manchester University Press, 2002, p.3；Alan Macfarlane, *Witchcraft in Tudor and Stuart England*, Illinois: Waveland Press, Inc., 1991, p.62；［英］克里斯蒂纳·拉娜：《巫术与宗教》，刘靖华、周晓慧译，今日中国出版社 1991 年版，第 81 页。

是英国的反巫立法还是审判制度，都意在抑制猎巫运动的无限扩大。也即法律是英国巫术狂热中的一针冷却剂，因而，将"巫术诉讼等同于巫术迫害"的观点套用于英国是极不严谨的。

但可惜的是，我国学术界并未给予英国猎巫运动足够的关注度，也未曾为英国的巫术诉讼洗去污名。[①] 鉴于此，本文拟从英国的反巫立法与审判程序两方面入手，论述英国的巫术诉讼并非一种刻意为之的迫害形式。恰恰相反，英国的巫术诉讼是在欧洲猎巫狂潮至暗时刻的大环境下，尽可能保障巫师权益的一抹微弱光辉。学术界理应正视并肯定法律制度在抑制英国巫术狂热过程中作出的种种努力。

二、反巫立法

英国猎巫史上曾先后颁布 3 部反巫立法。通过对这 3 部法令的比较，既可以洞见英国的反巫立法经历了一个由粗糙到细致的过程，也能够了解英国反巫立法的真正目的是为了打击犯罪与巩固统治。正是这种立法中存在的理性因素，使得英国对巫术案件的理智态度成为可能。

（一）反巫立法的历史梳理

亨利八世在 1542 年颁布的《反咒术、巫术、妖术及魔法法令》（*The Bill Ayest Conjuracons & Wichecraftes and Sorcery and Enchantments*）[②] 是英国历史上第一部反巫立法。该法令标志着英国政府正式取代教会法庭，将巫术审判纳入世俗的管辖范围。尽管在此之前对巫术的指控并不新鲜，但教会法庭往往将其定义为一种"道德犯罪"（moral crime），采取的刑罚也多是强调忏悔补赎的灵刑罚。而亨利八世颁布的法令则重新定义了巫术犯罪的性质，将巫术视为与死刑、宣传异端邪说等重罪（felon）同一程度的刑事犯罪。从处

---

① 蒋焰与李静、张晓华的论文虽有提及英国巫术审判中的法律因素，但论述目的均侧重于体现国家权力在巫术审判中的扩张。参见蒋焰：《浅析近代早期英国中央政府与巫术诉讼的关系》，《世界历史》2010 年第 6 期；李静、张晓华：《英国"猎巫运动"中的王权扩张》，《经济社会史评论》2020 年第 1 期。

② *The Statutes of the Realm, Vol.3*, p.837.

罚力度看，亨利法令无疑是英国猎巫史上最严苛的一部反巫立法，无论何种巫术犯罪，都一律以死刑为惩罚手段。但该法令的生命周期极短，仅在颁布5年后就连同亨利八世颁布的其他法令一起被废除。

在亨利八世之后，其继任者爱德华六世与玛丽一世都未曾颁布过与巫术相关的立法，英国的反巫立法似乎进入停滞期。但1563年伊丽莎白一世政府颁布的《反咒符、魔法及巫术法令》(*An Act Agaynst Conjuration Inchantmentes and Witchecraftes*)[①]表明官方又重燃了对巫术立法的关注。[②]伊丽莎白法令在很大程度上继承了亨利法令，同时也进行了细化与完善，并奠定了下一个巫术立法的基调。

1604年，詹姆斯一世继承英国王位的翌年，英国政府在伊丽莎白法令的基础上再次颁布《反咒符、巫术以及与恶灵达成协议的法令》(*An Acte Against Conjuration Witchecrafte and Dealinge with Evill and Wicked Spirits*)[③]。詹姆斯一世颁布反巫立法的行动看似匆忙，实则不然。这位来自苏格兰的国王，早在来到英国之前就对巫术怀有浓厚的兴趣。一种较为可信的解释是，这与詹姆斯自身经历相关。在詹姆斯去往丹麦迎娶安妮公主的起航与返航过程中，都不幸遭遇了恶劣的暴风雨。暴风雨的残酷被詹姆斯归咎为巫术，他坚信当地巫师受到了魔鬼的蛊惑，企图通过召唤自然现象来杀害自己。[④]詹姆斯在《恶魔学》中的表述也佐证了其对巫师的提防与憎恶，"这个国家正弥漫着对巫师的恐惧，他们是恶魔的奴隶，蛰伏着伺机谋害我和我的臣民"[⑤]。詹姆斯法令是实行最久的一部反巫法令，同时也是英国最后一部反巫法令。该法令于1863年寿终正寝，标志着猎巫时代的落幕。

---

① *The Statutes of the Realm, Vol.4*, p.446.
② 伊丽莎白法令的颁布通常被认为是为了巩固伊丽莎白女王即位时的新教政权，而非真正打击巫术。参见 Malcolm Gaskill, "Witchcraft Trials in England", in Brian Levack ed., *The Oxford Handbook of Witchcraft in Early Modern Europe and Colonial America*, Oxford: Oxford University Press, 2013, p.214.
③ *The Statutes of the Realm, Vol.4*, pp.1028—1029.
④ 参见［英］克里斯蒂纳·拉娜：《巫术与宗教》，刘靖华、周晓慧译，今日中国出版社1991年版，第8—12页。
⑤ King James VI of Scotland, *Daemonologie*, Edinburgh, 1597, p.1.

（二）3 部反巫法令对比

表 1　3 部反巫法令对比

反巫立法 ＼ 巫术罪行	巫术致人死亡	以巫术伤害人身或毁坏财物	图谋以巫术伤害人身或毁坏财物	图谋寻宝或找寻失物	图谋引发非法恋爱或有其他非法目的
亨利法令	死刑	死刑	死刑	死刑	死刑
伊丽莎白法令	死刑	初犯：一年监禁 再犯：死刑	初犯：一年监禁 再犯：终身监禁	初犯：一年监禁 再犯：终身监禁	初犯：一年监禁 再犯：终身监禁
詹姆斯法令	死刑	死刑	初犯：一年监禁 再犯：死刑	初犯：一年监禁 再犯：死刑	初犯：一年监禁 再犯：死刑

对于英国 3 部反巫法令的对比，已有学者作出大致的归纳总结图表[1]，为使行文简洁明晰，本文在此基础上删减至表 1 的形式。通过对表 1 的分析，可以得出以下几个结论。

首先，从横向上来看，从亨利法令到伊丽莎白法令再到詹姆斯法令，反巫立法经历了一个由粗糙到精细的过程。在亨利法令中，无论是严重的"巫术致人死亡"还是轻微的图谋类犯罪，都不加区别地以死刑作为唯一惩罚手段。到伊丽莎白法令时期，除"巫术致人死亡"的重大犯罪之外，其他类型的犯罪都会根据犯罪人是初犯还是再犯，而给予不同的处罚。也就是说，自伊丽莎白时期起，反巫立法中就蕴含了刑罚个别化的思想。这种思想指导着立法者根据行为人的人身危险性、心理类型等个别因素而量刑，比起一概而论的刑罚，更能达到社会防卫的目的。[2] 这也表明，从伊丽莎白法令开始，反巫立法就一改亨利法令的专断，法令渐趋合理化、人性化。当然，或许可能有人会质疑：全盘以死刑论的亨利法令不正是巫术迫害在立法上的一种体现吗？这里必须注意的是，虽然亨利法令以严刑峻法处理巫术问题，但并未

[1]　C. L. Estrange Ewen, *Witch Hunting and Witch Trials*, London: Routledge Press, 2011, p.25.
[2]　陈光中、葛琳：《刑事和解初探》，《中外法学》2006 年第 5 期。

有证据能够切实证明历史上实施过这一法令。^① 换句话说，亨利法令并未落到实处，所谓"巫术迫害"也就无从说起。

其次，从纵向上来看，3 部法令在立法的宽严程度上呈现了一幅动态变化的过程。亨利法令在 3 部法令中最为严苛自不待言。在伊丽莎白法令与詹姆斯法令对比的过程中，可以发现詹姆斯法令在个别犯罪中加重了惩罚力度。例如，詹姆斯法令对"以巫术伤害人身或毁坏财物"的犯罪行为，一律以死刑论处。再如，同样是图谋类犯罪的再犯问题，詹姆斯法令直接从伊丽莎白法令的终身监禁上升到死刑。如果联想到詹姆斯的性命曾两次险遭"巫术毒害"的经历，就不难理解他为何对引发他人性命之虞的黑巫师如此"痛下杀手"。因此，与其说詹姆斯法令是英国反巫立法史上的倒退，倒不如说这部法令带有詹姆斯强烈的个人情感，包含詹姆斯对自身安危的忧虑。但是，这种强烈的个人情感最终也并未动摇伊丽莎白法令打下的合理性基调，詹姆斯法令依旧保留了初犯与再犯的区分。而且，詹姆斯法令与伊丽莎白法令对意图类犯罪的初犯均处以一年监禁。两者的区别仅在于，詹姆斯法令对再犯加大了刑罚力度，以极刑论处。但在初犯与再犯之间的犯罪人仍能得到一定的生存空间。所以，无论是将国王的个人因素纳入考量，还是从立法本身而言，对詹姆斯法令的评价至多是刑罚严苛，若以此为依据，将其等同于巫术迫害则是言过其实。

最后，从总体上来看，3 部法令的相同之处在于都将恶业巫术（maleficium）作为打击对象。事实上，巫术从原始社会起就被分为两类，即医病巫术（白巫术）和恶业巫术（黑巫术）。^② 所谓恶业巫术，专门指的是那些伤害他人、蛊惑邻居、伤害牲畜和农作物、带来疾病和死亡的行为。^③ 这些行为类似于现代刑法中的故意伤害罪、故意毁坏财物罪与故意杀人罪。如果抛去巫术的"外壳"，仅从犯罪的本质出发，这些行为无论是从主观上的恶意还是客观上

---

① Anna Garland, "The Great Witch Hunt: The Persecution of Witches in England", *Auckland University Law Review*, Vol.9, No.4 (2003); James Sharpe, *Witchcraft in Early Modern England*, London: Routledge, 2020, p.37.
② 参见［英］克里斯蒂娜·拉娜：《巫术与宗教》，刘靖华、周晓慧译，今日中国出版社 1991 年版，第 1 页。
③ Orna Alyagon Darr, *Marks of an Absolute Witch: Evidentiary Dilemmas in Early Modern England*, London: Routledge, 2016, p.17.

的危害结果来说，都会面临被定罪量刑的命运。而对统治阶层来说，在社会转型的特殊时期，给这些原本就会被惩处的犯罪套上巫术的"外壳"，不仅不会滥杀无辜（助人的医病巫术并没有受到官方法令的惩处），还会为当时底层民众普遍存在的焦躁情绪找到一个宣泄口。当一切影响正常生活的事件都归因于恶业巫术的存在，统治阶级就成功将转型时期的社会矛盾转移到了民众内部，这种祸水东引的做法使得民众的敌人成了民众，从而稳固了统治阶级的统治利益。因此，英国政府推行出台反巫立法的目的看似是为了引导猎巫运动的发生，实则是打击犯罪与维护统治的一石二鸟之举。

所以，如果深入考察这3部反巫立法，就会看到其中存在一定的合理性因素。英国政府施行法令的本意也并非为了将巫术异化为政治迫害的工具，从而刻意推动巫术迫害发生。

三、巫术诉讼的程序

巫术诉讼被分为预审程序与审判程序两个阶段。在每一阶段，都有不同的司法角色参与其中，主导诉讼程序的进行。解读治安法官、巡回法官与陪审团这三个参与巫术诉讼的司法角色，对理解英国巫术诉讼的低定罪率与低死刑率具有重要作用。

（一）预审程序

在中世纪英国，嫌犯的逮捕依赖于传统的十户联保制，这一制度类似于中国古代的什伍连坐，都是通过对基层治安组织中的每个成员施加治安义务来打击犯罪行为。但随着犯罪的频发，14世纪后地方治安权逐渐移交给治安官与警务官。一般情况下，治安官在收到公民的控告后，负责对嫌犯签发逮捕令，警务官则负责实施逮捕。但当城乡居民满足特定条件时，也能够行使个人的逮捕权。[①] 因此，巫术嫌疑人在全民皆警的环境下，几乎难以逃脱被警务官或是个人逮捕到治安官面前的命运，巫术案件也因此与治安官紧密联

---

① 城乡居民行使逮捕权的情形为以下三种：第一，目睹他人犯下重罪；第二，遵守大呼大叫的追捕原则，即在追捕时大声呼喊以警醒他人；第三，协助根据逮捕令行事的警务官。参见 Orna Alyagon Darr, *Marks of an Absolute Witch: Evidentiary Dilemmas in Early Modern England*, London: Routledge, 2016, p.32.

系在一起。

治安官所拥有的预先审查权是将巫术案件与治安官联系起来的至关重要的节点。这一项权力根源于1554年、1555年相继出台的两部法令,《玛丽保释法》(*Marian Bail Statute*)与《玛丽收监法》(*Marian Committal Statute*)。在一系列预先审查权中,争议最大的是《玛丽收监法》中授予治安官讯问原告与被告之权。《玛丽收监法》规定,治安官应"就(犯罪的)事实和背景讯问嫌犯,并询问扭送其到案的人员,其中对证明犯罪至关重要的内容,[应总结记录在案]"[①]。虽然《玛丽收监法》明确规定了治安官的讯问权,但学界对于治安官通过行使讯问权获取口供的正当性莫衷一是。

以李维与兰博约为代表的学者认为,玛丽式体制下治安官的职责就是从嫌疑人身上获得任何可能将其定罪的依据,而嫌疑人在审前程序中又无权保持沉默,所以嫌疑人的口供实际上就是有罪答辩。[②]如两位学者所言,治安官确实更倾向于收集利于控方的证据。在巫术案件中,治安官甚至在讯问一开始时就假定嫌疑人为女巫,常常抛出"你练习巫术多久了?""你第一次见到魔鬼是什么时候?"等预设嫌犯有罪的问题。[③]但两位学者关于"嫌疑人无权保持沉默"的观点则有待商榷。兰博约反复提到的《玛丽收监法》只是规定治安官必须讯问,而没有规定嫌疑人必须回答讯问。[④]事实上,两部玛丽法令中也并不存在任何一项条文规定嫌疑人在预审程序中具有回答的义务。而且,由于讯问不是在宣誓下进行的、讯问转录存在时间差等原因,使得口供的证据价值很低,即便嫌犯作出供述,也不代表审前口供可以作为证据使用。甚至当嫌疑人在审前程序中已经向治安官供认罪行并有手印作证,而在审判时翻供作无罪辩护,又无人反对的情况下,陪审团也会对其作出无罪判决。[⑤]

《玛丽收监法》中有关治安官讯问权的条文应当放到当时的立法背景中

① [美]兰博约:《对抗式刑事审判的起源》,王志强译,复旦大学出版社2010年版,第28页。

② 参见 Leonard W. Levy, *Origins of the Fifth Amendment*, Chicago:Ivan R. Dee, 1999, p.325;[美]兰博约:《对抗式刑事审判的起源》,王志强译,复旦大学出版社2010年版,第29页。

③ Orna Alyagon Darr, *Marks of an Absolute Witch: Evidentiary Dilemmas in Early Modern England*, London: Routledge, 2016, pp.38—39.

④ 易延友:《沉默的自由》,中国政法大学出版社2001年版,第80页。

⑤ Sir Thomas Smith, *De Republica Anglorum*, L. Alston ed., Cambridge: Cambridge University Press, 1906, p.99.

解读。在 15—17 世纪，治安官的腐败现象尤为突出，肆意保释行贿的嫌犯、敲诈勒索证人钱财、篡改收监令等行为是治安官牟利的惯常做法。[①] 当大量嫌疑人通过权钱交易获得保释时，巡回法庭就面临着无人可审的尴尬局面。因此，如何让嫌疑人出庭受审，成为一个重大问题。英国政府正是为了规制治安官司法不端的行为，才在玛丽法令中将讯问记录作为评判治安官是否滥用保释权的依据。[②] 而且《玛丽保释法》的序言也佐证了当时的腐败现象：保释必须达到法定人数，即由两名治安官共同进行。这项规定旨在防止治安官在未经许可的情况下，使用另一名官员的名字保释嫌犯。从这两条规定中，可以看到英国政府在不断收拢治安官保释权的实施范围。因此，应当明确的是，审前讯问记录存在的目的是用来约束治安官而不是针对被告的。[③]

由此，以上种种表明，治安官讯问权的存在并不是为了逼迫巫术嫌疑人作出有罪答辩，因此，讯问权的存在与英国巫术诉讼的定罪率及死刑执行率无涉。事实上，在预审程序中真正直接影响英国诉讼低定罪率与死刑执行率的因素，发生在治安官行使讯问权之前。根据萨里郡巡回法庭的记载，在 1702 年的一起巫术案件中，一名证人曾作证，治安官要求原告不要起诉嫌疑人，并试图说服嫌疑人搬到其他地方。治安官表示，如果原告无法证明自己的主张，将会毫无目的地花费大量金钱。[④] 可以看到，在治安官借助法律手段解决诉讼之前，他们通常会积极促使双方达成庭外和解。

除去治安官群体自身为平息巫术诉讼作出的种种努力，从最初的控告到开庭审理之间的时间间隔足以让愤怒的控告人冷静下来，并考虑起诉可能带来的后果——接踵而至的麻烦与高昂的诉讼费用。例如，举行巡回审判的地点可能距离控告人生活的城镇 30 英里远，出庭会严重挤压控告人的生活时间。一旦到了开庭审理阶段，诉讼费用又会成倍数地增长，因为法庭的文书

---

① J. S. Cockburn, *A History of English Assize 1558—1714*, Cambridge: Cambridge University Press, 2011, p.106.

② 如果案件要在巡回法庭中审判，则必须将其送交巡回审判书记官；如果案件要在季度法庭中审判，则必须将其送治安书记官。参见 Orna A. Darr, *Marks of an Absolute Witch: Evidentiary Dilemmas in Early Modern England*, London: Routledge, 2016, p.41。

③ 侣化强、余韵洁：《审判中心主义与卷宗制度的前世今生》，《法学家》2020 年第 6 期。

④ Richard Hathaway, *The Trial of Richard Hathaway*, Gale Ecco, 2018, pp.11—12.

工作者往往依赖于案件产生的诉讼费来维持生计。一项巫术诉讼可能先后经历季审法庭或是巡回法庭大小陪审团的审理。如果在诉讼的每一步都提出指控，产生的总费用将是一个中等收入的控告者所不能承受之重。因此，对于控告者而言，阻碍巫术起诉最重要的因素是起诉涉及的成本与麻烦。① 也正是因为这两项因素的存在，遏制了大量因为冲动与愤怒所导致的巫术上诉，从而无心插柳地促成了巫术低定罪率的形成。

（二）审判程序

在进入正式的审判程序后，巫术案件的审判机构与人员构成也在一定程度上抑制了巫术泛滥的发生。具体来说，无论是中央授予巡回法官巫术审判之权，还是陪审团成员从知情的地方见证者到以呈堂证供为依据的裁判者的转变，都有效革除了地方因素在巫术案件中可能带来的司法压力。下文将就这两方面展开分析。

一是关于巫术审判的机构。在教会法庭发展司法审判权的同时，世俗法庭的司法权也在不断扩张并逐渐发展为普通法。世俗法庭与教会法庭最大的不同之处在于，教会法庭强调教皇的权力至上与教会事务的独立性，而世俗法庭以维护王国的和平为核心，强调的是王权的统治。② 基于此种目的，世俗法庭主要从两方面行权：一方面是涉及土地财产的纠纷，另一方面则是涉及杀人、放火、抢劫等重罪以及叛逆罪的刑事犯罪。在很长一段时间内，教会法庭与世俗法庭两个审判体系同时并存于英国，但两者对于各自权柄的划分既非泾渭分明，也非一成不变。在早期，英国的教会法庭处理了许多与巫术相关的案件，但在欧洲宗教改革之后，教会法庭之权受到一定的削减，巫术案件的审判权开始转由世俗法庭掌握。

但权力的此消彼长并不仅仅体现在教会法庭与世俗法庭之中，在世俗法庭内部也存在权力体系的冲突。英国近代早期的世俗法庭分为两大部分，即中央法庭与地方法庭。中央法庭内部被分为王座法庭、大法官法庭、财政法庭、星室法庭、巡回法庭等，地方法庭根据行政单位又被划分为郡法庭、季

---

① James Sharpe, *Crime in Early Modern England 1550—1759*, London: Pearson Education Limited, 1999, p.64.
② 刘城：《英国中世纪教会法庭与国王法庭的权力关系》，《世界历史》1998 年第 3 期。

审法庭、庄园法庭等。① 所以，即便世俗法庭接管了巫术的审判权，将巫术案件交由哪一具体的法庭审理，其原因又为何，以及这样做会对巫术案件的定罪率与死刑率产生怎样的影响，都是值得深入思考的问题。

前文已提及，在巫术诉讼最初始的预审阶段中，享有预先审查权的主体是治安官。而在一些刑事犯罪正式的审理阶段中，治安官还肩负着主持季审法庭审判工作的任务。同时，季审法庭本身也具有处理巫术类重罪案件的职能。那么将巫术案件交由季审法庭审理，既能够实现治安官这一司法角色在前后程序中的衔接，也符合季审法庭的审理职能。基于此，季审法庭似乎是审理巫术案件的不二之选。

但是，英国政府却"无视"季审法庭审理巫术案件可能带来的好处，只赋予了季审法庭审查巫术案件之权，并没有赋予其审判巫术案件之权，真正享有巫术审判权的主体为巡回法庭。② 这种看似迂回笨拙的做法体现了英国政府对地方权力和基层社会的干预和控制，同时也带来更为深远的影响：将巫术案件交由巡回法庭审理可以在最大程度上革除诉讼事发地的地方性因素，从而抑制巫术诉讼的泛滥与定罪率。这种影响之所以成为可能，与不同法庭中法官的社会背景存在很大关系。

季审法庭中的治安官大多来自地方乡绅，他们虽由国王以郡县治安委任状的形式任命，但担任这一职务既非出于图谋政治利益的回报，也非为支取薪俸之目的。这些乡绅之所以愿意任职，是因为他们意欲通过行使治安官的职权来巩固在当地的地位。③ 这也就意味着，治安官作为地方人士，往往会带有强烈的地方主义倾向，他们在处理事务时考虑更多的是地方和个人的利益。④

而巫术审判最初的控告阶段，正是发生于地方社会之中。这一时期，民众彼此熟知，传播流言蜚语是他们最大的消遣娱乐。⑤ 当某人在流言裹挟下，

① 关于近代早期英国法庭体系较为全面的介绍，可参见 James Sharpe, *Crime in Early Modern England 1550—1759*, London: Pearson Education Limited, 1999, pp.30—40。

② Alan Macfarlane, *Witchcraft in Tudor and Stuart England*, Illinois: Waveland Press, Inc., 1991, p.23.

③ ［美］兰博约：《对抗式刑事审判的起源》，王志强译，复旦大学出版社 2010 年版，第 31 页。

④ 刘显娅：《英国治安法官研究——以 17—19 世纪治安法官的嬗变为线索》，华东政法大学 2008 年博士学位论文，第 3 页。

⑤ James Sharpe, *Witchcraft in Early Modern England*, London: Routledge, 2020, p.73.

确信自己被施巫术后，往往会对被怀疑的巫师进行语言暴力与人身攻击，"杀死"和"吊死"是稀松平常的措辞，蓄意殴打也时有发生。[1] 这种歇斯底里的状态，比巫术本身更能感染整个社区，同时也动摇了治安官享有的地方秩序利益。为稳定社区邻里间的紧张情绪与不安氛围，治安官不得不审查被怀疑的巫师以平息骚动。可见，当地激进的民众情绪无疑是巫术诉讼中的阻碍，出于这一因素的考量，英国政府转而将巫术审判权交由远离地方的巡回法庭。

巡回法庭每年开庭两次，即希拉里期（Hilary term）与三一节期（Trinity term），召开地点通常在布伦特伍德（Brentwood）与切尔姆斯福德（Chelmsford）。[2] 巡回法庭有两名法官，这些法官从普通法庭选出并接受国王的指任。由于受到国王的支持，巡回法官在审理和判罚的过程中拥有仅次于国王的权威，直接对国王负责，不受地方法庭或者贵族的控制和影响。[3] 也正是由于巡回法官直接对国王负责，他们对待巫术案件更为小心谨慎。

在 1633 年兰开夏的一个案子中，一位 11 岁的男孩声称自己被带到了巫魔会，并发现许多当地女性是女巫。以这位儿童证人的证词为中心，在当地引发了严重的恐慌，有关巫术的指控呈现出不断增加的趋势。此时，处理前几起巫术案件的巡回法官敏锐地发现了案件的不合理之处，并及时求助于中央政府。当局由此迅速采取行动，从而阻止了一场可能比臭名昭著的 1612 年兰开夏案规模更大的猎巫狂潮。[4]

从该案可以看出，巡回法官作为中央的耳目，具有及时向上级反馈地方信息的职能。也正是因为巡回法官的沟通功能，使得其受到来自中央的约束。因此，巡回法官在处理巫术案件时的司法态度更为审慎。而季审法庭中的治安官享有的是地方利益，代表的是地方的自治权，很少受到王权的监督与干预。因此，在巫术这种绝大部分由邻人所提起的诉讼中，远离地方、受到王权制约的巡回法庭往往更能坚持司法的公正性。

---

① 蒋焰：《浅析近代早期英国中央政府与巫术诉讼的关系》，《世界历史》2010 年第 6 期。

② Alan Macfarlane, *Witchcraft in Tudor and Stuart England*, Illinois: Waveland, Inc., 1991, p.23.

③ 李静、张晓华：《英国"猎巫运动"中的王权扩张》，《经济社会史评论》2020 年第 1 期。

④ James Sharpe, *Witchcraft in Early Modern England*, London: Routledge, 2020, p.51.

二是关于陪审人员构成。在正式的审判程序中，陪审团的人员构成同样有助于抑制英国巫术泛滥。在英国巫术诉讼最盛行的时期，英国陪审员正经历由知情人到陌生人的转变。这种历史性的变化也使得英国陪审员在审理巫术案件时抛弃了因身处地方社会而具有的成见，在对待巫术嫌疑人时更为宽容。

在早期，无论是负责民事诉讼还是刑事诉讼的陪审团成员，在很大程度上都是原被告双方的亲友与近邻，他们之所以被选为陪审员，就是因为熟知当地情况。在封建时期的闭塞村庄内，各户的婚丧嫁娶均由乡邻参与，买卖交易皆为乡邻熟知。换句话说，早期陪审团的实质是封建社会里的地方见证人。但随着时间的推移，知情人充当陪审员可能会对被告产生不公的忧虑也不断上升。例如，虽然陪审团并不一定知道发生在本地的某起命案的真凶是谁，但他们会根据自己对本地民众的了解而提出指控，因此受到指控的往往是那些在本地臭名昭著的人。[1] 在巫术案件中，由乡邻组成的陪审团则往往倾向于指控当地社区中不受欢迎的老妇人为女巫。

虽然直到 18 世纪，英国才最终确立由出庭律师揭明事实的规则，但是在巫术诉讼最为盛行的 16 世纪与 17 世纪，陪审员就已经更多地依赖呈堂证供而不是个人知悉进行裁判。[2] 这种转型被认为是黑死病后人口数量下降、流动性增加、熟人社会格局逐渐被打破的结果。[3] 当熟人社会的社会基础不再，乡邻熟悉被告的条件也愈加难以实现，原本由知情人组成陪审团的优势式微，陪审团逐渐需要进行调查取证才能明了案件的事实经过。由此，陪审团开始经历从自信息（self-informed）的地方见证者到以呈堂证供为依据的裁判者的转型。

在巫术案件中，大陪审团成员不再被要求说出嫌疑人的姓名或提交自己所熟知的信息，陪审团的主要职能转变为评估证据。[4] 大陪审团成员通常会根据治安书记官起草的起诉书以及治安官呈递的调查材料来确定案件是否为

---

① 李红海：《英国陪审制转型的历史考察》，《法学评论》2015 年第 4 期。

② ［美］兰博约：《对抗式刑事审判的起源》，王志强译，复旦大学出版社 2010 年版，第 304 页。

③ ［英］肯尼思·摩根：《牛津英国通史》，王觉非译，商务印书馆 1993 年版，第 200—203 页。

④ J. M. Beattie, *Crime and the Courts in England 1660—1800*, Princeton: Princeton University Press, 1986, p.334.

真实的诉。如果答案是肯定的，大陪审团才会发出正式的起诉书起诉嫌疑人。反之，则会在起诉书上背书"不予起诉"，嫌疑人将会被释放，案件也会被退回。① 大陪审团的人数从 13 人到 23 人不等，但无论是准予起诉还是不予起诉，都至少需要陪审员 12 票的多数票，投票的最终结果由书记员宣布。此外，法庭的书面记录并不会将作出决定的陪审员姓名列明，只会宣布大陪审团作为整体的最终决定。②

    同样，由于小陪审团的构成人员并非被告的邻人，他们既不存在对被告的先见，也没有受到巫术或直接或间接的威胁，不存在与案件的利益相关性。但巫术罪作为重罪，被告存在被判处死刑的可能性，这就引发小陪审团成员可能"杀死"素不相识之人的心理负担。在正式的案件审理过程中，法庭的诉讼程序也在不断加重这一心理暗示。在陪审团组成时，被告会被指示"好好看着他们"。第一次的眼神交流有助于被告熟悉其案件的陪审员。法庭第二次要求眼神交流是在小陪审团的任务结束时，在小陪审团宣读被告是否有罪的裁定前，书记员会指示陪审员要看向被告。③ 与法官不同，对陪审员而言，审判并不是处理大量类似到足以麻木的案件中的一项"稀松平常"的事情，而是一项具有特殊意义的事件，与被告的眼神交流时刻提醒陪审员，他们要决定的问题不是理论问题，而是"正在决定另一个人的生死"。这种心理上的负担，促使他们更为理智，也更为宽容地作出裁定，从而降低了巫术案件的死刑率。

    正是由于这一时期陪审团成员的调查职能与决定职能分开的转变，才使得陪审团作出的决定逐渐建立在"事后判断"而非"事先知情"的基础上。这种历史性的转变，不仅限制了陪审团成员自信息功能的发挥，而且也为那些在地方社区中因享有恶名而可能成为巫术受害者的群众竖起了一道保护的屏障，从而降低了巫术的定罪率与死刑率。如果结合预审程序中治安官倾

①   J. S. Cockburn, *A History of English Assize 1558—1714*, Cambridge: Cambridge University Press, 2011, p.111.

②   James Fitzjames Stephen, *A History of the Criminal Law of England, Vol.1*, Cambridge: Cambridge University Press, p.274.

③   Sir Thomas Smith, *De Republica Anglorum*, L. Alston ed., Cambridge: Cambridge University Press, 1906, p.79.

向于收集有利于原告的证据这一点来看，大小陪审团的审议程序对治安法官"一边倒"式的预审结果还能够起到某种复核纠错作用，减少诬告和证据虚弱案件的发生。[①]

四、结语

近代早期的欧洲掀起声势浩大的猎巫运动，但各国的狂热程度并不相同。数据表明，1600 年德国巫师的受害人数约为 25600 名，为欧洲之最；同时期的英国则为 1300 名。[②] 这种巨大差异的产生原因无疑是多元且复杂的，但不可否认的是，法律在一国的猎巫运动中起到至关重要的作用。

例如，在立法方面，德国于 1572 年颁布的《萨克森刑法典》(*Criminal Constitution of Electoral Saxony*) 规定："如果任何人遗忘了自己的基督教信仰，与魔鬼订立了协议或与魔鬼有任何关系，无论他是否用巫术伤害了任何人，他都应该被处以火刑。"[③] 在无害的巫术也将被定罪的情况下，当地居民人人自危，这就不可避免地引发巫术恐慌。对于德国而言，《萨克森刑法典》无疑是反巫术狂热的助燃剂。而英国的反巫立法则呈现出相反的立法效果。无论是亨利法令、伊丽莎白法令还是詹姆斯法令，都意在规制害人的恶业巫术。而且，英国官方法令对于恶业巫术的惩处也并非一味以死刑而论，而是有梯度、有节制地进行处罚。以上种种合理性因素的存在，都有助于抑制英国猎巫运动的无限扩大。

在司法方面，由于神圣罗马帝国的主教与其他神职人员对巫术犯罪具有极大的影响力，罗马天主教会对于巫术的恐惧也加剧了猎巫运动的盛行。而英国巫术犯罪的审判权则收归中央。巡回法官作为国王的耳目，以王国的安宁为要旨对当地的巫术犯罪进行审判。由于远离地方，巡回法官往往能够在巫术恐慌中保持清醒与谨慎。同时，这一时期英国陪审团从邻人到陌生人的

---

① 程汉大：《英国对抗制的起源》，《山东警察学院学报》2007 年第 1 期。

② William Monter, "Geography of the Witch Hunts", in Richard M. Golden ed., *Encyclopedia of Witchcraft*, New York: ABC-CliO, 2016, p.413.

③ H. C. Erik Midelfort, "Heartland of the Witchcraze", in Darren Oldridge ed., *The Withcraft Reader*, London: Routledge, 2019, p.125.

转型，也使得陪审团根据事后判断而非事前知情作出决定。由此，英国独特的司法体制也促使本国猎巫运动的冷却。

一国的法律制度对巫术诉讼的定罪率具有至关重要的作用，决定了这一国家在猎巫运动中的狂热程度。正是英国法律制度中所具有的合理性因素，使其有效抑制了巫术迫害的发生。近年来，虽然国内外学术界关于巫术的研究不断增多，研究视角也更加微观与多元，但是将巫术与法律相结合的著述并不多见，以德国、法国等巫术迫害中心国家为主题的专题性论文更是未曾有国内学者涉足。这表明，学术界在巫术与法律相结合的领域仍留空白有待填补。

英帝国史研究

"更大的不列颠"?

——跨国史视野下的"帝国联邦"构想（1883—1907）[*]

"更大的不列颠"?

——跨国史视野下的"帝国联邦"构想（1883—1907）[*]

李　威[**]

英国近代崛起的历史，亦是帝国扩张的历史。帝国的构建始终是英国称霸世界的重要环节。在这漫长的过程中，英国人在不同阶段，对待不同类型的殖民地，适时适势地采取不同的统治政策。学术界一般将 19 世纪 80 年代至第一次世界大战的几十年间，称作"新帝国主义"（New Imperialism）时代[①]，在这期间英国掀起了一股"维多利亚帝国热潮"。主要包含两个趋势：一是主张在英国与自治殖民地之间建立更为密切的关系，确保帝国基础的稳固；二是向尚未被西方列强征服的地区扩张，夺取新的领土，增强帝国的实力。[②] 前者乃这股潮流的重中之重。从政府到民间，从政界要人到知识精英，都在思考如何加强帝国内部，尤其是与移民自治政府间的联系，以保持英国在世界中的优势地位。"帝国联邦"（Imperial Federation）的构想便应运而生。但经过 30 年的喧嚣，这个试图将母国与自治领整合成一个政治实体的设想却以失败而告终。英国政府不得不寻找别的联合方式，从"帝国联邦"转向

---

[*] 目前，中国学界一般将"Greater Britain"翻译成"更大的不列颠"，将"Imperial Federation"翻译成"帝国联邦"。著名英国史学者高岱教授则认为前者应译为"超级不列颠"，而后者译为"英联盟"更为贴切，更能表达这两个术语在英国语境上的含义。笔者特此指出，以供参照。但为了便于理解，本文仍采用常规译法。

[**] 李威，北京大学历史学系博士研究生。

[①] 洪霞：《论加拿大自治领取得完全国家地位过程的特征》，《世界历史》1998 年第 3 期。

[②] 钱乘旦主编：《英国通史》，钱乘旦、陈晓律、潘兴明、陈祖洲：《第六卷　日落斜阳——20 世纪英国》，江苏人民出版社 2016 年版，第 293 页。

"英联邦"（Commonwealth of Nations）。

国外对"帝国联邦"的研究总体上可分为两大类：一类是在英帝国史的脉络下，梳理这一阶段英国与各自治领之间的关系，或是将其纳入从帝国演变至英联邦的进程中。这类研究通常为通史或断代史，其中最为著名的是多卷本的《剑桥英帝国史》①。另一类是在各自治领发展史中有所提及，并强调这是自治领脱离母国走向独立的重要阶段②。此外，还有一些论文专门阐述英国的帝国联邦运动，以及自治领的回应③。其中最具启发性的著作是邓肯·贝尔写的《更大的不列颠：帝国与世界秩序的未来（1860—1900）》，直接探讨了维多利亚时代晚期人们对"更大的不列颠"（Greater Britain）的争论，阐释了当时的英国人如何把帝国想象成跨洲的政治共同体，甚至是全球性的联邦国家④。至于国内学者，相关的研究较少⑤。一方面是考察英国 19 世纪下

---

① 与本文相关的是第 3 卷"帝国—联邦"，参见 E. A. Benians ed., *The Cambridge History of the British Empire, Vol.III*, Cambridge: Cambridge University Press, 1959; 其他相关的著作如：Denis Judd, *Empire: The British Imperial Experience, from 1765 to Present*, London: I. B. Tauris, 2001; Alfred LeRoy Burt, *The Evolution of the British Empire and Commonwealth*, Boston: D. C. Health and Company, 1956; Richard Koebner and Helmut Dan Schmidt, *Imperialism: The Story and Significance of a Political Word, 1840—1960*, Cambridge: Cambridge University Press, 1964; Bernard Porter, *The Lion's Share: A Short History of British Imperialism, 1850—1983*, London: Longman, 1984; Max Beloff, *Imperial Sunset, Vol.I: Britain's Liberal Empire, 1897—1921*, London: Methuen & Co. Ltd., 1969; Nicholas Mansergh, *The Commonwealth Experience, Vol.I: The Durham Report to the Anglo-Irish Treaty*, London: The MacMillan Press, 1982。

② 相关论著如：（1）加拿大：Robert Craig Brown and Ramsay Cook, *Canada: A Nation Transformed, 1896—1921*, Toronto: McClelland and Stewart Limited, 1976; Phillip Buckner ed., *Canada and the British Empire*, Oxford: Oxford University Press, 2010;（2）澳大利亚：Luke Trainor, *British Imperialism and Australian Nationalism,* Cambridge: Cambridge University Press, 1994; Mark MeKenna, *The Captive Republic: A History of Republicanism in Australia, 1788—1996*, Cambridge: Cambridge University Press, 1996;（3）新西兰：Keith Sinclair, *A History of New Zealand*, London: Penguin Books, 1959;（4）南非：Leonard Thompson, *A History of South Africa*, New Haven: Yale University Press, 2014。

③ 相关论文可参见 William Roy Smith, "British Imperial Federation", *Political Science Quarterly*, Vol.36, No.2 (Jun., 1921), pp.274—294; R. York Hedges, "Australia and the Imperial Conference", *The Australian Quarterly*, Vol.9, No.1 (Mar,. 1937), pp.80—82; R. A. Shields, "Australian Public Opinion and Imperial Federation: A Study in Imperial Relations, 1884—1891", *Canadian Journal of History*, (Sep., 1966), pp.57—76; Douglas Cole, "The Problem of 'Nationalism' and 'Imperialism' in British Settlement Colonies", *Journal of British Studies*, Vol.10, No.2 (May, 1971), pp.160—182。

④ 参见 Duncan Bell, *The Idea of Greater Britain: Empire and the Future of World Order, 1860—1900*, Princeton: Princeton University Press, 2007. 此书已有中译本，参见［英］邓肯·贝尔：《更大的不列颠：帝国与世界秩序的未来（1860—1900）》，史庆译，当代世界出版社 2022 年版。

⑤ 需要特别指出的是，在我国各英国史学者的努力下，钱乘旦主编的八卷本《英帝国史》已于 2019 年出版，这是我国第一部编写的英帝国通史。其中第六卷《帝国的危机》和第七卷《帝国的衰落》对这一时段英国与各自治领的关系进行了系统论述。参见张红：《英帝国史 第六卷 英帝国的危机》，江苏人民出版社 2019 年版；洪霞、刘明周：《英帝国史 第七卷 英帝国的衰落》，江苏人民出版社 2019 年版。

半叶的帝国政策，分析其如何从"无形帝国"转向"有形帝国"[①]；另一方面是讨论自治领民族意识的形成，以及争取独立的历程[②]。此外，施华辉关于英帝国历史书写的研究提供了独特的视角，因为"帝国联邦"的构想与专业英帝国史研究的兴起有着直接联系[③]。

回顾已有的研究，笔者认为"帝国联邦"的构想是英国从"帝国"转向"联邦"的重要节点。著名历史学家约翰·达尔文在评价英国与自治领关系时指出，英国人通过三种不同的英国纽带来维持他们的依附：一是英国白种人的身份认同；二是相互间的依赖关系，如财政、商业、战略等方面；三是一系列"宪法性规定"，"源于对遥远的英国政府的神秘效忠"[④]。"帝国联邦"的构想正是这三种纽带相结合的体现，即在英国主导下，母国与自治殖民地之间建立正式的、紧密的、集权化的联系。与此同时，"帝国联邦"的推进并不是英国人一厢情愿的故事，而是一场与各自治领来来回回的角力。这一构想也正是在多区域的互动中不断调整、妥协，乃至最终幻灭。因而，其本身就具有"跨国史"的特性[⑤]。自 20 世纪 90 年代以来，以 A.G. 霍普金斯为

[①] 相关论文有：张红：《试论 1868—1972 年间英国自由党政府的帝国政策》，《南京大学学报》2000年第 5 期；张红：《英国保守党政府的"有形帝国"政策（1874—1880）》，《史学月刊》2000 年第 6期；洪霞：《20 世纪初英帝国建制工作评析》，《南京大学学报》2002 年第 5 期；洪霞：《论 20 世纪初英帝国守成思想》，《学海》2004 年第 4 期；王蓓：《约瑟夫·张伯伦和他的时代》，南京大学 2011 年博士学位论文；陈志宏：《维多利亚时代后期的帝国意识（1871—1901）》，浙江大学 2012 年硕士学位论文；洪霞：《英国自由主义帝国政策的转折点——以 20 世纪初期南非战争与重建为中心》，载陈晓律主编：《英国研究（第 4 辑）》，南京大学出版社 2012 年版。

[②] 相关论文有：徐再荣：《试论加拿大联邦制的历史演变》，《世界历史》1994 年第 6 期；洪霞：《论加拿大自治领取得完全国家地位过程的特征》，《世界历史》1998 年第 3 期；王宇博：《评析近代澳大利亚民族意识》，《世界历史》2000 年第 1 期；洪霞、黄光耀：《论加拿大民族国家的形成》，《江苏教育学院学报》2003 年第 3 期；王宇博：《对澳大利亚联邦运动的历史考察》，《学海》2003 年第 4 期；王宇博：《解析澳大利亚联邦运动的社会基础》，《江苏教育学院学报》2005 年第 3 期；王宇博：《澳大利亚联邦运动研究综述》，《江苏教育学院学报》2006 年第 3 期；李巍：《加拿大走向独立之路》，《历史教学》2007 年第 1 期；王宇博：《剖析 19 世纪澳大利亚民族认同》，《世界历史》2007 年第 6 期；王宇博：《澳大利亚民族认同的演进》，《史学理论研究》2008 年第 2 期；吴克燕、杨展：《劳里埃争取加拿大国家独立的策略》，《历史教学》2009 年第 8 期；王宇博：《澳大利亚民族国家的生成》，《史学集刊》2010 年第 7 期；王宇博：《澳大利亚独立与联邦运动》，《苏州大学学报》2012 年第 5 期。

[③] 相关论文有：施华辉：《英帝国历史书写的形成》，东北师范大学 2017 年博士学位论文；施华辉、周巩固：《书写帝国——西利、卢卡斯、艾格顿与英帝国史》，《史学史研究》2017 年第 2 期；施华辉：《民族国家视角下的帝国——约翰·西利的国家观念及其英帝国史研究》，《杭州师范大学学报》2020 年第 1 期；施华辉：《捍卫帝国：20 世纪初英国"帝国研究运动"的兴起与英帝国史书写》，《世界历史评论》2020 年第 3 期。

[④] ［英］约翰·达尔文：《未终结的帝国》，冯宇等译，中信出版社 2015 年版，第 188 页。

[⑤] 关于"更大的不列颠"概念的跨国色彩，可参见 David Armitage, "Greater Britain: A Useful Category of Historical Analysis?", *The American Historical Review*, Vol.104, No.2 (Apr., 1999), pp.427—445。

代表的英帝国史学者一直在倡导帝国史的"跨国转向",将帝国视为全球范围物质交换、资源运输和思想交流的网络,强调所有事件应被解释为一系列力量的结果,脱离以欧洲宗主国为核心的历史书写①。因此,本文将在跨国史的视野下,重新考察英国"帝国联邦"的构想如何从一家之言到盛极一时,再到不负众望,从而探讨世纪交替时英帝国内部的关系。

一、"帝国联邦"构想的缘起

在维多利亚时代中期,英国被冠以"日不落帝国"的称号,成为世界霸主。在此背景下,越来越多人主张自由贸易的帝国主义,通过"无形帝国"的方式扩张英国的势力②。1868—1874 年的自由党格拉斯顿政府就是典型代表,其不断强调殖民地与宗主国的联系应以"自由、自愿"为基础③。许多人认为殖民地是帝国"脖子上的磨石",希望它们尽早独立。如曾任殖民部大臣的赫尔曼·梅里维尔在 1870 年总结殖民政策时说:"我们政治家的目标有两个:一是鼓励殖民地为自己的独立作准备,二是同时减轻我们国家人民在帮助它们管理和防御方面的负担。"④

然而自 19 世纪 70 年代起,国际局势出现新状况。首先,欧美各国实力的增强与竞争。意大利和德国的相继统一,各强权在世界范围卷起瓜分殖民地的狂潮,尤其是在非洲。随着欧美各国工业革命的进行,英国经济的相对

① 关于英国学界帝国史学流变的梳理,可参见［以色列］阿西娜·赛利亚图:《民族的、帝国的、殖民的和政治的:英帝国史及其流裔》,徐波译,载刘新成主编:《全球史评论(第 10 辑)》,中国社会科学出版社 2016 年版。关于帝国史的"跨国转向",可参见［德］于尔根·奥斯特哈默:《20 世纪的帝国史研究谱系》,任小奇译,载刘新成主编:《全球史评论(第 10 辑)》,中国社会科学出版社 2016 年版; A. G. Hopkins, "Back to the Future: From National History to Imperial History", *Past & Present*, No.164 (Aug., 1999), pp.198—243; John Gascoigne, "The Expanding Historiography of British Imperialism", *The Historical Journal*, Vol.49, No.2 (Jun., 2006), pp.577—592. 王立新教授指出,跨国史研究有两个层面:一是把跨国史作为一种补充性的视角和方法,突破民族国家史学的狭隘性和封闭性;二是关注历史上的跨国现象、跨国联系和跨国空间发生的人类经验。参见王立新:《跨国史的兴起与 20 世纪世界史的重新书写》,《世界历史》2016 年第 2 期。
② 关于"自由贸易的帝国主义",可参见 John Gallagher and Ronald Robinson, "The Imperialism of Free Trade", *Economic History Review*, Vol.6, No.1 (1953)。
③ 钱乘旦主编:《英国通史》,刘成、胡传胜、陆伟芳、傅新球:《第五卷 光辉岁月——19 世纪英国》,江苏人民出版社 2016 年版,第 384 页。
④ Alfred LeRoy Burt, *The Evolution of the British Empire and Commonwealth*, Boston: D. C. Health and Company, 1956, p.444.

实力有所下降，如表 1 所示 ①。而面对工业时代的经济危机，各国又纷纷建立关税壁垒，如德国于 1879 年奉行保护主义，沙俄从 1881 年开始增加关税，法国、奥匈帝国和意大利也紧随其后，采取同样的措施 ②，只有英国仍坚守自由贸易。

表 1　欧洲进出口贸易增长情况（单位：百万英镑）

	出口			进口		
	1880 年	1900 年	增长（%）	1880 年	1900 年	增长（%）
英国	223	291	23	411	523	27
法国	139	164	18	201	180	−10
德国	142	231	63	136	293	107
荷兰	53	144	172	71	167	137
比利时	47	77	56	67	69	33

其次，移民殖民地的离心倾向。最为明显的是加拿大与澳大利亚。加拿大早在 1839 年《达勒姆报告》发表后便建成责任政府，已积累较为成熟的自治经验。由于受到美国的影响以及英裔和法裔民族间的紧张关系，为了确保统一，加拿大的政客普遍优先考虑加拿大自身的利益。在加拿大出现几种声音：一是留在英国；二是领土独立；三是兼并于美国 ③。澳大利亚虽然几乎全是英国移民，但在逐渐发展之下，它与母国间的利益矛盾日益凸显。例如，1883 年 4 月，昆士兰责任政府宣布兼并新几内亚东部，但英国为了维护与德国的关系，否认了昆士兰政府行为的合法性，这就促使澳大利亚人考虑要建立一个不与英帝国保持联系的联邦制澳大利亚 ④。当时澳大利亚还出现了一个以"澳大利亚人的澳大利亚"为口号的政党，对日后澳大利亚的发展产

① Bernard Porter, *The Lion's Share: A Short History of British Imperialism, 1850—1983*, London: Longman, 1984, p.120.

② Nicholas Mansergh, *The Commonwealth Experience, Vol.I: The Durham Report to the Anglo-Irish Treaty*, London: The MacMillan Press, 1982, p.146.

③ David A. Ansell, *Imperial Federation: Welding the Links of Union*, Paper Read Before the Montreal Branch of the Imperial Federation League in Canada, Tuesday, 23rd November, 1886, p.3.

④ 王宇博：《澳大利亚民族认同的演进》，《史学理论研究》2008 年第 2 期。

生了重要影响①。

第三，英国国内的社会因素。随着工业革命的深化，英国人口激增，出现生产过剩和失业人数增加的问题。与此同时，新型交通工具的发明大大促进了母国与各殖民地间的往来。于是，移民殖民地成为舒缓国内人口压力和提供市场的最佳选择②。英国政府重新审视了移民殖民地的价值，尤其是保守党。保守党长期以来认为，帝国应该成为"一个单一的有机体"，在不干预"殖民领地现在所拥有权力"的情况下，"希望自治领的人民完完全全成为国家力量的一部分"③。

基于这些国内外的变化和压力，1870年以后，英国有大量倡导加强母国与各殖民地间联系的书籍、小册子和论文问世④。早在1868年，政治家查尔斯·迪尔克爵士就提出了"更大的不列颠"的概念，他把英帝国描述为"将英国之声传遍世界的扩音器"⑤。此后，著名的历史学家约翰·罗伯特·西利挪用了这一概念，并于1883年出版《英格兰的扩张》一书，发出"帝国联邦"构想的先声。

西利认为，英国人建立的"殖民帝国"，不同于罗马帝国和波斯帝国，并不是建立在统治异族之上，所以觉得用"更大的不列颠"的说法更为适合。在他眼中，"更大的不列颠"不仅是英国国家领土的扩张，也是英国民族性的延伸。若只有前者，则如英国在印度，其权力是人为铸造的且极不稳定；但若仅有后者，则像希腊的殖民扩张，只促进了道德和知识的影响，却缺乏政治实力的增强。是故，"更大的不列颠"是英国与移民殖民地共同构成的政治统一体，其基于共同的利益、共同的法律、共同的宪政和共同的宗教。西利指出，随着蒸汽和电力时代的到来，"正如美国和俄国的例子所证明，在广阔的地区中建立政治联盟已成为可能，更大的不列颠很快就能建立起来，这不仅是现实，而且是一个坚定的现实"。至于政治联盟的形式，他

---

① *Imperial Federation*, The Journal of the Imperial League, January 1, 1889, p.9.

② Alfred LeRoy Burt, *The Evolution of the British Empire and Commonwealth*, Boston: D. C. Health and Company, 1956, p.444.

③ ［英］休·塞西尔：《保守主义》，杜汝楫译，商务印书馆1986年版，第136—137页。

④ ［英］约·阿·兰·马里欧特：《现代英国（1885—1945）》，姚曾廙译，商务印书馆1963年版，第198页。

⑤ Charles Wentworth Dilke, *Greater Britain*, London: MacMillan & Co., 1869.

尤为推崇美国的联邦制经验。西利呼吁："我们不能再认为，英格兰是欧洲西北海岸的一个小岛；它是拥有 120000 平方英里疆土和 3000 多万人口的大国……当我们习惯将整个英帝国的利益放在一起考虑，并把它们都称为英国时，我们在这里将看到一个联合的国家，有着共同的血统、语言、宗教和法律，只是分布在不同的空间中。"①

这本书一经出版，很快就成为最畅销和最经典的帝国主义著作，将"当时流行的帝国观点都编织成网，在宏大的背景下形成有逻辑的范式"，对整个帝国产生了深远的影响②。正如《威斯敏斯特公报》在 1892 年所称，"这部作品对当时所谓的'新帝国主义'给予了决定性推动力"③。诸如罗斯伯里伯爵、约瑟夫·张伯伦、W. E. 福斯特等后来宣传"帝国联邦"的旗手都深受其鼓动④。书中对"帝国联邦"构想所提到的相关要素，如血缘、文化、情感纽带，联邦制，政治联盟，经济和军事的合作，共同利益，尊重自治等，都直接被吸收进后续的讨论与阐述中，为"帝国联邦"的构想奠定理论基础。

二、帝国联邦协会

为了回应《英格兰的扩张》一书的命题，在 1884 年，心系帝国问题的各界名流组建了"帝国联邦协会"（Imperial Federation League），其成员不仅包括两党要员、显赫贵族和殖民者，如福斯特、罗斯伯里伯爵等，而且还吸收了诸如西利、J. A. 弗劳德等著名学者。协会的目标显而易见，即通过宣传联邦联合的思想、制定新的立法和宪法措施来实现帝国的永久统一⑤。

在帝国联邦协会最初几次会议上，协会主席福斯特不断提醒与会者：当

---

① J. S. Seeley, *The Expansion of England*, London: MacMillan and Co., 1883, pp.45—46, p.75, p.171.
② Alfred LeRoy Burt, *The Evolution of the British Empire and Commonwealth*, Boston: D. C. Health and Company, 1956, p.468.
③ Richard Koebner and Helmut Dan Schmidt, *Imperialism: The Story and Significance of a Political Word, 1840—1960*, Cambridge: Cambridge University Press, 1964, p.175.
④ George Bennett ed., *The Concept of Empire: Burke to Attlee, 1774—1947*, London: Adam and Charles Black, 1953, p.273.
⑤ Richard Koebner and Helmut Dan Schmidt, *Imperialism: The Story and Significance of a Political Word, 1840—1960*, Cambridge: Cambridge University Press, 1964, p.177.

前局势不容乐观，澳大利亚、加拿大和南非都有分离的倾向，一旦帝国走向解体，帝国的实力必将衰落。随着科技的发明克服了时间和空间的巨大困难，"英格兰的孩子与母国组成永久的家庭联盟成为可能"，母国与殖民地的关系最终要么走向解体，要么组成某种形式的联邦。因此，"我们齐聚一堂，是为了商讨如何能避免分裂的不幸，且确保联合的实现"①。在热烈的讨论中，移民殖民地的价值受到大家的重视。新西兰代表称，联邦下的自治殖民地有利于帝国的共同防御。罗斯伯里伯爵则强调移民到加拿大和澳大利亚是解决不列颠群岛人口激增的最好选择。还有种族主义者赞扬殖民地是盎格鲁－撒克逊人的统治，盎格鲁－撒克逊人终将成为统治世界的种族②。

然而，"帝国联邦"构想中争议最大的是其带有宪政色彩的"联邦"形式。许多移民殖民地的代表反对这种形式，怀疑会限制他们的自治权利。加拿大高级专员查尔斯·塔珀爵士表示，母国与殖民地的关系并非只有非此即彼的极端选择③。此外，"联邦"仅是一个宪政概念，到底该以何种具体方式来组成，人们并没有清晰的头绪。无论是建立联邦议会，还是组织不同殖民地代表参加的理事会，都牵涉种种群体的利益和宪政原则，只会引起更多的分歧。曾任下院议长的威廉·亨利·史密斯在第一届大会上声明："我们不是来讨论联邦计划的细节的。我们在这里不是要拟定一个被大不列颠或殖民地接受的计划。我们在此是要坚持主席所表达的最充分和强烈的原则——团结原则，即基于意气相投、共同利益、共同意志、共同目标的团结。"④可见，帝国联邦协会成立后的首要任务是宣传"帝国联邦"的重要性，鼓动更多的人关心帝国的团结和统一，而其实质和内涵则留待日后解决。正如有学者指出，最初的会议只"表露出帝国的情绪，而非法律和宪政的思想"⑤。

---

① "Report of the Conference Held at the Westminster Palace Hotel (29 July 1884)", in George Bennett ed., *The Concept of Empire: Burke to Attlee, 1774—1947*, London: Adam and Charles Black, 1953, pp.284—286.

②⑤ Richard Koebner and Helmut Dan Schmidt, *Imperialism: The Story and Significance of a Political Word, 1840—1960*, Cambridge: Cambridge University Press, 1964, p.178.

③ Alfred LeRoy Burt, *The Evolution of the British Empire and Commonwealth*, Boston: D. C. Health and Company, 1956, p.470.

④ "Report of the Conference Held at the Westminster Palace Hotel (29 July 1884)", in George Bennett ed., *The Concept of Empire: Burke to Attlee, 1774—1947*, London: Adam and Charles Black, 1953, p.288.

帝国联邦协会很快就在英国各地、加拿大、澳大利亚、新西兰设立分支机构，一来宣传"帝国联邦"构想，团结各阶层和各移民殖民地；二来希望殖民地共同参与讨论，为"帝国联邦"献言献策。通过协会的努力，"帝国联邦"的构想得到众多群体的回应。例如，伦敦商会理事会自称一向大力支持联邦运动。1886 年初，他们征集稿件，出资 50 英镑奖励那些"为殖民地和母国制定切实可行的联邦计划"的优秀作者，并出版成册。商会认为，有奖宣传"能促使有识之士起草实际的计划而非只停留在理论层面"。最终获奖的作者共有 5 名，其中 2 名来自英国本土，其余 3 名分别来自新西兰、澳大利亚和加拿大 ①。

协会同样没有忽略对工人阶级的宣传。罗斯伯里伯爵在 1884 年举行的第 17 届英国工会大会上大呼，帝国问题同样属于工人阶级，"你们难道不希望那些移居各殖民地的亲戚朋友一直与帝国命运相联系吗？你们难道想要他们脱离英国王冠的统治吗？"他希望工会能重视起来，并进行长久且深刻的讨论，让更多的群众有所了解 ②。此外，还有人建议，虽然普罗大众知晓"帝国"概念，但"联邦"一词对于工人而言较难理解，应该改用"联盟"（Union），告诉他们是英帝国的联盟，这样有利于得到他们的支持。然而这个提议遭到否决，因为协会表明，"联盟"只是对现有联系的维护，而"帝国联邦"则意味着"在松散的、不连续的原子群之间形成一种有机的联系，这些原子群目前构成人们所称的大英帝国" ③。

至于在各移民殖民地，"帝国联邦"构想在协会分支的组织宣传下也引起广泛的讨论。墨尔本分支主席在支部会议上说："我们想要做的就是努力唤起人们对联邦必要性的认识，如果我们仍想继续成为大英帝国的一部分。" ④ 甚至有加拿大的医生赞美道："以联邦计划团结一个伟大的国家，是这

---

① J. Anthony Froude, J. R. Seeley and W. Rawson, *England and Her Colonies: The Five Best Essays on Imperial Federation*, London: Swan Sonnenschein, Lowrey & Co., 1887, preface.
② "Speech to the Seventeenth Trades Union Congress (11 September 1884)", in George Bennett ed., *The Concept of Empire: Burke to Attlee, 1774—1947*, London: Adam and Charles Black, 1953, pp.288—290.
③ *Imperial Federation*, The Journal of the Imperial League, January 1, 1889, p.5.
④ Imperial Federation League, Victorian Branch, *Report of Public Meeting*, Melbourne: Stillwell and Co., 1885, p.4.

个世界上我所见过的最崇高的理念。"①但在考虑实际利益时，殖民地人民却在自治权利与外交防御问题上存有疑虑。他们担心"帝国联邦"的建成不仅可能导致母国干预殖民地的本土事务，而且会把殖民地卷入欧洲强权的争斗中②。所以，各殖民地协会分支在讨论中都强调"帝国联邦"的几点基础：一是尊重自治原则，保证帝国不同部分法律的完整性；二是帝国联合应注重商贸和国际防御的合作；三是帝国成员应对帝国外交政策有发声的权利③。

帝国联邦协会存在的10年里，除了理念宣传和情绪鼓动，对于具体组织何种形式的"帝国联邦"进行了大量设想。大体可分为两个派别：首先，一部分人追随西利，主张以美国为榜样，建立一个联邦帝国。而联邦帝国的宪政构成又有三种可能性：一是议会制联邦。英国威斯敏斯特议会成为联邦议会，享有帝国联邦的最高权威，殖民地选举代表进入联邦议会。二是建立议会外的帝国联邦。组成以殖民地代表为基础的咨询机构，即理事会，其主要功能是处理帝国事务，如军队建设、外交事务、战争与和平等。三是建立"超议会"的帝国联邦。组建一个由母国和自治殖民地代表共同出席的联邦议会，这个议会的权威凌驾于英国议会之上④。其次，一些人希望"帝国联邦"能发展为一个自由英语国家的联盟。这一派最著名的代表就是弗劳德，他游历了许多讲英语的地区，并于1886年出版《大洋国》一书。他不相信宪政议会，也不喜欢"帝国"的名称，主张英国应成为一个"大洋国"（commonwealth of Oceana），即"一个由共同血液、共同利益和共同骄傲团结起来的大洋联盟"⑤。还有人将这种联盟延展为包括美国在内的盎格鲁—撒克逊联盟，他们相信这个种族能建立"一个由物质保证和平与秩序，由优越政

---

① *Imperial Federation*, The Journal of the Imperial League, January 1, 1889, p.6.

② R. A. Shields, "Australian Public Opinion and Imperial Federation: A Study in Imperial Relation 1884—1891", *Canadian Journal of History*, (Sep. 1, 1966), p.60.

③ Imperial Federation League, Victorian Branch, *Report of Public Meeting*, Melbourne: Stillwell and Co., 1885, p.4; David A. Ansell, *Imperial Federation: Welding the Links of Union*, Paper Read Before the Montreal Branch of the Imperial Federation League in Canada, Tuesday, 23rd November, 1886, pp.5—6.

④ 参见 Duncan Bell, *The Idea of Greater Britain: Empire and the Future of World Order, 1860—1900*, Princeton: Princeton University Press, 2007, p.14; Richard Koebner and Helmut Dan Schmidt, *Imperialism: The Story and Significance of a Political Word, 1840—1960*, Cambridge: Cambridge University Press, 1964, p.184; 张红：《英帝国史 第六卷 英帝国的危机》，江苏人民出版社2019年版，第185—186页。

⑤ J. A. Froude, *Oceana*, London: Longmans, Green, and Co., 1886, p.12.

府统治的世界"。正如张伯伦在加拿大发表演讲时所指出的:"年轻而充满活力的国家到处都有说英语的人和对英国自由、法律的爱。在这些感觉的熏陶下,我拒绝说,或者不认为美国是一个外邦国。我们都是同一种族,拥有同样的血统。"①

与此同时,帝国内部对"帝国联邦"构想批判的声音亦不绝于耳。因为"帝国联邦"不可避免会涉及宪政,即母国与殖民地权力的分配问题。权力的分配与各地区的利益息息相关。母国和殖民地都在考虑,要向对方让渡多少权力,中央权威在多大程度上对英帝国有好处,而不同形式的联邦构成反映了帝国集权的强弱②。一方面,自由党人对联邦原则是否能成功运用于英帝国表示怀疑。作为加拿大的观察家,戈德温·斯密斯指出,加拿大有自己的目标和看法,也有自己的腐败、阴谋、债务等问题,并不会为帝国牺牲自己的利益,建立帝国联邦是个遥远的梦想,只能是一种精神上的联邦。约翰·布莱特更是指责"帝国联邦"完全是荒谬的空想③。另一方面,保守党人担心殖民地会借此机会干预帝国的政策,以致迫使帝国卷入每个地区的欲望和利益中,或是怀疑殖民地代表在参与帝国事务时能否适应英国政治的传统。在帝国外交政策、和平与战争上的绝对主权,是英国政府绝不愿意放手的底线④。相应地,自治殖民地的精英们,既不满自己在制定帝国政策中没有发声权,又害怕在联邦制度下帝国议会的权威会强制反对殖民地的意志,甚至走向德国式独裁⑤。这些争论都为日后"帝国联邦"构想的失败埋下了地雷。

---

① Alfred LeRoy Burt, *The Evolution of the British Empire and Commonwealth*, Boston: D. C. Health and Company, 1956, p.178; Denis Judd, *Empire: The British Imperial Experience, from 1765 to Present*, London: I. B. Tauris, 2001, p.145.

② Richard Koebner and Helmut Dan Schmidt, *Imperialism: The Story and Significance of a Political Word, 1840—1960*, Cambridge: Cambridge University Press, 1964, p.169.

③ "Canada and the Canadian Question 1891", "Article in *The Nineteenth Century* March 1885", in George Bennett ed., *The Concept of Empire: Burke to Attlee, 1774—1947*, London: Adam and Charles Black, 1953, p.305, p.295.

④ "Article in *The Pall Mall Gazette* 19 January 1885", in George Bennett ed., *The Concept of Empire: Burke to Attlee, 1774—1947*, London: Adam and Charles Black, 1953, p.294; Richard Koebner and Helmut Dan Schmidt, *Imperialism: The Story and Significance of a Political Word, 1840—1960*, Cambridge: Cambridge University Press, 1964, p.179.

⑤ Richard Koebner and Helmut Dan Schmidt, *Imperialism: The Story and Significance of a Political Word, 1840—1960*, Cambridge: Cambridge University Press, 1964, pp.189—190.

除了宣传和著书立说，帝国联邦协会最成功的实践就是举办了第一届殖民地会议。1887年恰逢维多利亚女王登基50周年庆，他们打算抓住这个"荣光时刻"。1886年8月11日，协会委派代表与首相索尔兹伯里会面，要求政府召开一次殖民地会议，商讨改善帝国防卫、促进帝国内部商业往来以及确保帝国各部分结成更为紧密联邦或联盟的实际方法。索尔兹伯里欣然同意，并命殖民部将开会信函派往各地[①]。1887年春天，第一届殖民地会议如期而至。此次会议最重要的成员是自治殖民地，他们的代表心情颇为复杂。一方面，他们切身感受到团结在女王周围的帝国激情。例如，澳大利亚维多利亚殖民地总理回忆称："我高度赞赏自身作为大英帝国公民的地位，而且我觉得只要帝国同胞愿意捍卫自己的利益，没有什么能够伤害大英帝国的。"另一方面，他们或多或少察觉到，若有人提出可操作的联邦方案，这个会议将演变成帝国宪政机制的一部分。因此，殖民地代表在会议中时刻不忘强调自身权益，如澳大利亚代表艾尔弗雷德·迪金指出："我们希望此后殖民地的政策能被看作是帝国的政策；殖民地的利益能被看作是和感觉是帝国的利益；这些利益能够受到慎重的考虑，并且一旦被认识清楚，就能得到最坚决的维护。"[②]

然而，值得推敲的是，罗斯伯里伯爵在会议上依旧延续了协会初期的立场，承认"帝国联邦"的宏愿是未来而非现在的目标。他总结说："本届大会的决定对当前时刻可能不那么重要，其事务可能显得平淡，可能不会产生任何重大成果。但我们都明白，这次会议是一个开始，以期在未来取得重大成果。"与之相呼应的是索尔兹伯里的态度。他在致辞时感叹："我们非常高兴地看到这次会议，它表明由共同起源、共同历史和共同忠诚所建立的纽带越来越紧密。我们希望这种联系会变得越来越真实，希望能够通过我们的组织和协议，向世界呈现一个庞大帝国的奇观。"但实际上，他一直对"帝国

---

① E. A. Benians ed., *The Cambridge History of the British Empire, Vol.III*, Cambridge: Cambridge University Press, 1959, p.406; Alfred LeRoy Burt, *The Evolution of the British Empire and Commonwealth*, Boston: D. C. Health and Company, 1956, p.471.

② 参见 Richard Koebner and Helmut Dan Schmidt, *Imperialism: The Story and Significance of a Political Word, 1840—1960*, Cambridge: Cambridge University Press, 1964, p.186; E. A. Benians ed., *The Cambridge History of the British Empire, Vol.III*, Cambridge: Cambridge University Press, 1959, p.410;［英］约·阿·兰·马里欧特：《现代英国（1885—1945）》，姚曾廙译，商务印书馆1963年版，第207页。

联邦"的构想心存疑虑，认为目前这些"富有雄心的制宪方案"模糊而不可捉摸，如同"云雾状态"，要等日后"冷却而凝成固体物质"时才能加以讨论。他最主要的算盘是想借助这次会议结成共同防御的联盟，敦促殖民地共同承担帝国防御的事务①。在此基调下，第一届殖民地会议持续了 20 天，有将近一半的时间都用于讨论军事防御问题。虽然殖民地代表同意分担防御压力，但都不愿意落到实处，如加拿大借口因在建造跨北美大陆的铁路而入不敷出，无法再承担军事费用②。最终，第一届殖民地会议在不温不火中结束。

帝国联邦协会被人诟病最多的是，他们始终没有制定出任何实现"帝国联邦"的明确计划，只停留在各种理念和设想上③。1889 年，索尔兹伯里勋爵在某场宴会上直接讥讽道："有时我们被告知正在准备一个帝国联邦。我想知道你们中有没有人知道这是什么意思？在我看来，这仅意味着 10 个字母组成的词语'联邦'，这意味着什么也不是。我从未见过有关它目标、措施、结果的任何细节。"④同年，他还拒绝接见帝国联邦协会的代表团，因为他们试图说服政府再召开一次殖民地会议⑤。这对协会的积极性无疑是巨大的打击，没过几年，帝国联邦协会便宣告解散。

三、张伯伦时代

尽管帝国联邦协会只存在了 10 年，没能完成"帝国联邦"的目标，但正如最初所指向的，其当务之急是激发民众的帝国热情，促使他们意识到加强母国与殖民地紧密联系的重要性。在这方面，帝国联邦协会确实做到了。早在 1886 年，《双周评论》就曾描述："移民、帝国联邦和帝国防御等

---

① 参见 Nicholas Mansergh, *The Commonwealth Experience, Vol.I: The Durham Report to the Anglo-Irish Treaty*, London: The MacMillan Press, 1982, pp.149—150; *Imperial Federation*, The Journal of the Imperial League, January 1, 1889, p.6;［英］约·阿·兰·马里欧特：《现代英国（1885—1945）》，姚曾廙译，商务印书馆 1963 年版，第 205 页。

② Andrew Walker, *The Commonwealth: A New Look*, Oxford: Pergamon Press, 1978, p.12; Alfred LeRoy Burt, *The Evolution of the British Empire and Commonwealth*, Boston: D. C. Health and Company, 1956, p.583.

③ R. R. Dobell, *Lecture on Imperial Federation*, Quebec: Dawson & Co., 1888, p.1.

④ *Imperial Federation*, The Journal of the Imperial League, January 1, 1889, p.6.

⑤ Richard Koebner and Helmut Dan Schmidt, *Imperialism: The Story and Significance of a Political Word, 1840—1960*, Cambridge: Cambridge University Press, 1964, p.190.

话题已经引起大多数人的注意，这些话题是当时帝国主义者最感兴趣的问题。"到 1891 年，《泰晤士报》直接表达了对"帝国联邦"的推崇："帝国联邦是英国未来的伟大使命。随着殖民地凝聚在我们周围，我们可以在世界强国中保持自己的地位。"维持和巩固帝国的发展成为共识，两党的分歧不再是要不要帝国，而是以何种方式维系帝国。在 1892 年的大选中，每位候选人都声称保证支持帝国团结，有观察家感慨道："迪斯雷利逝世后的十几年里，英国人对帝国态度分歧的大裂痕消失了。帝国被誉为财富和情感骄傲的源泉，同时也是亲属间的联合。"[1]

此外，帝国联邦协会的解散并没有导致殖民地协会分支的解体，有些继续发挥余热，尤其是在加拿大。他们在 1894 年召开的年度会议称，"大不列颠及爱尔兰联合王国和帝国自治殖民地联合起来的时代已经到来，应该在公平基础上结合各自的资源来维持共同的利益，应该通过有组织的防御来保障共同权利"，但也承诺"任何一个帝国联邦的计划都不应该干涉地方议会对地方事务的现有权利"。鉴于帝国联邦协会的教训与加拿大的利益，他们提出两种联合的选择：一是只涉及共同防御，二是将共同防御与某种形式的商业联盟相结合[2]。同年，在加拿大的邀请下，英国和各殖民地代表共同到渥太华参加第二次殖民地会议，但所涉及的议题仅局限于经济和军事领域。值得注意的是，由于加拿大很早就开始与其他国家签订特惠关税，因而其经验在本次会议上被广泛推崇。他们提议，要么在母国和各自治殖民地间建立帝国特惠制，要么给予各殖民地与其他国家签署关税协定的自由。然而，殖民大臣里彭侯爵看到报告后，重申了制定外交政策的主权问题。他在 1895 年给各殖民地总督的信件中强调，只有帝国政府有最高权威与其他国家就殖民地的贸易问题签署协定，自治领不能算作一个国家实体，不具备独立和主权国家的国际地位，私自与外国达成协议不符合帝国统一的利益[3]。

---

① Richard Koebner and Helmut Dan Schmidt, *Imperialism: The Story and Significance of a Political Word, 1840—1960*, Cambridge: Cambridge University Press, 1964, p.183, p.192; Bernard Porter, *The Lion's Share: A Short History of British Imperialism, 1850—1983*, London: Longman, 1984, p.133.

② H. J. Wickham, *The Imperial Federation League in Canada*, A Resolution at the Annual Meeting, 1894, pp.1—2.

③ Robert B. Stewart, *Treaty Relations of the British Commonwealth of Nations*, New York: The MacMillan Company, 1939, pp.397—398.

约瑟夫·张伯伦正是在这样一个帝国感情热烈，但"帝国联邦"构想停滞不前的时刻接任殖民大臣，成为倡导"帝国联邦"的领军人物。张伯伦早期信奉迪尔克关于建立"盎格鲁-撒克逊种族联盟"的想法，但很快就转向西利的主张，认为建立英帝国联邦更为迫切。到19世纪90年代中期，张伯伦形成一套系统的"帝国联邦"构想。首先，他认可以种族、血缘、情感和文化为纽带。1895年，他在帝国研究所的发言中指出："我相信英国种族是世界上见过的最伟大的统治种族。"其次，他坚信"英国种族联邦实践的可能性"，并且不是源于压力，而是来自母国与殖民地同胞的共同愿望。第三，受德意志帝国的影响，张伯伦认识到"帝国联邦"可以分阶段、循序渐进地实现。他指出，帝国的共同义务是帝国防御，而帝国的共同利益是帝国贸易，这两者又密切联系、相互依托。因此，通过与各殖民地共同承担帝国防御责任，并建立关税同盟，英国就能如德意志各邦那般逐渐发展为宪政层面的"帝国联邦"①。

张伯伦的"帝国联邦"构想是国际化的产物，既保留了帝国联邦协会时期的内核，又吸取了外国的经验，还兼顾了殖民地的诉求。更重要的是，"帝国联邦"构想的空洞性被转化为可操作的具体实践步骤。此时，他又接连遇上帝国的"荣光时刻"，从而将帝国热情和"帝国联邦"构想推上顶峰。

1897年，正值维多利亚女王登基60周年，各地都在欢庆新帝国主义的活力，各殖民地为自身对帝国作出的贡献感到自豪。韦伯小姐在日记中写道："空中弥漫着帝国主义，所有阶级都沉醉在观光与歇斯底里的忠诚中。"庆典当日，甚至连《纽约时报》都报道称："我们是更大的不列颠的一部分，是伟大的一部分，显然注定要统治这个星球。"② 在这样的氛围中，殖民地会议又一次在伦敦召开。此次会议的参会者同样主要局限于移民殖民地。作为殖民大臣的张伯伦全权负责本次大会。虽然他在开幕致辞中称，会议的召

---

① "Speech at the Imperial Institute 11 November 1895", "Speech at the Royal Colonial 31 March 1897", "Speech at the Canada Club Dinner 23 March 1896", in George Bennett ed., *The Concept of Empire: Burke to Attlee, 1774—1947*, London: Adam and Charles Black, 1953, p.315, p.320, pp.316—317.

② Richard Koebner and Helmut Dan Schmidt, *Imperialism: The Story and Significance of a Political Word, 1840—1960*, Cambridge: Cambridge University Press, 1964, p.221; Denis Judd, *Empire: The British Imperial Experience, from 1765 to Present*, London: I. B. Tauris, 2001, p.131.

开并不是为了传达英国政府的诉求，相反，他很希望倾听殖民地代表对政治关系、防御和贸易问题的看法；但事实上，张伯伦将殖民地会议视作倡导其"帝国联邦"构想的重要舞台。他的方案包括三方面：建立联邦，加强帝国防御事务的合作，重建贸易关系①。

张伯伦在会上毫不掩饰地表达其对建立"帝国联邦"宪政机构的渴望："我认为在母国和自治领间确实需要建立一个良好的咨议机构。我现在只提出个人意见，我有时候突然觉得，组建一个由各殖民地派遣代表参加的帝国理事会是可行的。"这样一个理事会"可能会慢慢发展为我们长期视为终极理想的联邦会议"②。张伯伦的建议引发激烈讨论：有人认为此提案会侵犯自治政府的权利；有人指出这种联邦机构存在许多难以解决的宪政问题，如其合法性是什么？如何避免它与殖民地议会间的冲突？谁有资格进入联邦议会？议会代表该如何选举和分配议席？有人虽不愿意改变现状，却意识到随着殖民地人口的增加，需要想办法保证殖民地在关乎帝国利益议题上的发言权，但这又意味着要相应承受帝国的负担，殖民地似乎还未做好准备；还有人提倡先将那些地理上相连的殖民地以联邦的形式结合起来，后来澳大利亚便由此走向统一③。最终，除新西兰和塔斯马尼亚殖民地的总理愿意支持在母国与自治政府间建立更正式的纽带外，大部分殖民地代表都表示"在现有条件下，英国与自治殖民地的政治关系总体上是令人满意的"，不过同意日后定期召开殖民会议，共商帝国事宜④。

至于帝国的共同防御，财政大臣迈克尔·希克斯-比奇在 1897 年的某次

---

① E. A. Benians ed., *The Cambridge History of the British Empire, Vol.III*, Cambridge: Cambridge University Press, 1959, p.414; Denis Judd, *Empire: The British Imperial Experience, from 1765 to Present*, London: I. B. Tauris, 2001, p.146.

② 参见 Nicholas Mansergh, *The Commonwealth Experience, Vol.I: The Durham Report to the Anglo-Irish Treaty*, London: The MacMillan Press, 1982, p.152;［英］约·阿·兰·马里欧特：《现代英国（1885—1945）》，姚曾廙译，商务印书馆 1963 年版，第 215 页。

③ E. A. Benians ed., *The Cambridge History of the British Empire, Vol.III*, Cambridge: Cambridge University Press, 1959, p.415; Denis Judd, *Empire: The British Imperial Experience, from 1765 to Present*, London: I. B. Tauris, 2001, p.151; W. David Mcintyre and W. J. Gardner eds., *Speeches and Documents on New Zealand History*, Oxford: Clarendon Press, 1971, pp.259—260.

④ Alfred LeRoy Burt, *The Evolution of the British Empire and Commonwealth*, Boston: D. C. Health and Company, 1956, p.58; E. A. Benians ed., *The Cambridge History of the British Empire, Vol.III*, Cambridge: Cambridge University Press, 1959, p.414.

演讲中表达了对母国与殖民地间军费承担不平等的强烈不满："我必须向你们指出，英国 4000 万的人口每年都要花费 2200 万英镑来支付共同海军费用，而我们移民殖民地 10000 万的人口每年只支付几千英镑。"此次会议亦未能在这一问题上取得突破性进展：开普敦殖民地出于英布矛盾的加剧，愿意无条件为皇家海军出力，以确保南非局势的安全；澳大利亚和新西兰则满足于先前的支付协定；而加拿大代表认为其既有美国的强力庇护，又有天然的地理优势，所以不需要皇家海军的保护，拒绝为此出一分钱[①]。另外，在贸易问题上，以加拿大为首的自治殖民地始终主张建立帝国特惠制。加拿大从 1897 年就已经给予英国进口关税 25% 的特惠，殖民地需要关税以保护其新兴的工业生产，但英国无论是实行自由贸易，还是关税同盟，本质上都是旨在取消帝国内部的关税壁垒，这两者间的矛盾根本无法调和[②]。

原本踌躇满志的张伯伦被 1897 年的殖民地会议给予当头一棒。会后，他承认对自治殖民地只能努力说服，而不能强迫其合作。但不久之后爆发的布尔战争又一次点燃了帝国情绪的烟火，似乎预示着"帝国联邦"的希望。一方面，许多人认为"南非"的统一将是走向"帝国联邦"的重要一步。另一方面，各自治政府为支持母国和南非殖民地，纷纷派遣军队到南非并肩作战，如加拿大派了 8300 人，澳大利亚派了 10000 人，新西兰派了 6500 人。张伯伦在 1899 年 10 月赞扬道："我相信，加拿大和其他所有殖民地的行动将在这个国家留下持久的印象，并将比其他任何东西更能使帝国紧密地团结在一起。"他的儿子奥斯丁在竞选演说中进一步阐述道："这场战争将永远成为我们历史上令人难忘的一幕，记录着伟大的自治殖民地与母国在捍卫英国权利和荣誉的共同斗争中第一次积极合作。迄今为止，帝国不仅仅是一个愿望，而是已经变成现实，朝着更紧密的联盟迈出了一大步，我们对英国民族的未来抱有最大的希望。"[③] 在他们眼中，"帝国联邦"构想中建立共同防御的

---

① "Speech on Imperial Defence 30 June 1897", in George Bennett ed., *The Concept of Empire: Burke to Attlee, 1774—1947*, London: Adam and Charles Black, 1953, p.323; Nicholas Mansergh, *The Commonwealth Experience, Vol.I: The Durham Report to the Anglo-Irish Treaty*, London: The MacMillan Press, 1982, p.153.

② E. A. Benians ed., *The Cambridge History of the British Empire, Vol.III*, Cambridge: Cambridge University Press, 1959, p.448.

③ Max Beloff, *Imperial Sunset, Vol.I: Britain's Liberal Empire, 1897—1921*, London: Methuen & Co. Ltd., 1969, p.66, p.77.

计划似乎已初步达成。

　　然而，各自治领政府出兵南非的实际考量其实大相径庭，除了帝国情绪外，还有更重要的自身利益。在加拿大，对于是否派兵卷入布尔战争产生了激烈的争论。英裔地区出于同根同源自然敦促加拿大政府积极参与，但法裔地区则完全相反。他们既有冷漠，选择疏远的，害怕英国的军事帝国主义加重加拿大的负担；也有对布尔人表示同情的，觉得布尔人捍卫的是如他们般少数民族的权利，反对帝国主义者的阴谋计划。为了确保加拿大的团结，时任法裔总理劳雷尔决定派遣半官方的军队，由志愿者组成，由英国负责运输和战争费用。这样便避免了召开议会的需要，也不会成为未来的先例。尽管如此，劳雷尔依旧遭到许多将加拿大利益放于首位的人的痛骂。加拿大国防部长博登怒吼道："我问我自己，加拿大是否仍然值得留在帝国中，承受这些灾难？"[1] 而在种族同质化的新西兰，他们将是否出兵的问题搬到殖民地议会上讨论。总理塞登支持出兵的理由是保护同胞在南非的公民权利和公民自由，以及对母国的忠诚。但有代表指出，布尔战争实际上是地缘战争，人道主义因素从头到尾都没有考虑在内，他警告帝国主义情绪时常会导致人们作出错误的行为。在讨论的最后，塞登透露出更深层次的想法。他说："如果我们承担起维护帝国的责任，分担维护帝国的费用，那么假以时日，我们将可能使殖民地代表直接进入联邦帝国的政府中。"[2] 最终会议以 54 票赞同、5 票不赞同通过了派兵的决议。

　　布尔战争这样一个"荣光时刻"使人们对"帝国联邦"的理想倾注了太多期望，以致当布尔战争的弊病凸显时，其消退的速度与程度亦令人惊讶。英国最终赢得了布尔战争，但耗尽了帝国的优势与情感，并引起世界性的反英浪潮。张伯伦承认，将自发的激情转换为带有义务性质的任何事都是致命

---

[1]　Richard Koebner and Helmut Dan Schmidt, *Imperialism: The Story and Significance of a Political Word, 1840—1960*, Cambridge: Cambridge University Press, 1964, pp.242—243; Walter Phelps Hall, *Empire to Commonwealth: Thirty Years of British Imperial History*, New York: Henry Holt and Company, 1928, p.134; Max Beloff, *Imperial Sunset, Vol.I: Britain's Liberal Empire, 1897—1921*, London: Methuen & Co. Ltd., 1969, p.77.

[2]　W. David Mcintyre and W. J. Gardner eds., *Speeches and Documents on New Zealand History*, Oxford: Clarendon Press, 1971, pp.260—264.

的错误 ①。同时，他却错误地估计了布尔战争后的帝国热情。他希望借着各自治殖民地在战争中并肩作战的纽带，召开新一届殖民地会议，进一步商讨帝国联合事宜。在 1902 年召开的第四届殖民地会议上，张伯伦的目标依然如故：建立更为密切的宪政联盟，商议帝国的军事防御，促进帝国内部的商贸关系。但在策略上却有所不同，他向与会者坦诚，"帝国联邦"的可能性是有限的，要对当前宪政体制进行巨大改变是困难的。但他从不放弃，如果无法建立帝国联邦，就先成立帝国理事会，再退一步还可以暂时不赋予这个咨询机构立法权力。同时他深知殖民地的需求，承诺只要殖民地愿意承担帝国的义务，英国政府愿意与殖民地协商，给予他们在帝国政策中的发言权 ②。

　　但是张伯伦的演说并没有得到代表的响应，他们早就看穿了张伯伦的心思，即鼓动殖民地分摊布尔战争所带来的一系列帝国负担。劳雷尔直接表示，他无话可说，并不指望从政治关系和国防讨论中得到任何有效结果，加拿大政府只关心自 1897 年实施以来的关税特惠 ③。因此，在具体讨论中，张伯伦关于"帝国理事会"的计划基本没被提起。这届殖民地会议争吵最激烈的是帝国防御问题。布尔战争伤了各自治殖民地的元气，他们都不愿意再过多参与帝国的军事活动。张伯伦甚至收到来自加拿大的警告信，称如果劳雷尔同意牺牲加拿大的财政为帝国防御作贡献，那么魁北克马上会出现混乱。④在关税问题上，殖民地代表同样表示，建立帝国自由贸易区的想法是不切实际的。因为不同殖民地面临不同的状况，如加拿大与美国有着新的贸易关系，澳大利亚需要关税保护，他们期望的是实施帝国特惠制。这一主张又再次触动了张伯伦的神经，他宣称："让英国在贸易问题上作出互惠；一旦经济联系在一起，政治联盟就更有可能。"⑤ 而后，张伯伦便将重心转向关税改

---

① Nicholas Mansergh, *The Commonwealth Experience, Vol.I: The Durham Report to the Anglo-Irish Treaty*, London: The MacMillan Press, 1982, p.155.

② "Speech on the Opening the Colonial Conference 30 June 1902", in George Bennett ed., *The Concept of Empire: Burke to Attlee, 1774—1947*, London: Adam and Charles Black, 1953, pp.329—330.

③ E. A. Benians ed., *The Cambridge History of the British Empire, Vol.III*, Cambridge: Cambridge University Press, 1959, p.416.

④ Nicholas Mansergh, *The Commonwealth Experience, Vol.I: The Durham Report to the Anglo-Irish Treaty*, London: The MacMillan Press, 1982, p.158.

⑤ *The Diamond Fields Advertise*, Tuesday, May 21, 1907, p.7; Walter Phelps Hall, *Empire to Commonwealth: Thirty Years of British Imperial History*, New York: Henry Holt and Company, 1928, p.168.

革运动。

当时有位观察家敏锐地指出："到 1902 年的殖民地会议，爱国民族主义的力量战胜了对帝国的忠诚力量。"① 虽然 1902 年的殖民地会议取得的成果并不比 1897 年的多，但殖民地代表态度的变化，却意味着他们逐渐希望政策的制定要符合其作为自治的政治实体的地位和愿望。张伯伦的殖民大臣生涯，见证了"帝国联邦"的构想由盛转衰。

四、"帝国联邦"的落幕

殖民地与母国间关系的变化直接影响着"帝国联邦"构想的前景。首先是加拿大总理劳雷尔的长期执政。劳雷尔的上台极大加强了英裔加拿大和法裔加拿大的团结，身份的特殊性促使他以"加拿大优先"为管理殖民地的基本原则，因而加拿大对自治的重视愈发强烈。1898 年，曾有英国人希望新上任的明托勋爵在加拿大建立一个强政府。当地的《加拿大自由报》立即回应说，加拿大不需要一个强政府，"除非由加拿大人民自己投票选举产生"。他们认为帝国的理想状态"不是一群属国由一个中心统治，而是自治政府共同体的联盟"。劳雷尔在殖民地会议上对帝国防御的坚决态度，表明了加拿大深信帝国军事力量会限制他们自治的发展。他在 1900 年曾说："加拿大的事情就是加拿大的事情。"② 英加关系的恶化，出现在 1903 年加拿大与阿拉斯加边界的仲裁纠纷中，英国为讨好美国而牺牲加拿大的利益。至此，加拿大意识到，英帝国并不会真正在意自治殖民地的利益是否受损。

其次是澳大利亚走向统一。19 世纪 90 年代开始，由于澳大利亚各殖民地经济状况的改善，欧美列强在太平洋水域的扩张，以及对亚洲移民的恐惧，澳大利亚的精英发起了旨在统一澳大利亚殖民地的联邦运动。张伯伦对澳大利亚的联邦统一表示全力支持，在他心中，澳大利亚联邦的成功是"帝

---

① Nicholas Mansergh, *The Commonwealth Experience, Vol.I: The Durham Report to the Anglo-Irish Treaty*, London: The MacMillan Press, 1982, p.161.

② Max Beloff, *Imperial Sunset, Vol.I: Britain's Liberal Empire, 1897—1921*, London: Methuen & Co. Ltd., 1969, pp.63—64; Nicholas Mansergh, *The Commonwealth Experience, Vol.I: The Durham Report to the Anglo-Irish Treaty*, London: The MacMillan Press, 1982, p.158.

国联邦"成功的必经之路，而且还预示着建立更大的联邦是可行的 ①。《澳大利亚联邦宪法》很快就在英国议会通过，澳大利亚联邦政府于 1901 年 1 月 1 日成立。澳大利亚民族意识的萌动则源于对亚洲人的恐惧。曾任澳大利亚总理的迪金就很直白地说过："我对将日本人排除在外的想法感到满意，因为他们有很强的能力……日本人是最危险的，因为他们最接近我们，因此将是最强大的竞争对手。" ② 然而 20 世纪初期，英国与日本接连签订《英日同盟》条约，使澳大利亚陷入尴尬的处境。

第三是南非的联合。布尔战争后，南非也走上了联合之路。南非时局的不稳定导致英国政府对南非殖民地事务的直接干预较多。南非殖民者奉行白人统治政策，遭到英国有识之士的强烈抗议。毕竟英国早已废除奴隶贸易，对黑人的种族统治不符合人道主义。面对这些批判之声，阿尔弗雷德·米尔纳曾写信给张伯伦说："我尤其要提出警告的是，帝国政府不能不顾殖民地情绪而处理土著问题。"如果母国插手，必会引起南非白人的愤恨。而在约翰内斯堡的告别演说中，他更是表露出对南非终有一日将获得完整主权，与大不列颠形成伙伴关系的期待。③

面对这些转变，以及布尔战争后各界对"帝国主义"的反思，越来越多人不再一味强调要将母国与殖民地组成更紧密的实体。1902 年，索尔兹伯里在保守党机构樱草会上说："有许多重要人物……认为我们采取一些立法行动联合殖民地的时机已经到来。在他们这样做之前，我告诫他们，要仔细考虑他们将采取什么步骤，以及他们可能期望从中得到什么结果。我们没有权力通过立法来影响母国与殖民地之间意见和情感的流动。"④ 政府对殖民地的管控也逐渐松缓。例如 1904 年英国外交大臣爱德华·格雷在寄给驻巴黎大使的快件中表示，回顾 1895 年关于殖民地与外国签订协议的资料后，他觉

---

① Walter Phelps Hall, *Empire to Commonwealth: Thirty Years of British Imperial History*, New York: Henry Holt and Company, 1928, p.24, p.99.

② Alfred LeRoy Burt, *The Evolution of the British Empire and Commonwealth*, Boston: D. C. Health and Company, 1956, p.641.

③ "Depatch to Joseph Chamberlain 6 December 1901", "Farewell Speech at Johannesburg 31 March 1905", in George Bennett ed., *The Concept of Empire: Burke to Attlee, 1774—1947*, London: Adam and Charles Black, 1953, p.341, p.349.

④ Max Beloff, *Imperial Sunset, Vol.I: Britain's Liberal Empire, 1897—1921*, London: Methuen & Co. Ltd., 1969, pp.50—51.

得如今没必要继续严格遵守，应放权交予加拿大的大臣，一旦谈妥，就应签署协定①。此时张伯伦正积极推动帝国关税同盟的建立，但阻力重重。罗斯伯里伯爵认为关税同盟并不会对巩固帝国的联盟起多大作用，更重要的是这一政策违背了帝国团结的基础，即自由原则②。随着自由党重新执政，英帝国扩张主义的旋风逐渐收敛。这时候政府认为："巩固帝国统一的最好办法不是将其制度化，正式的联系越是紧密，那么分散广泛且利益迥异的国家间的张力就越具有破坏性。"③

在这种思想的指导下，1907年在伦敦举办了第五届殖民地会议。虽然这一届会议还是没有过多实质性进展，但却标志着母国与殖民地对两者关系的观念性转变，其中最重要的是对"殖民地会议"组织的认知。早在1905年，接任张伯伦的殖民大臣艾尔弗雷德·利特尔顿就写信向自治殖民地政府提议，鉴于"殖民地会议"无法很好地表达现状，应以"帝国理事会"（Imperial Council）代之。在1907年的会议上，殖民地代表果断拒绝了这一提案。例如，劳雷尔指出新名称会被解释为"明显标志着母国和殖民地之间的关系在迄今为止所达到的立场上前进了一步"。因为"理事会"（Council）一词，含义为正式集会，有咨询和审议的性质，与"帝国"相连，暗示着最终会成为侵犯自治领自治权的常设机构；而"会议"（Conference）则是个中性术语，仅仅意味着非正式讨论的非常规性集会。最后，会议名称变成"帝国会议"（Imperial Conference）。此外，在殖民地的要求下，移民殖民地的称谓也被改为"自治领"（Dominions），从而提升了地位，带有半主权色彩。与之相对，英国政府改组了原有的殖民部，新设立自治领部，专门负责处理与海外自治领的关系，以区别其他殖民地的事宜④。

在这届殖民地会议上，关于"帝国联邦"构想的直接倡议已不见踪影，

①　Robert B. Stewart, *Treaty Relations of the British Commonwealth of Nations*, New York: The MacMillan Company, 1939, pp.403—404.

②　"Speech to the Imperial League 12 June 1903", in George Bennett ed., *The Concept of Empire: Burke to Attlee, 1774—1947*, London: Adam and Charles Black, 1953, p.335.

③　Bernard Porter, *The Lion's Share: A Short History of British Imperialism, 1850—1983*, London: Longman, 1984, p.205.

④　Nicholas Mansergh, *The Commonwealth Experience, Vol.I: The Durham Report to the Anglo-Irish Treaty*, London: The MacMillan Press, 1982, pp.162—165.

建立军事同盟和贸易同盟的方案也久久无所突破。相反，随着政治组织的变化，母国与自治领在观念上都默认了双方的主体地位，即使主权上还有所差别。自此，殖民地会议的性质从 1902 年的"殖民大臣与自治殖民地总理"间的会议转变为"政府与政府"间的会议。尽管两种政府在实质上存在不平等地位，但这种模糊化处理实则是为了满足自治政府的自我认同 ①。"帝国联邦"的构想就这样落下了帷幕，英国和自治领都深知既无可能也无必要将帝国联结成紧密的联邦。正如一位学者所说："然而，帝国联盟的工作并没有白费。它开辟了帝国要走的新道路，即母国政府与殖民地之间的协商，即现在的英联邦道路。"②

五、结语

将母国与移民殖民地联合成更大的政治实体的构想，早在英国建立北美十三州殖民地时就有人提出。但那时遥远的距离和落后的科技始终是横亘在人们面前难以逾越的鸿沟，而 19 世纪 80 年代出现的"帝国联邦"构想则是特定时代背景下的产物。帝国危机催生的焦虑感促使各界精英去寻找维护英国霸主地位的灵丹妙药。"帝国联邦"便是其中一根救命稻草。

"帝国联邦"构想的核心有二：一是以血缘、种族、文化为纽带；二是通过不同形式的联合最终形成具有宪政性质的联邦。前者是其得以传播的主要因素，而后者则是其能否长盛不衰的关键。从迪尔克到帝国联邦协会，早期的宣传者致力于编织"更大的不列颠"的宏愿，成功地鼓舞了母国和移民殖民地的帝国情绪。但他们的活动一直局限于情感的渲染，没有制定出切实可行的方案，总认为具体联邦行动的时机还未到来。正如协会主席福斯特发人深省的疑问："这种情绪能永远存在吗？"③

---

① E. A. Benians ed., *The Cambridge History of the British Empire, Vol.III*, Cambridge: Cambridge University Press, 1959, p.428.

② Alfred LeRoy Burt, *The Evolution of the British Empire and Commonwealth*, Boston: D. C. Health and Company, 1956, p.472.

③ "Article in *The Nineteenth Century* march 1885", in George Bennett ed., *The Concept of Empire: Burke to Attlee, 1774—1947*, London: Adam and Charles Black, 1953, p.295.

"帝国联邦"的推动总是与特定的"荣光时刻"相结合。在这样的时刻，母国与殖民地共享帝国的骄傲与记忆，这反过来又加强了帝国内部对血缘、种族、文化等纽带的认同，进而将"帝国联邦"的构想传播开来。1887 年、1897 年、1902 年的殖民地会议都是在王室庆典下召开。可是仅靠帝国情绪的团结只能停留在精神层面，无法将"帝国联邦"化为实践。尤其是在自治殖民地，当"帝国联邦"的构想与自身利益冲突时，他们总是更倾向于保护后者，况且前者并无实质制约的力量。

当然，英国人也试图给出具体的"帝国联邦"计划，只是其在实践中必定涉及英国的宪政体制，即权力分配，以及权利与义务的构成。英国政府并不愿意将最高主权与自治殖民地分享，因为权力的下放会动摇帝国权威的根基。同样，自治殖民地既想在母国事务中占有一席之地，又不想承担相应的帝国义务，更害怕母国的权力侵犯自治政府的权利。两者的矛盾在张伯伦任殖民大臣时期最为明显。因此，殖民地会议从原本有可能成为联邦体制的机构，变为帝国用于检验自治殖民地对帝国政策反映的手段[1]。

当宪政基础没有建立，帝国情绪又无法持续高涨时，"帝国联邦"的构想便只能退出历史舞台。同时代已有人一针见血地指出，"帝国联邦"的构想只是"基于种族本能而非利益共同体，基于情感而非理智"[2]。颇有意味的是：19 世纪末至 20 世纪初，"帝国联邦"的构想在母国与自治领间转了一圈，仅留下"更大的不列颠"的美好愿望。然而 20 世纪末至 21 世纪初，这种愿望又在"盎格鲁文化圈"的概念中得到回响[3]，构成当前西方政治意识形态的发动机。

---

[1] E. A. Benians ed., *The Cambridge History of the British Empire, Vol.III*, Cambridge: Cambridge University Press, 1959, p.419.

[2] Walter Phelps Hall, *Empire to Commonwealth: Thirty Years of British Imperial History*, New York: Henry Holt and Company, 1928, p.165.

[3] 施华辉：《捍卫帝国：20 世纪初英国"帝国研究运动"的兴起与英帝国史书写》，《世界历史评论》2020 年第 3 期。

追忆蒋孟引先生

恩师蒋孟引先生的几句话 *

历史，往事，人人皆有。历史往事，随着岁月推移，都在不停远行，远去，飘零，飘散，最终消失，消融在时空的黑洞之中。但是，有许多的历史和往事，得以保存，得以传承，形成了人类的顽强记忆，纵然几十几百几千年，相传不忘。所以有了一个专门的集体学问：历史学。而且，宏大的历史，总是有无数的小小历史。每个人都有自己的个人行为和回忆。历史和往事，总是包含了各种轰轰烈烈，成败得失，经验教训，爱恨情仇，喜怒悲哀；总有一些事，一些人，一些情感，一些刻骨铭心，留在心头，挥之不去，呼之即来，形成记忆。所以，无论是为了继往开来，还是为了珍惜以往；无论是著书立说，指点江山，评说历史，还是个人静思，品味过去，默藏于心，或是奋笔疾书，历史和往事都是由客观事实和主观情感混合而成，难分难舍。只有冷冰冰的客观历史，没有热烈烈的人的情感，并不是完整的历史。因为，历史终究是人的历史。当历史发生时，总是活生生的人的历史。只是到了后来，久远之后的历史撰写中，当年那些热烈烈、活生生的人的历史，才淡化了，消散了，冷却了……

感谢南京大学历史系，我的母校，召开这个会议，提供了这个机会，让我回忆恩师蒋孟引先生，我的硕博士导师，那已是 35 年前的往事。

蒋先生可以说是那个时代中很特殊的努力者和冷静思考者。回忆蒋先

* 本文系 2023 年 6 月在南京大学召开的"中国英史研究会 2023 年学术年会"上的发言稿。
** 吴必康，中国社会科学院世界历史研究所研究员。

生，也是回忆那个百年风云时代；或者说是回忆那个时代，就要回忆蒋先生这样的特殊群体。蒋先生一生经历了中国近代以来最宏大的历史巨变。

时间篇幅有限，主要是回忆蒋先生的几句话，对我的成长发展具有重要意义的几句话。

一、请进请进，请坐请坐。

1982 年第一次见到恩师，先生已七十有五了。第一句话是：请进请进，请坐请坐。先生平朴近人。

二、最近看了什么书？来说说。

不是传统式的老师给学生讲书，而是叫我自己去读，给先生汇报读书！这是一种既有压力又有效率的培养教学。先生总是能平静耐心地听我长篇大论。

三、看书，要进得去，出得来。

这是学习研究中的一种重要的思维方式、思维方法，既要深入研读，知道别人说了什么，又能独立思考，有自己的见解。

四、拿回去，改改。拿回去，再改改。

作业被退回重写，还要去检讨为什么没有写好。当时觉得难受，却是受益终身。文章不要写太长，文章越短越难写。多写短句子，不要写太长的句子。

五、博士论文题目，自己去选，要至少选两个。

重在培养完整和系统性的独立研究能力。

简言之，8 个字：打好基础，培养能力！

六、以不变应万变。

20 世纪 80 年代初，"文化大革命"刚刚结束，解放思想，各种思想争鸣。先生有沉稳之气，说：以不变应万变。

再加一些补充：

一、关于留学英国。蒋先生是真心真意苦干苦学的在读书。那个年头能坚持多年拿下博士学位的，相当少见。蒋师母曾提到过先生当年读博士留学，也是很苦的。当时蒋先生甚至有点不耐烦地说，都是过去的事了。

二、关于毕业论文选题，全靠自己去选，这是一种重要的能力锻炼，有后发力。论文选题很难。当时也有一种说法。选题选得好，论文就完成了近一半。我的论文选题，蒋先生要求至少提出两个以上。要知道，提出一个博士论文选题就很不容易了，更不用说两个三个了。我当时提出了三个选题。一个是在硕士论文基础上。一个是两次世界大战之间的英国外交政策问题，尤其是绥靖政策。第三个就是后来选中的英国科技政策史研究。陈晓律教授和我的都不是传统选题，而是新选题。传统的选题有好处有坏处，好就好在比较保险，比较容易写，坏就坏在难得有新意。新选题也是有好有坏。不好的就是前无古人，往往是两眼一抹黑，必须从头开始。好就好在打开一片新天地，对以后的长远发展很有利。

蒋先生大力支持了我的创新选题，研究科技发展和科技政策问题。那是37年前了，没有蒋先生的拍板，当时的我可真是不敢写。要知道蒋先生当时将近80岁了，我才三十出点头。多年后，国家科委主任、中国工程院院长宋健和齐世荣先生都赞赏了这个研究成果。可见蒋先生的魄力。写的东西要有点用啊！

三、关于蒋先生领头编写《英国史》。我常看到，一大早，有时到了夜深之时，蒋先生还在看书写稿。先生一个人颤颤巍巍走去图书馆。后来听说图书馆专门照顾老先生，可以送书。

四、关于修冰箱的事。那时候冰箱还是比较少的，质量也不是很高。有一次，蒋先生家的冰箱又坏了，要送去修理。那么大的冰箱怎么送？我看见了，就说我们帮着送去。师母觉得也好，可以让我去送。蒋先生的又一句话：莫要学生做事。

五、蒋先生时常去散步，坚持一个人走。从南京大学走到新街口。我和陈晓律曾提议，我们几个学生轮流陪先生去散步，以保护安全，先生坚决不要我们陪同，不想麻烦别人。唉，结果却是，先生居然就是倒在了散步的路上……

1988年我博士毕业，临别告辞，先生对我讲了最后之言。仅一个月后，先生去世。随即先生主持编写的《英国史》出版。前言中有一句：见贤思齐，见不贤而内自省也。

先生平生所望，国家的平稳发展和富强。家国情怀！

20世纪，在人类历史上和中国历史上，都是罕见的风云激荡时代。蒋先生可以说是那个时代的亲历者、见证者，更是冷静的思考者、杰出的研究者。

感谢恩师！

读千年历史，大度从容。

观天下忧乐，心悟正道。

经典文献译介

艺术与人间之美 *

杨瑾瑜、王庆奖译　于文杰校 *

　　诸位，我们置身于这样一群人中，他们成天忙碌于一种可称为世上最古老的工艺而乐此不疲，一种本人抱有极大兴趣并窃以为除房屋建造此等高贵工艺之外，无出其右者。而本人正给一群人演讲，他们来自一所艺术学校，辛勤地从事着对我们家庭极重要的商品的制作。此艺术学校乃遍布全国各地的教学机构之一，建立于人们感到制作出任何能够被正确描述为工艺品所需的两要素——功利性与艺术性——之间出现问题的时期。希望今晚我所言不会使诸位误以为本人低估了这些教学场所的重要性；反之，我以为，于我们而言，它们乃不可或缺，除非我们准备放弃一切尝试，使实用与美观二元素的结合功亏一篑。

　　如今，虽我对陶器艺术重要性的领悟胜于他人，虽我希望从艺术或历史艺术方面从未忽视过对它的研究，但我认为自己没有义务继续谈论诸位的这一特殊艺术主题；并非因为与经过充分思考能够从上述历史艺术角度来理解它相比，我对其技术方面所知甚少，而是因为我感觉几乎不可能像现在这样把一种装饰艺术与其他艺术分开。倘若我能概括出可以指导工业艺术设计师的通用法则，我也不认为自己应该引起诸位太多兴趣，更不用说指导诸位

---

　*　本文译自 William Morris, *Collected Works of William Morris, Vol.23*, Cambridge: Cambridge University Press, 2012。
**　杨瑾瑜，昆明理工大学外国语言文化学院副教授。王庆奖，云南经济管理学院教育语言研究中心研究员。于文杰，南京大学历史学院教授。

了。在此类学校成立之初，学校的教员就制定了明确与令人满意的规则。本人认为自那时起，这些规则已经被普遍接受，至少在理论上如此。我觉得自己确实有责任要做的是，与诸位谈谈我一直思考的事，谈谈本人对艺术的总体状况和前景的一些思虑，对哪些状况的忽视确实会使我们最终陷入诸事所处的一种奇怪的境况；在此境况下，任何陶工都不会装饰其制作的陶罐。事实上，逻辑思维缜密之人除非知道陶罐的实际用途，才能使他有想法，否则他永远都不会知道陶罐要制作成何种形状。关于这些问题，我不得已而言之，恐对诸位而言并非很新，也许多少会使诸位不快；但恳请诸位相信，我对诸位邀请鄙人来此做演讲深感荣幸。我毫不怀疑诸位所邀是为了可以听听我对艺术这一主题碰巧有什么看法。因此，在我看来，如果我站于此长篇大论告知诸位非我所思所想，我应该是错答了诸位给予的荣幸，没有给诸位应得的对待。所以恳请诸位允许在下直言不讳，我保证所讲皆出于慎重，而非轻率之言。

然而，我不会让诸位以为我低估了直言不讳讲话艺术的难度，其难度可能与陶器艺术相仿，而世上直言不讳的讲话艺术却远不及它那么多。因此，如果我以任何方式伤害了在座诸位的情感，请诸位谅解，此非我本意，也非我大胆而鲁莽的想法，而是我笨拙的表达方式。事实上，我期望得到诸位的原谅，因为在心里我相信，由于是必须被说出的、没有恶意或私利的坦率之言，不会对任何人造成持久的冒犯。然而，虚情假意，含糊、虚伪与怯懦之言带来的错误与伤害会造成何种后果呢？

诸位都很清楚，制作出一件如此坚硬、光滑、紧实、经久耐用的陶器，除了适合日常用途之外，还必须赋予它其他的品质。诸位不得不承认要把它制作得既美观又实用，如果不这样做，肯定会失去市场。此乃一直以来这个世界对诸位的艺术以及有史以来所有工业艺术的看法，且正如我所言，无论是出于习惯，还是出于其他原因，此看法一直持续至今。

然而，艺术于我们日常生活中的地位与以往大不相同，在我看来（我并非唯一有此想法的人），这个世界正犹豫是将艺术带回家还是将其弃之门外。

我觉得有必要解释一个看似非常惊人却肯定是一个非常严肃的说法。我将尽可能言简意赅地加以解释。我不知诸位中大多数，或实际上是很多人已经感到降临于现代艺术领域的巨大变革：一种变革，直至最近才在在座诸位的生活中达到顶点。在诸位看来，自摆脱中世纪早期的混乱与野蛮以来，艺术之链无论发生过什么，都从未间断过；诸位也许认为艺术在逐渐改变，在成长、在改进（一开始可能不易发觉，之后才意识到），但这一切的发生绝不是因为暴力或整体的崩溃，并且成长与改进仍在继续。

此似乎为一个非常合理的观点，且毫无疑问，与人类进步所发生的其他方面的情形相类似；正是基于此，诸位建立起对艺术的乐趣与对未来的希望。此希望的基石已令我们中的一些人放弃希望；也许今晚我能为在座诸位讲解一二我们今日的希望建立于何种基石之上，但我现在先让诸位初步领略一下我们早先希望破灭的深渊。

我们稍微回顾一下中世纪早期，那野蛮与混乱之时。当诸位阅读目光锐利、头脑冷静的爱德华·吉本的书页时，可能会认为这位伟大的历史学家将天才浪费在恶言的争吵、无耻的利己主义、愚昧的迷信、国王的浮华与残忍以及故事里提到的那几个恶棍主角上委实可惜。然而，当诸位细想一下，也必定知道此非故事全貌；不但如此，故事里尽管随处可见一个又一个偶然的暗示，但故事远没有讲出，只是随处可见的一个个偶然暗示。宫殿与兵营当然只是他们世界的一小部分；在这部分世界之外，信仰、英雄主义以及爱才具有影响力，这一点诸位可确信无疑。否则，除了这些，自那个时代至今还能诞生出什么？诸位必须从在野蛮和混乱中成长并繁荣的艺术中找出那诞生之物的有形标志，就可知是谁造就了它。那个时代的暴君、学究及恶霸以极低的价钱买下了它，并用它来贿赂他们的神，但他们太过忙于其他事情而无暇顾及去创造它；无名之人创造了它；其创造者没有留下任何名字，一个也没有。留下的只有他们的作品，一切都曾并都将随作品而来。曾随作品而来的首先是在一个至少已经开始摆脱宗教与政治束缚的社会中艺术的完全自由。现在，艺术不再如古埃及那般严格地局限于某些规定的界限之内，在这些界限内不可以玩弄幻想，想象也不可以超越这些界限，唯恐美丽符号的庄严会被遮蔽，它们所象征的可怕的神秘记忆在人们心中变得暗淡。艺术再也不是像伯里克利时代的希腊那样，那时的希腊思想倘若不能以完美的形式被表达，或许就没有思想可以被表达。艺术是自由的。无论一个人作何想，他都可以通过双手的劳动来展现，受到同伴的赞美与惊奇。无论人对自身有何种想法，以及自身拥有何种技巧来表达此想法，他都被认为足够好，足以使自己与同伴快乐。在此艺术中，任何东西，任何人都未曾被浪费；大西洋以东的所有人都感受到了此艺术；从布哈拉到戈尔韦，从冰岛到马德拉斯，整个世界都因它的光明而发光，因它的活力而颤抖。它也消除了种族与宗教之间的隔阂。基督教徒和穆斯林因它而快乐；凯尔特人、条顿人以及拉丁人共同将之提升到更高的水准；波斯人、鞑靼人以及阿拉伯人用它的礼物互赠彼此。与这个世界的历史相比，其鼎盛时期并不算太长。当挪威人、丹麦人和冰岛人在米克尔加斯的街道上昂首阔步时，当他们用斧头围困希腊王基列亚克斯的王座时，它鲜活而充满力量。当失明的丹多罗（Dandolo）从威尼斯的桨帆船上被引领到已征服的君士坦丁堡城墙上时，它已接近鼎盛与最纯净的时期。当君士坦丁·帕里奥洛格斯从摩里亚较为和平的家园回到这座伟大的城市，步入其死亡的厄运时，他已是一位饱经忧患的老人；当这位最后的恺撒在同一个君士坦丁堡被攻破和摧毁的城墙上，被土耳其人挥剑不光彩地结束了他混乱的一生时，艺术患病的迹象已开始从那儿显现，其光环渐渐覆盖了东方和西方。

那段时间乃自由人的艺术时代。那时无论世上仍存在何种奴隶制（一如既往地多不胜数），艺术都与之无关，不在其列。然而，在那些伟大的名字凌驾于它的那群创造者之上的地方，艺术随处可见。当艺术的分支（尤其是建筑）因集体而非个人天才的作品而至尽善尽美的巅峰之时，这些名字（主要是在意大利）才出现在大众面前。人们开始四处寻求惊人的新变革，而非建筑艺术以及随之而来附带的次要艺术带来的缓慢而渐进的变革。他们在画家们伟大的作品中找到了此种变革，并怀着毫不掩饰的激动与喜悦的心情接受了，在当今艺术被视为如此廉价的时代，这的确令我们奇怪。

有一段时间，一切都过于美好；虽然在意大利，建筑开始失去几分它曾获得的完美性，但在绘画和雕塑日益耀眼的光辉下，几乎无人注意到这一点。同时，在法国与英国，因其成为引领者的速度较慢，所以这种变化较早就开始了，法国大教堂里的雕塑与英国书籍中精美的彩绘即是佐证；虽然弗莱明家族在建筑艺术中从未曾有过伟大的建树，但在这一时期末，他们找到了自己真正的职业，即成为甜美悦目而严肃的外部自然主义画家，在色彩的纯净和鲜艳上无可比拟。

中世纪艺术也这样逐渐发展至顶峰，毫无疑问，必定会孕育终结它的疾病的种子，以及种种当时没有人注意到的巨大变革的威胁。其盲目性也没有太多值得惊奇之处，因为中世纪艺术充满生机与辉煌的时代的到来仍需几百年，当其死亡最终临近时，人们从中看到的只有新生命的希望，别无他物。在变革真正显现出来之前已逝去多年（至少 100 年），艺术能够表现的更加伟大的思想，对于未曾专门学习过的人而言变得愈加困难。人们开始寻求希腊人从未想象过的错综复杂的解决办法，而不再要求遵守希腊时代的绝对完美的规则；人们开始看到有希望以远比他们先驱中的佼佼者曾尝试过的更完整的方式实现历史和诗的场景。然而长期以来，艺术家与工匠（我们以此绰号称之）之间的区分并不明显，尽管毫无疑问，事情正朝着导致这种区别的方向发展。也许，主要显见于国与国间的工作差异，而非工人个体间的工作差异。我举例如下以明之，仅以艺术的卓越而言，13 世纪的英格兰与意大利亦步亦趋、不相上下，而 15 世纪中叶的意大利是优雅有修养的，英格兰则是粗俗的。甚至在这场变革的准备过程中，大量古代世界的艺术和文学在一次次偶然事件中出现了。可以说，命运眷顾着人们未完全说出的渴望。

接着，一切犹豫都真的结束了。突然，正如我们现在所看到的那般，在一片耀眼的光芒中，产生了对新生的希望。正如我所说，曾经，美丽事物的创造者逝去了，而没有留下任何名字；但文艺复兴留给我们的优秀工匠的名字远比我们强大记忆中的要多，其中就有世界已知的最伟大的名字，或许还有将为人知的名字。无怪乎人们欣喜若狂、情绪高涨，无怪乎他们的骄傲蒙蔽了他们的双眼，不知道自己身处何处；然而，这个故事却是最可悲与伤感的。那是一个奇怪的时代，于自己而言，人们似乎已经填平所有介于渴望与成就之间的空隙。似乎他们（而非其他人）终于登上了之前徒劳搜寻无果的世间所有宝藏堆积如山之地。他们似乎拥有一切，而他们的前人却一无所有，不仅如此，甚至连他们的父辈也没有，长者坟头草下的埋骨甚至还未曾腐烂。

文艺复兴时期的人们将他们身后千年的时光视为一片毫无建树的空白，

而将他们前面的一切视为一场永恒的胜利进行曲。从别人的失败中汲取了如此多的教训后，我们可以看到，他们的地位并非那样。我们可以看到，尽管自艺术诞生之始直至那时，它总是向前看，而现在它是向后看。我们可以看到，虽然从前人被教导要透过艺术去审视艺术所表现的东西，但他们现在却被教导要将艺术自身视为其目的，它讲述的故事是否可信无关紧要。从前它的目的是去看，现在它的目的只是被看到。从前从事艺术是被理解的，且对所有人都有帮助；现在，粗俗已超越社会习俗的限制，古希腊奴隶主与罗马税吏施加于人民身上的欺辱，施加于除少数天选之人以外的所有人身上的欺辱，以极好的伪装再次出现，并自下而上逐渐形成一股风气，以粉饰有无限希望的日子。

事实上，这一切并非瞬间发生的，而是在人们开始回顾过去时发生的，也并非发生得很慢，但确实发生了。16世纪初是新生的鼎盛时期。17世纪还未开始之前，它那自负的各种希望变成了何物？整个意大利，只有威尼斯在从事有价值的艺术。被征服的北方除模仿意大利最糟糕的穷奢极欲外，一无所获。把英格兰艺术从一无是处中拯救出来的，是早期的一种传统，至今依然在一个淳朴而狭隘的民族中迟迟不肯离去，是严肃、真诚、简单的习惯。

我刚才多少谈到了这是如何发生的。但究其根源为何，以及我希望诸位首先要注意和记住的是，文艺复兴时期的人们有意或无意地将全部精力投入把艺术与人们的日常生活分开，即使他们在自己的时代没有完全做到这一点，他们也是迅速而确定地接受了这一点。我必须提醒大家，尽管我，以及比我更出色的人已经反复说过，从前每个人制作任何东西时，除将它做成有用的物品外，还将它制成一件艺术品，而现在，甚至只有极少数物件被最确切地称为艺术品。我恳请诸位最为仔细及认真地考虑这一点，并努力思考其含义。

但唯恐诸位有所怀疑，我先来问问诸位，在我们的博物馆里，除了那些真正的绘画作品与雕塑外，里面摆放的大量物品是何物？不正是过去常见的家居用品吗？诚然，有些人可能只是将它们视为古董，但在座诸位与我都被谆谆教导应该将它们视为可以教会我辈各种东西的无价珍宝。然而，我再说一次，它们多半是常见的家居用品，是由"普通人"制作的，正如现在人们所说那般，是那些没经过任何教化之人，那些以为太阳绕着地球转，耶路撒冷正好在世界的中心之人。

此外，再来看看我们现在仍然拥有的另一种博物馆——乡村教堂。诸位，注意看它们，看看艺术是如何贯穿一切的；各位一定别让"教堂"这个名字误导：在真正的艺术时代，人们建造教堂和建造自己房屋的风格完全相同；"教会艺术"是近30年来的发明。好吧，我自己刚从乡下一个偏僻的地方来，那地方靠近可通航的泰晤士河的尽头。在那，在方圆5英里的范围内，大约有6座小小的乡村教堂，每一座都是一件美丽的艺术品，各具特色。这些都是泰晤士河畔乡巴佬（正如各位可能会这样称呼我们）的作品，但没有什么比这更宏伟的了。如果同一类人现在要设计并建造这些教堂（从过去50年左右以来，尽管他们比大多数人坚持的时间更长，但他们已经失去所有古老的建筑传统），他们所能建造出的东西不会比遍布新街区各处的普通、小巧而简朴的非圣公会小教堂更好。这样的建筑而非建筑师设计的新哥特式教堂才能与他们彼此协调相应。诸位对考古学研究得越多，就越确信我在这点上的正确，越确信我们所遗留下的早期艺术是由孤立无援之人所创造。诸位将不难看出此创造过程智慧而快乐。

最后一个词"快乐"让我想到一个非常重要的问题，以至于我必须冒着招人厌烦的风险，把这个词加到之前说过的话中，然后重复整句话。曾几何时，每个制作者除将所制之物做成有用的物品外，还将它制作成一件艺术品，制作它能给他们带来欢乐。此乃我坚信不疑的论断；无论我怀疑什么，皆不会怀疑这一点。先生们，如果这一生我有任何值得做的事，有任何值得渴望的事，那就是希望能有帮助实现那一天，当我们能够说出"过去是这样，现在也是这样"的那一天。

请别误解在下，我不只是过去时代的赞美者。我知道，在我所说的那些日子里，生活通常足够艰辛与邪恶，充斥着暴力、迷信、无知、奴役；然而，我不禁想到，尽管穷人极其需要慰藉，但他们并非完全缺乏慰藉，他们的慰藉乃他们工作中的快乐。啊，先生们，尽管世界自那时起已经赢得许多，然则我以为它并没有为所有人赢得这般完美的快乐，以至于我们可以抛开大自然给予我们的任何慰藉。又或者我们得一直不断地一个接一个地驱逐魔鬼？难道我们不会加把劲一劳永逸地把它们全部都赶走吗？

我并非说我们现在所做的一切工作皆是毫无乐趣地完成的，但我想说的是，更像是解除了一个强大的工作魔咒的快乐——确实是一种勇敢与美好的感觉——又或是重压之下振作起来的快乐，而且很少，极少会达到这样的高度，即迫使工人出于内心的充实在工作本身印上他男人般快乐的标志。

我们的工作组织制度也不容许这样做。在几乎所有的情况下，设计师与制作者之间无共鸣可言；设计师也常常被驱使以一种机械而沮丧的方式工作，对此我并不感到奇怪。以我的经验得知，完成一个接一个的设计——诸位注意，仅仅是图表——而不是亲自制作它们，是一种极大的思想负担。除非所有不同级别的工人都要永久地沦为机器，否则手应该让大脑休息，大脑也应该让手休息，这是必要的。嗯，这正是世间已经失去的那种工作，取而代之的是劳动分工后的工作。

此工作，无论它还能产出别的什么东西，皆无法产生艺术，只要现行制度持续下去，艺术就必须完全局限于诸如绘画、独立的雕塑等，此类作品从头到尾皆由一个人来制作完成。一方面，这些作品不能填补大众艺术的缺失所造成的空白；另一方面，它们（尤其是那些更具想象力的作品）也无法得到应有的共鸣。我必须坦率地说，照目前情况来看，任何没有受过高等教育之人皆不可能理解更高等的画作。不但如此，我相信大多数人除了那些表现他们完全熟悉的场景的作品外，确实对任何其他的画作印象无几。据我看来，关于民众的这一面要远比与不幸的艺术家相关的那一面重要得多，但对他的一些要求我们也要加以考虑；我肯定，缺乏普通民众的普遍共鸣于他而言是非常沉重的负担，使他的作品变得狂热而梦幻，或者笨拙而乖张。

不，要确定的是，如果人民病了，那他们的领导人也需要医治。除非所有人皆能分享艺术，否则艺术不会成长与繁荣；不仅如此，它还将无法长存，此非我所希望看到的。

因此，我站在诸位面前要说的是，当今世界必须作出选择，是拥有艺术还是弃之不顾；而我们，我们每个人也必须作出决定，将加入或可以加入哪个阵营，是加入那些真诚接受艺术之人，还是那些坦诚拒绝艺术之人。

让我再一次试着说出这两种选择意味着什么。如果你接受艺术，那么它定会是你以及每一个人日常生活的一部分。无论走到哪里，它都将与我们同在，在充满历史传统的古代城市，在没有人为聚在自己周围的传统而活的美国或殖民地新开垦的农场，在宁静的乡村和繁忙的城镇，它无处不在。在你的悲伤中，在你的快乐中，在你的工作中，在你的闲暇中，它将与你同在。它应当一视同仁，贵贱同享，博学的人与胸无点墨的人同享，并应当成为人人都能理解的语言。它不会妨碍任何最美好的人生所必需的工作，但却会摧毁一切有辱人格的辛劳、一切令人萎靡不振的奢侈、一切纨绔的轻浮。它将是无知、欺诈与暴政的死敌，并将促进人与人之间的善意、公平交易与信任。它将教会你以一种男子汉般的敬畏来尊重最高的智慧，而不轻视任何一个不伪装自己的人；那将是它工作的工具，滋养它的食物，将是人在日常劳动中的快乐，是这个世上有史以来最仁慈、最好的礼物。

我重申，我确信这正是艺术的含义；我确信如果我们试图以其他方式保持艺术的活力，那只是自欺欺人；我确信于我们而言，接受另一种选择要好得多，那就是坦诚地拒绝艺术，就像许多人（而他们并非我们之中最糟糕的人）已经做过的那样。如果各位想清楚地知道当艺术被埋葬在自己的坟墓里，世界的未来还有何指望时，诸位必须去找这些人而非本人。然而，我以为从目前的事态发展趋势来看，我可以在一定程度上判断出我们手艺人必须应对的那些事情有可能会发生什么。

当人们认为双手的劳动不再能令他们快乐时，善良与诚实的人必须最大可能地将世间的工作减至最少。如我们这些艺术家，他们必须尽全力简化人的生活，尽可能减少人的需求。毫无疑问，从理论上讲，他们将会减少比我们更多的需求，因为很明显，追求美所带来的肌肉组织的衰老将被禁止：尽管自然之所存，美之所在，但不会再有人用双手制作装饰品。虽然蛀虫造成的磨损处被涂上了银，画上了珍珠，但服装必是没有装饰的。伦敦将会是丑陋的荒漠，尽管"伦敦骄傲"的花朵比修道士曾画过的最小的《弥撒书》上的美人花更加娇艳。当全部都完成后，要做的工作仍然太多，也即世上还有太多痛苦。

然后呢？然后是机器。诚然，我们一开始就将拥有大量的机器储备，但还远远不够。有些人必须继续牺牲自己，绞尽脑汁地发明新机器，直至最后，几乎所有人类必需之物都将由机器制造。我不明白为什么不该这样做。本人对机器的能力信心百倍。我相信机器可以做任何事情——除了制造艺术品。

那么，再接下去呢？假如我们能让足够多之殉道者（或者说奴隶）制造出所有将来仍然需要的机器，并使它们运转起来，我们就能摆脱一切劳动吗？摆脱那个我们最后发现的一切不过是个彻头彻尾的诅咒？当我们以为已经尽己所能，却还得被牢骚满腹的可怜虫伺候时，那我们的良心将如何呢（因为自一开始，我就假定我们所有人皆为有良心之人）？我说诸位，我们该如何做？

好吧，我必须得说，我的想象力只能止于建议以全面反叛作为一种补救措施，如果成功，其结果必定需要重新建立某种形式的艺术，作为人类必要的慰藉。

但说实话，这引出在下的另一建议，一个我认为实用的建议。假设我们立刻开始反叛，因为之前我曾谈到世界不得不在接受和拒绝艺术之间作出抉择，我并不认为，如果世界选择了拒绝艺术，此抉择会是决定性的。不，反叛必定会来，而且会胜利，这毋庸置疑。只是倘若我们等到暴政稳固地建立起来之时，我们的反叛将必定是虚无的；除了致命的愤怒与源于绝望的希望，一切助力都将不复存在。反之，如果我们，我们的儿子们、孙子们现在就开始行动，变革与反变革将共同作用，新的艺术将渐渐出现在我们面前。尽管这是场没有硝烟的战斗，但总有一天，我们会看到新的艺术将稳步而胜利地前进。

彼时，我们的反叛将如何开始呢？有何补救措施可以弥补所有工匠在工作中所缺失的应有的快乐，以及随之而来的艺术的疾病与文明的堕落？

我对这个问题给出的所有答案恐怕都会令在座诸位失望。

我本人因缺乏上述的快乐而痛苦不堪，以至于除徒增不满之外，于自身几乎无任何补救办法。我并无一个万无一失的秘方来治疗一个已经生长了几个世纪的恶疾。我能想到的任何补救措施皆是司空见惯的。在昔日大众艺术的时代，尽管生活为种种弊病所困扰，但这个世界却仍在为文明与自由而奋斗，我们也必须以此方式奋斗，除非在座诸位认为我们已经足够文明了。但必须承认，本人并非如此认为。我们必须指望的乃是全方位的教育。如果我们所学不多，至少可以指望学会这一点，那即是：我们所知甚少，而知识意味着渴望或不满，诸位可择其一而称之。

就我们艺术学院而言，教育正让我们明白这一点，对此我毫不质疑。当创建各门艺术之初，考虑到它们装饰部分的状况时，我以为任何一个理性的人皆不会以为它们是失败的。诚然，那些创建者某种程度上被一种虚妄的期待所影响，即他们很快便能直接满足对训练有素、技术娴熟的商品设计师的需求；但即使他们这一希望无法实现，他们无疑已经影响了艺术的方方面面；他们所做的一切不仅仅是公众对总体艺术价值的认可，而此认可蕴含于他们本身的存在之中。或者，更明确地说，他们的存在以及对他们的兴趣，是人们对目前艺术混乱无序的状态感到不安的一种表现。

在这里学习的诸位代表着这样一个庞大的群体，他们必是对艺术的进步有所渴望。在这儿也许在座诸位能原谅我说一两句话，一两句比我一直泛泛而谈的其他那些话略微不那么笼统的话。我想我有权把诸位视作我今晚一直鼓吹的反抗空虚丑陋的刚入伍的士兵。因此，诸位最要紧的就是要谨慎，不要给敌人亵渎辱骂的借口。诸位一定要特别小心，要做扎实、真正的工作，远离一切装腔作势和华而不实。

一定要远离所有含糊不清。诸位宁可在目的明确时因出错而被抓住，也强胜拖拖拉拉，含含糊糊，让人们不会因为不知道你在干什么而责怪你。坚持艺术中的独特形式。不要过多考虑风格，只要想清楚自己认为美丽的东西，然后尽可能谨慎地将之表达出来。但是，我重申，要十分确定而一点儿都不含糊地表达出来。在把设计写到纸上之前，一定要先把它想清楚。不要一开始就含混不清与杂乱无章，希望某种东西会自己钻出来。无论设计是自己的发明还是大自然的杰作，诸位必须先看到它，然后才能画出它。永远记住，形状先于色彩，轮廓图、剪影先于立体模型；不是因为后面的这些不太重要，而是因为如果最早的出错，后面的就不可能对。

现在，在所有这些问题上，诸位尽可以对自己严苛，且也不大可能太过严苛。

此外，如诸位，特别是那些商品设计者，尽量充分利用手中的材料，但总是以一种最尊重的方式利用它。不仅要凸显手中的材料是什么，而且应该用它做些于它而言特别自然的东西，一些不能用其他任何材料来做的东西。这正是装饰艺术存在之缘由：使石头看上去像铁制品，或使木头像丝绸，或使陶器像石头，是艺术衰败的最后手段。诸位要尽可能地反对一切机器制造（这针对所有人）。但倘若诸位必须为机器制造做设计，至少让各位的设计清楚地显现出它是什么。尽可能使它显得非常机械，同时尽可能简单。例如，不要试图使一个打印的盘子看起来像个手绘的盘子：如果是手绘的，做成没人会试图去做的样子。如果市场驱使你做成打印的盘子：本人实在是看不出它们的用处。总而言之，诸位，不要让自己成为机器，否则你作为艺术家就完蛋了。尽管我不大喜欢铁和黄铜的机器，但有血有肉的机器更加令我恐惧与绝望；世上没有如此笨拙或卑微的工人，以至于他不适合做比这更好的工作。

好吧，我曾说过，教育是救治野蛮的第一剂良药，这种野蛮滋生于文明与竞争性商业的匆忙中。了解诸位之前的人生活和工作得很出色，会激励你现在忠实地工作，这样诸位也会给之后的人留下些东西。

教育之后，接下来要考虑什么？于此我必须承认，如果诸位接受艺术，且加入到起来反抗非利士人的行列，诸位将度日如年。"以无换无，一文不值"，一个不知来自何处的美国佬如是说，我很遗憾地说，这也是自然法则。吾辈中有金钱者不得不为该事业出钱，而我们所有人必须为它付出时间、思想与烦恼。我现在必须思考一个对艺术以及我们所有人的生活都至关重要的问题，一个只要我们愿意，就能够立即着手解决的问题，但这绝对要求我们付出时间、思想和金钱。可能恢复英格兰大众艺术的所有事情中，清理英格兰是首要也是最必要之事。那些即将创造出美丽事物之人必居于美丽之地。有些人可能赞同这样一种说法（我也听到过这种说法），即艺术的宁静与纯洁和现代大城市的骚动与肮脏之间的对立激发了艺术家的创作力，因此在当今艺术中产生了特殊的生命力。我不予苟同。在我看来，这充其量只是激发了狂热与梦幻的品性，使某些艺术家失去了普遍的共鸣。但除此之外，这些人对更浪漫的日子与更美好的土地充满了回忆，在我看来，他们指望这些回忆生活，并非完全因自己的艺术而快乐。诸位是知道的，只有极少数人能够拥有这些令人质疑的优势。

我坚持自己的说法，那些即将创造出美丽事物之人必居于美丽之地。但诸位必须明白，我并非指要求所有的工匠去分享世上那些美丽的花园，或那些人们朝圣去膜拜的庄严崇高、令人敬畏的山脉与荒原；换句话说，并非个人享有。我们大多数必须满足于诗人与画家笔下的传说中对这些地方的描绘，并学会爱上我们日常生活周围的狭小地带，以了解其中的美丽与共鸣。

因为，如果我们人类将来不随心所欲地破坏这美丽，地球上可居住的地表处处都一定会以自己之方式绽放其美丽。我宣称，合理分享地球的美丽正是每一个将通过正当劳动获取这份美丽的人的权利；每一个诚实而勤劳的家庭拥有一所体面的住房和一个体面的环境；此乃我以艺术之名向在座诸位提出的要求。这难道是对文明的过分要求吗？一种太容易在餐后演讲中大肆吹嘘的文明；一种在她还没有把祝福的品质提升到值得付出任何代价，甚至是最小的代价去拥有之前，就倾向于通过加农炮将她的这些祝福强加给遥远的民族身上的文明。

嗯，恐怕这个要求太过分。不管怎样，代表制造业地区的诸位与代表大都市的本人迄今为止似乎都是这样认为的；而一千个家庭中也没有一个家庭会确立其对上述权利的要求。这令人遗憾，因为如果这一要求被认为难以接受，那么毋庸置疑，我们一直以来不厌其烦地创办艺术学校、国家美术馆、南肯辛顿博物馆和其他所有此类机构，不过是徒劳地将风装进袋子里，用沙编织绳索，白费力气。

我曾说，教育于所有人皆有好处且是必要的，无人能拒绝接受教育。然而，要教育那些无希望的人，诸位期待能得到什么结果？也许你可以学会在俄罗斯期待些什么。

诸位，当我坐在靠近河边的哈默·史密斯的家中工作时，时常从窗外听到最近报纸上大肆报道的一些流氓地痞的行径，以前也曾反复报道过多次。当听到吼叫声和尖叫声，以及对莎士比亚和弥尔顿华丽语言的亵渎，当看到野蛮、鲁莽的面孔和身影从我身边走过时，也唤醒了我体内的鲁莽与残忍，狂暴的愤怒占据了我，直到我想起（我希望我常常能想起），我只是幸运地生于体面而富有的家庭，才使我站在窗子的这一边，置身于赏心悦目的书籍和可爱的艺术品之中，而非在窗子的另一边，在空荡荡的街上，在酒气熏天的酒馆里，在肮脏与破旧的住所里。什么词可以表达出这一切意味着什么呢？拜托诸位不要以为，当我想到这一切时，这么说是在夸夸其谈。我觉得，我所渴望的一件大事，便是这个伟大的国家应该摆脱一切来自国外与殖民地的纠缠，把她那可敬人民的强大力量——这世界有史以来最强大的力量，转变为给这些穷人的孩子们带来作为人的快乐与希望。这真的不可能吗？这没有希望吗？倘若如此，我只能说文明是一种妄想与谎言；没有这样的事，也没有这样的希望。

但既然我想活下去，甚至想快乐，我无法相信此乃不可能。由自己的感觉与欲望即可知这些人所欲为何，什么能把他们从这最底层的野蛮中解救出来：能培养他们自尊、赢得同伴的赞扬与共鸣的工作，能使他们愉快居住的住所，能使他们平静与上进的环境，拥有合理的劳动、合理的休息。只有艺术，才能给予他们这一切。

我毫不怀疑，在座诸位认为此说法乃荒谬的夸大其词，但它却是我坚定的信念。我只能恳请诸位记住，在我看来，它意味着组织得当的、制作东西的所有人的劳动；至少，那必定是一种提高人们的自我尊重，为他们的生活增添尊严的强大工具。再说一次，"以无换无，一文不值"，没有付出就无法拥有艺术，正如不付出就不能拥有其他任何东西一样，如果关心艺术（当诸位开始了解艺术时，必定会这样做），诸位不会在必要的牺牲面前退缩。毕竟，我们是那些懂得如何以少换多的人的后代与同胞。各位所要牺牲的主要是金钱，也即武力与灰尘。我知道这是重大牺牲；但也许，正如我所言，我们之前已经在英格兰作出过更大的牺牲；不但如此，我不确定，从长远来看，即使是灰尘也不会比艺术花费我们更多的金钱。

那我们要什么，艺术还是灰尘？

那么，如果我们要作出更好的选择，该如何办呢？我们所居住的土地无论是实际面积还是时尚规模都并非很大，但我认为，这并非因为我们对它天生的热爱，才使我们认为它像任何土地一样适合严肃的人安居。如果还有其他质疑的话，我们的父辈已经向我们展示了这一点。我毫不怀疑地说，人类的住所从未比一座古老的英国的房子更甜蜜、更令人愉快的了；我们的父辈善待我们可爱的土地，而我们却虐待它。

过去，从土地的这一端到另一端美不胜收；而现在，人们得小心翼翼地选择道路，以免不小心走到丑陋的污块中；这是一种耻辱，我针对人性而非文明而言。当这些污块以可怕（那种极其认真、字面上的可怕）的速度增长时，我未曾看到这些污块与未受破坏或部分被破坏的乡村土地面积之间相关比率的统计数字，但在有些地方，它们成片地连在一起，覆盖了整个乡村，甚至几个县。现在，当这种情况仍未加制止地，不，应该说无人惋惜地持续着时，艺术的确是空谈。当我们这样做或者放任其发生时，我们实际上是在暗地里拒绝艺术，但倘若我们公开这样做，那会更加诚实与美好的。如果我们接受艺术，就必须为自己的所为赎罪，为之付出代价。我们必须把这片土地从肮脏的后院作坊变成花园。如果这对你们中有些人来说是困难的，或者说是不可能的，我也无能为力；我只知道这是必要的。

就不可能这一点，我不信。这一代人甚至成就了在不久之前还被认为是不可能的事。因他们同心协力，朝着同一个方向迈进，他们克服了重重困难；曾经做过之事何妨再做一次。如果我们下定决心作出巨大牺牲，为何不把我们耗费在杀死与残害我们现在与未来的敌人的设备上的金钱与科学，变成促进体面生活的一笔丰厚的储备金？

然而，我并非说仅仅金钱就可以做很多事，甚至任何事：必须做这件事的是我们的意志。我也无须试图说明这种意志应如何在行动中表现出来。的确，与其他某些人一样，对于哪些步骤对我们的事业最有帮助，我有一些想法，但诸位不会接受这些想法，并且我确定，当在座诸位完全专注于这个目标时，会找到实现它的方法，至于这些方法可能是什么，无甚意义。乡村的外部范围是属于全体公众的，故意损害这一财产的任何人都是公敌，当各位接受这样一条准则时，该事业就会走向胜利。

同时，一想到有一件事使我能够站在这里，在这样一个烟雾与陶器同样多的区，说出我对一直谈论到现在关于灰尘这个话题的看法，就令我感到鼓舞，就在最近，关于此话题一直不断滋长的感觉被明显地表现出来。如果我是疯狂的梦想家（很可能是），就会有众多诸如凯尔（Kyrle）以及下院保护协会此类组织的成员与支持者，他们没有时间做梦，如果他们变得疯狂，就会令全国各地迅速感到这种疯狂。

请原谅在下一直在考验在座诸位的耐心如此之久。再多说几句我就讲完了。这些都是充满希望的话语。事实上，如果我说了些诸位觉得毫无希望的言语，我认为那是因为当一个失去耐心的人感到自己的双手对他心中的事业无能为力时，他会时不时被痛苦压倒。我明白，该事业终将胜利（因为这是我的一个信念），世界不会退回野蛮，艺术必定与之结伴前行。我十分清楚，此前行之路不由我规定。我知道，许多事情在今天于我而言是甩不掉的阻碍，并且是进步的毒药，但它们却可能是进步的助推器，是进步的良药，尽管它们注定要在看得见的好处到来之前，先带来可怕的事。但正是这种信念驱使我依据自己的知识讲话，话语也许软弱无力，言辞也许轻率鲁莽；因为每一个心中有事业的人，无论他多么清楚地知道自己不配，都必然会表现得好像该事业完全取决于他一人那般；因此，行动源自纯粹的想法。总之，在座诸位，今日我一直所言的皆为我心中所想，是诸位要求我以朋友的身份讲的，而我所能做的是，在朋友与工匠同行面前尽我所能敞开心扉，无所畏惧。

编后记

　　《英国研究》(第 19 辑)有英国思想与史学史研究、英国政治史研究、英国经济史研究、英国法律史研究、英帝国史研究、追忆蒋孟引先生和经典文献译介 7 个栏目。作者们以独特新颖的研究视角,为英国史研究作出许多创新性贡献。

　　英国思想与史学史研究栏目刊登了哈里·T. 狄金森教授的《托马斯·潘恩与其美利坚批判者》一文,向我们介绍了托马斯·潘恩和他的作品在美利坚是如何传播的,以及带来了怎样的影响。此外还有陈小虎老师的《统一与富强:弗朗西斯·培根的不列颠设想及其影响》、尚继凯老师的《现代性第二次浪潮的又一兴风作浪者:施特劳斯笔下的伯克》和冯立杰的《群体研究与英国马克思主义史学研究的新进展——读初庆东著〈英国马克思主义历史学的起源〉》3 篇文章,这些文章拓宽了国内学术界对于英国史学史研究的历史空间。

　　英国政治史研究栏目收集了罗睿与张瀚巍的《20 世纪中叶以来英国反种族主义运动研究流变》、卢宇嘉的《格莱斯顿与 1876 年保加利亚风潮及其社会影响》和考峒的《福音未至:"大败无敌舰队"前后英国皇家海军的发展困局(1587—1640)》3 篇文章,分别以 20 世纪中叶以来英国反种族主义运动、1876 年发生在英国的保加利亚风潮和 1588 年格拉沃利讷海战前后英国皇家海军的发展困局为主题,增进了学术界的研究深度。

　　英国经济史研究栏目登载了方志华的《论英国工业化时期的实物工资问题及其治理》和李昂的《共和时期英国海军短期债券发行问题研究》两篇文

章。这两篇文章从经济视角出发，讨论了英国工业化时期的工资问题和共和时期英国海军发行的短期债券，为我们能够更加深入地了解英国历史增添了新的角度。

英国法律史研究栏目刊载了戴瑶玲的《亨利二世时代英格兰总巡回法庭革新的制度基础》、周皓伦的《规范与功能：英国行政裁判所司法化的理论研究》、崔智翔的《英国都铎王朝的世俗变革——以〈用益法〉为中心的考察》和汤怡琳的《"巫术迫害"还是"巫术审判"？——以近代早期英国为视角》这 4 篇文章，分别讨论了历史上英国的法律问题是如何解决的，有助于我们更好地了解彼时的英国司法系统。

英帝国史研究栏目刊登了李威的《"更大的不列颠"？——跨国史视野下的"帝国联邦"构想（1883—1907）》一文，介绍了英国是如何构建"帝国联邦"这一概念的。

追忆蒋孟引先生栏目刊登了吴必康研究员的《恩师蒋孟引先生的几句话》一文，向我们勾勒出蒋孟引先生在往昔与学生相处时循循善诱和谆谆教诲的伟岸形象，令我们怀念不已。

经典文献译介栏目有杨瑾瑜副教授与王庆奖研究员翻译、于文杰教授校对的《艺术与人间之美》一文，介绍了国外学术界的研究成果。

本辑《英国研究》的编纂和出版得到许多专家学者的大力帮助和南京大学社科处"人文基金"的资助，在此深表谢意。

《英国研究》编辑部
2023 年 9 月

著作权使用声明

图书在版编目(CIP)数据

英国研究. 第 19 辑/陈晓律主编.—上海：上海
人民出版社,2023
ISBN 978 - 7 - 208 - 18677 - 4

Ⅰ.①英… Ⅱ.①陈… Ⅲ.①英国-文集 Ⅳ.
①D756.1 - 53

中国国家版本馆 CIP 数据核字(2023)第 232856 号

责任编辑 邱　迪
装帧设计 范昊如　夏　雪　等

英国研究（第 19 辑）
陈晓律　主编

出　　版　上海人民出版社
　　　　　（201101　上海市闵行区号景路 159 弄 C 座）
发　　行　上海人民出版社发行中心
印　　刷　苏州市古得堡数码印刷有限公司
开　　本　720×1000　1/16
印　　张　16
插　　页　3
字　　数　241,000
版　　次　2023 年 12 月第 1 版
印　　次　2023 年 12 月第 1 次印刷
ISBN 978 - 7 - 208 - 18677 - 4/K · 3342
定　　价　82.00 元